岩　波　現　代　文　庫

政治と複数性

民主的な公共性にむけて

齋藤純一
Junichi Saito

学術 426

岩波書店

はじめに――「見棄てる」という暴力に抗して

二一世紀のはじまりの年は、この世界がどれほど憎悪と暴力に充ちているかを明らかにした。テロの暴力に曝された「文明」社会は、同じように暴力的な手段をもって「野蛮」に対抗しようとしている。

「文明」(civilization)という言葉が一八世紀後半にはじめて英語で用いられるようになったとき、この言葉は「脱 - 暴力化」という意味合いを含んでいた。[1] 文明とは、「暴力の回路」に代えて「交渉の回路」を他者との間につくりだす営為を指していた。「市民社会」(civil society)とは、この意味に照らすなら、利害や価値を異にする他者との間に交渉の余地を見出していく社会、非暴力的な交渉、再 - 交渉によって他者との抗争を制御していく社会であるととらえ直すことができるだろう。

言うまでもなく、一九世紀と二〇世紀の歴史は脱 - 暴力化としての文明の形成とはほど遠いものだった。むしろ逆に、それは、いわゆる「文明」社会こそがとてつもない暴力を宿していること、もっと言えば文明化と野蛮化とがまさに並行する現象であることを露わにした。一人ひとりが何を語ったか、何を行ったかとは無関係に「何であるか」

という集合的な表象によって膨大な人びとの存在そのものを消去した国家のテロル。交通と通商の進展を相互的な交渉のチャンネルの形成――I・カントのいう「訪問権」の確立――にではなく、物質的収奪と文化的支配の貫徹にむけて利用していった植民地主義の暴力。こうした暴力が例示するように、ポスト啓蒙の二つの世紀は、脱‐暴力化の歴史ではなく、逆にしだいにその強度を増す暴力化の歴史を私たちに遺した。

「文明」の暴力を支えてきたのは、ある他者たちを、相互的な交渉には値しない者、交渉不可能な者、それゆえ――少なくとも潜在的には――暴力的な取り扱いに相応しい者として描き、その表象を固定化する一群の「劣位の他者」のメタファーである。周知のように、その一群のメタファーのなかで、植民地主義とセクシズム、人種主義と階級支配といった諸要素が互いに緊密に結び合わされた。二〇世紀半ば以降、『啓蒙の弁証法』(一九四七年)や『黒い皮膚・白い仮面』(一九五二年)などを嚆矢として、劣位の他者の像を産出する「文明」そのものの野蛮を根底から問い返すパースペクティヴが示されてきた。そうした批判的なまなざしのもとで、「文明」や「市民社会」が依拠してきた隠れた暴力の要素――たとえばセクシズムやエスノセントリズムの暴力――もあるところまで暴露されてきた。

しかし、「文明」が抑圧し、周辺化し、虐げるものに注意深くあろうとする批判的な感性が鋭く提起される一方で、その「文明」はいよいよ荒涼の度を深めてきた。グローバル化がもたらしたのはかつてG・W・F・ヘーゲルが描いたような「普遍的な相互依存の体系」ではなく、ある人びとを排除するきわめて選択的な内包のシステムである。飢餓がその排除の効果を表わしているとすれば、現在、世界の人口の少なくとも五分の一はそのシステムから締めだされていると見てよいだろう。H・アーレントは『全体主義の起原』(一九五一年)のなかで、「余計者」たちを「見棄てられた境遇」(Verlassenheit)のなかに放逐する暴力を示唆した(2)(「余計者であるということは、この世界にまったく属していないということを意味する」)。それは、ある人びとがあたかもこの世界には存在していないかのように彼／彼女たちを視界の外に締めだす脱‐実在化の「暴力」である。

イランの映画監督M・マフマルバフは、バーミヤンの石仏がタリバーンの手で破壊された際に、アフガニスタンが他国の干渉ではなく、その無視と黙殺によって苦しんでいることを痛切な筆致で告発した(3)。九・一一の出来事とその後のアフガニスタンに対する軍事行動は、逆説的にも、石仏の崩壊後もなお遠ざけられていたアフガニスタンと世界との間にある「近さ」を設定したが、アフガニスタンへの注目はまだ、同じように極度の貧困と打ち続く戦乱のうちに打ち棄てられている地域——たとえば隣接するカシミールやクルド、コンゴなど——への関心を喚起しているとは言えない。

この世界では毎週二五万人もの子どもたちが貧困ゆえに死んでいくが、そのほとんどは依然として暗闇《オブスキュリティ》のなかに沈んでいる。他方、その同じ世界は、わずか三人のアメリカの富豪に最も貧しい五〇か国を合わせた以上の富を与えている。南と北との間にある「構造的暴力」が指摘されてすでに久しいが、これほどまでに格差が開くまでこの「構造」は容認されつづけてきた。もっとも、北の世界に生きる人も、膨大な人びとを生死の淵に追いやっている自らの「文明」の質を省みるだけの余裕をすでに失っているのかもしれない。そこで働く人びとも「底辺に向かっての競争」(J・ブレッカー)に加わることを強いられ、不要とされるもの、不効率とされるものを即座に切り棄てることを正答とするようなすさまじい圧力に曝されている。そして実際、Th・ホッブズの形容する「自然状態」の特徴――「人間の生は孤独で、貧しく、汚らしく、野蛮で、そして短い」――が当てはまるような境遇が、ほかならぬ「文明」のただなかにも現出している。「アンダークラス」と呼ばれる最底辺層は「文明」社会の内部で、あたかも封じ込められるようにして、やはり同じように遠ざけられ、見棄てられている。あたかも「私たち」とはまったく関係のない場所であるかのように。

前市長R・ジュリアーニがニューヨークを「市民的＝文明的」(civil)な部分と「非市民的＝非文明的」(uncivil)な部分とにはっきりと切断し、後者から前者へのありうべからざる越境に対して「許容度ゼロ」の政策でのぞんだように、J・ブッシュも、「文明」と「野蛮」の二者択一を迫るその口振りが示すように、「シヴィル」なものと「アンシヴィル」なものとを截然と切り離し、その境界設定を強化しようとしている。後者は、アメリカを主とする「警察行動」によって対処すべき準犯罪的な地域としてあらためてマッピングされつつある。

「文明」はいま明らかに最も力の弱い者たちの間に「非文明」(incivility)をつくりだしながら、それとの距離をできるだけ拡げようとしている。両者の間に形成されうるあらゆる「近さ」＝親密さを不可能にするほど両者の距離を開いていくこと。「文明」と「非文明」とを、二度と出会うことのないように、隔てていくこと。それが「グローバル・セキュリティ」を語る者たちの夢なのだろう。しかし、そのような完全な切断、完全な隔離は果たして可能なのだろうか。

「文明」の極致を誇る社会がその実相において「非文明《アンシヴィル・》(市民)社会《ソサイエティ》」(J・キーン)であることは、それが現実に最も暴力に曝されやすく、また最も暴力の影におびえる社会であることからもわかる。「脱‐暴力化」という文明の指標に照らすまでもなく、それは最も暴力に親和的な社会の一つなのである。この社会は、自らが生みだす内外の「非文明」のうちに憤懣や憎悪が堆積していること、そして自ら自身が交渉可能な相手とはもはやみなされていないことに気づいている。この社会は、九・一一以前からすでに暴力を予期したセキュリティの装置とサーヴィスに溢れていた。自らが排除したものと出会わざるをえないことをどこかで予期していたわけである。セキュリティはインセキュリティを予期し、それを統治すべく身構えているのだ、と言ってもよい。治安管理としてのセキュリティは、実は「脱‐暴力化」を求めてはいないのである。

今度の出来事がそうした「暴力の回帰」とともに明らかにしたのは、「文明」がつくり出す「非文明」の悲惨を視界の外に追いやろうとする力に抗議する声が発せられてきたということ、そしてその苦難に実際にアクセスする努力がおこなわれてきたということである。無視され、黙殺されようとしているところ、遠ざけられようとしているところに逆に「近さ」を設定していく動きを政治的と呼ぶならば、排除の完成を妨げるそのような政治的行為が私たちの社会認識にとっても不可欠の条件となっていることを今度の出来事は教えた。もとより、情報通信技術の発展は必ずしも交渉の回路をもたらすわけではないし、俯瞰的な分析によって認識のチャンスが開かれるとは限らない。交渉の回路をつくりだし、批判的な認識を呼び覚ますのは、他者との間に具体的な「近さ」を設定する行為、しだいに隔てられていく距離に逆らって近接性《プロクシミティ》をつくり出す政治的行為である。おそらくそうした「近さ」なしには、ある人びとが「この世界にまったく属さない」者として見棄てられる事態が察知されることもないだろう。

たしかに、あらゆるところで「近さ」を創出しようとするアクセスが可能なわけではない。そのことを肝に銘じたうえで、排他的な成員資格に依拠するのではないシティズンシップが、世界を分け隔てようとする動きをさまざまな局面で阻んでいることにも一方で注目したいと思う。

目　次

I

I

第一章　デモクラシーと複数性

一　政治的存在者としての処遇

おそらく、ラディカル・デモクラシーは、それをめぐるさまざまなアイディアやイメージが整理され、明確に規定されるところにはまだ達していない。一般的にみても、資本制経済＋政党間競争という意味での「リベラル・デモクラシー」、冷戦の終焉をうけて一時期盛んに称揚されたこのイデオロギーへの批判・対抗という以上の共通了解はないように思える。むしろ、デモクラシーそのものの概念が著しく多義的に解され、ある論者が評するように「デモクラシーの意味の危機」とでもいうべき混乱の現状にあるといった方が正確かもしれない(1)。そうした「危機」は、言うまでもなく従来のデモクラシー理解の支配的なパターンがもはや通用しなくなったという点では、「民主的展望」(2)(democratic vistas)を新たに試みるための好機でもある。

私なりの展望を試みる前に、デモクラシー以外の概念によってはおそらく理解しえないと思われる人間の生の一つの価値に触れておきたい。周知のように、H・アーレントは、国民国家から追われた人びと(displaced persons)の視点からこの価値をとらえ直した。彼らが奪われたのは、「自由への権利」や「おもいのままに考える権利」ではなく、「行為への権利」そして「意見への権利」であった。問題はいわゆる「人権」の剝奪ではない。自らの行為や意見に対する他者の応答の喪失、これが彼らを「政治的な生ける屍」へと追いやったのである。この視点からすれば、人間の尊厳はヒトであるという抽象的・没関係的な身分に宿るものではない。それは、文字どおり人‐間の尊厳であり、自らの行為を受けとめ自らの言葉を聴きとってくれる人びとの間に生きる(いわば間人格的な)尊厳である。アーレントが、もし人間の権利と呼ぶべきものがあるとすればという仮定のもとで、「ただ一つの権利」として挙げるのは、「ひとがその行為や意見にもとづいて判断されるような枠組みのなかに生きることへの権利」である(3)(これは他者の排除ではなく他者の応答によって現実化される権利である)。

このアーレントの視座から——つまり国民の主権なるものから離れて——デモクラシーをとらえ返せば、その理念は、すべての人びとを対等な政治的存在者(political beings)として処遇することにある、と思われる。一人ひとりを政治的存在者として処遇するとは、そのひとの行為を行為として、意見を意見として受けとめそれに何らかの仕方で応答を返すことを意味する。行いや言葉の背後に人種、階級、宗教といった集合的な価値や利害を読みとり、一つひとつの行為や意見の意味をそれらに還元することではない。「政治的存在者」といういささか生硬な表現を用いるのは、すべての人びとが政治的共同体に生きる「市民」(citizen)であるとは限らないからであり、また、「市民」でない者の行為や意見には応じる必要がない、ということにはならないからである。人びとの間に生きることが人間の尊厳を意味するのであれば、その要求に応じようとするデモクラシーははじめから「市民」のテリトリーを超えているのである。

現状を少し振り返れば、「市民」としての法的地位をもちながらも、政治的存在者として処遇されているとは言いがたい人びとの存在も視野に入ってくる。行為や意見が他者の応答を失う政治的無力は、リベラル・デモクラシーを謳歌しているはずの社会でもごくありふれた光景になっている。そこでは、「雇用なき成長」がすでに常態化し、S・S・ウォリンが示唆するように、労働市場からの排除は政治の領域からの排除に直結している。[4] とりわけ、高齢者だから、外国籍だから等々の理由から、多くの人びとがいまなおリアルな場所喪失の危機にさらされ、路上生活者の隔離がすすめられているこの社会では、政治的生活の喪失が何を意味するかについては、ほとんど何も考えられていないに等しいというべきだろう。社会経済的な意味で「余計者」とカテゴライズされる人びとは今後ますます増大してゆくかもしれない。デモクラシーをすべての人びとの政治的存在者としての平等処遇と解するのは、そうした人びとを「棄民」としないための最低限の条件であると思う。

二　ラディカル・デモクラシーの条件

まず、ラディカル・デモクラシーがどのようなデモクラシーではないかを、ごく手短かに確認することから議論を始めたい。デモクラシーは、この数世紀に力を揮ってきた政治思想、つまり自由主義、社会主義、ナショナリズムそして共和主義の思想においてどのように位置づけられてきただろうか。それらは、政治的存在者としての処遇という要求に応えてきただろうか。

自由主義(古典的リベラリズム)は、デモクラシーを諸個人による利益の追求に結びつける(価値観の多元性を擁護する政治的リベラリズムは、これから区別し後に言及する)。この立場によれば、「政治」はもっぱら互いに対立・競合する利害の調整を意味し、デモクラシーはそうした個別利害の調停、バーゲニングの手段的価値に還元される。「政治的」であるとは、この市場モデルの自由主義によれば、自らの経済的立場の強化に資する政策や政党を能動的に選択しうる者が、実際にそうすることに尽きるだろう。重要なのは、自らの利益を最大限充足すべく自己主張することであり、共通の問題について意見を交わすことではない。むしろ、言葉の背後にはつねに利益の自己主張が読みとられるのであり、意見と意見の交換は、他の目的(利益充足)のための戦略的コミュニケーションの様相を呈する。他者との意見交換によって織りなされる政治的生活は、この立場にとっては人びとの生の内在的価値を構成しない。

社会主義は、デモクラシーを社会経済的な平等の実現に結びつける。それは、市場の力が政治の力に翻訳される事態、貨幣メディアが権力メディアとしても妥当し、デモクラシーが実質的に支配の装置として機能する事態を正当に批判する。この点で社会主義は、政治的平等のためには、一定の社会経済的平等が不可欠であることを重視してはいる。しかし、社会主義とデモクラシーとが結びつくのは、あくまでも階級的支配からの解放の文脈においてであり、解放のための闘争の終焉は同時に政治的生活の終焉をもたらす。K・マルクスのいう「国家の死滅」は、実際に政治そのものの消滅と同義である。というのも、「政治」が階級間の集合的利害の抗争とみなされるかぎり、階級なき社会においては人びとの意見の相違そのものが意味を失うと想定されるからである。

ナショナリズムは、デモクラシーを国民《ネイション》の自治の実現に結びつける。自由主義と社会主義が、個人的であれ集団的であれ、意見の違いを利害の対立に還元する「利益パラダイム」に拘束されているのに対し、ナショナリズムが求めるのは、国民の政治的自律であり、帝国主義や植民地主義のもとでの政治的他律からの解放である。しかし、ナショナリズムとデモクラシーとの結びつきは両義的であり、ナショナル・アイデンティティは、抵抗・解放のメディアとしても、排除・抑圧のメディアとしても機能する。とりわけ解放のための闘争を超えて国民共同体としての存続・強化がはかられる場合には、ナショナリズムは政治的生活を歪め偏狭なものにする。というのも、その場合に「政治的」であるとは、国民の統合に向けて能動的に自らを動員しうる者が、実際にそうすることを意味するからである。それは、国民の「敵」を外部というよりむしろ内部に見出しながら、そうした「敵」を排除ないしは同化・馴致の対象として駆りだすことと表裏一体である。アーレントが明らかにしたように、ナショナリズムは国民たる市民と同時に潜在的な難民を生みだすのである。

最後に共和主義について。この思想は、近代についてみれば市場モデルの自由主義への対抗思潮としてそれに伴ってきたものである。共和主義は、人びとを政治的存在者としてとらえ、その政治的自由を擁護しようとする点で、デモクラシーの要請を充たしている。それは、デモクラシーを利害の調整や階級・国民の解放といった他の目的のための手段的価値には還元しない。政治の領域の極小化や廃棄が目指されるのではなく、逆に公共の事柄(res publica)をめぐる意見交換としての政治は、手段化されない内在的価値を帯びている。というよりも、他者とともに政治的生活を営むことは、アリストテレス以来の伝統に沿って、人間としての自己実現の核心部に位置すると考えられるのである。とはいえ、共和主義は、なおも民主的であるとは言いがたい。その難点は、共和主義が、政治を「市民の政治」に還元することにある。たしかに、それは、ナショナリズムのように政治的共同体の成員資格を国民同胞に限定するデモス＝エトノスの等式を免れてはいる。人びとを統合するのは、共通の血や記憶、伝統の連続性といった非政治的紐帯ではなく、「公共善」という政治的価値である。しかし、共和主義は、市民のみを政治的存在者として処遇するのであり、政治的生活は国境の内部に限定される。[5] 共和主義が、リバタリアニズムに抗してしばしば称揚する徳性――「公共精神」や「市民的徳性」――は、政治の領域を区切る境界線を強化するだけではなく、内部においてもそうした徳性を発揮しない（できない）「二級市民」を作りだしがちである。

以上、四つの政治思想に照らして、これまで有力であったデモクラシーの理解を概観してきた。ラディカル・デモクラシーがこれらとは異なったものであろうとすれば、それは、いま指摘してきた諸々の陥穽を回避しながら、すべての人びとを対等な政治的存在者として処遇するという理念に応えていくことが必要だろう。デモクラシーがラディカルであるための条件とはより具体的に何だろうか。この問いを、ここでは次の四点にわたって検討してみたい。

まず第一に、デモクラシーには、意見の複数性の擁護が求められるだろう。意見の複数性は、デモクラシーが成り立つための「必須の条件」(conditio sine qua non)であるだけでなくそれが実現すべき「最高の条件」(conditio per quam)でもある、[6] と言いかえた方が正確かもしれない。必須の条件というのは、人びとが同一の意見をもつような状況では、他者と意見を交換することはそもそも意味をなさないからである。最高の条件というのは、意見の複数性は政治によって何らかの調和や一致に向けて克服されるべきネガティヴな与件ではなく、逆にそれを維持し、意見の相違を明らかにすることが政治の実現すべき「目的」であることを意味する。人びとは、他者と共有する世界について、その人が占める立場の違いに応じて相異なるパースペクティヴを、したがって相異なる意見をもつ。ラディカル・デモクラシーは、一人ひとりの意見に価値があること、そして原理的にはその一つひとつが——個人の意見そのものも複数である——語られるに値するとみなす点にある。言いかえれば、デモクラシーは、他者の意見を代理＝代表する立場には誰もいないという条件を真剣に受けとめ、意見と意見が現実に交換されることを求める。意見と意見の交換には、人びとが自らは経験しえぬ異質な「世界の現われ」に触れるという契機が含まれており、それが政治的生活の内在的価値を構成する。したがってそれは、意見の複数性を何らかの仕方で——単一の真理であれ、歴史のテロスであれ——廃棄するようなあらゆる試みに抵抗する。(7)

第二に、政治的領域の多元性がデモクラシーにとって重要な条件となるだろう。従来のデモクラシー理解は、政治の領域をきわめて一元的にとらえ、政治を国家に局在するものとみなす「国家パラダイム」(S・S・ウォリン)を執拗に維持してきたとも言える。

たしかに、正統化された強制力をそなえる国家は、他の諸領域の政治を深く規定し、拘束する最終的な決定を行いうる点で特殊な位置を占めており、それがなおも重要な政治的領域である事実は動かない。しかし、このことは国家が他を排する政治の領域であることを意味しない。言わずもがなであるが、国家の内と外には政治の領域が多元的かつ重層的に存在している。人びとは、私的な個人と国家の市民との間で、あるいは市民としての地位から離れ、さまざまな政治の諸領域にしばしば同時に関与している。デモクラシーは、国民国家との偶然の歴史的結びつきを緩め、政治的アイデンティティと国民的アイデンティティを等号で結ぶ発想の枠組みを解く必要があるだろう。

第三に、政治的領域を多元的にとらえることは、同時に人びとの政治的生活の多元性を擁護することを意味する。直接的にであれ間接的にであれ、政府レヴェルでの意思決定に関与する行為、つまり市民としての行為だけが政治的なのではない。政治への能動的参加に力点を置いた六〇年代、七〇年代のいわゆる参加デモクラシーの思潮は、この点ではなおも市民の政治の枠組みのなかにとどまっていたと見てよいだろう。この枠組みの難点は、政治的な問いをすでに公共のものとして認められた争点へと限定することにある。「公共的」争点として政治のアリーナにまだ浮上していない問題、あるいは争点化そのものをなお妨げられているような問題を発見し、それに応答するという面ではその政治には限界がある。ラディカル・デモクラシーの視点からみてより重要なのは、市民的公共性からも排除されてきた意見、「少数意見」として公共の議論の場にのぼる以前の声に敏感に反応する政治的感性である。

第四に、デモクラシーにとって、人びとの政治的平等を妨げるような障害を取り除くことはやはりその基礎をなす。政治的平等とは、この場合人びとの意見交換に相互性が成り立つことを意味する。「支配されずかつ支配せず」というイソノミアが保たれるためには、意見交換の相互性を破壊するような権力作用の抑止――たとえば、他の意見を圧倒するような声に対するある種のオストラシズム(8)――といった政治内部の諸条件はもとよりとして、非政治的権力が政治権力に翻訳されるのを阻止する条件が必要となる。社会経済的な力の格差をいかに縮減していくかという問いが重要なのは、リベラリズムとコミュニタリアニズムの論争や多文化主義の思潮など現代の政治思想には、一部の例外を別にすれば(9)、「差異をめぐる文化的政治」を「平等をめぐる社会的政治」から切り離す傾向が多分にあるからである(10)。

三　人びとの間の複数性と内的複数性

ところで、意見の複数性の擁護を民主的な政治の根本条件の一つとすることは、ある見方からすれば奇異に映るかもしれない。Ａ・トクヴィルの「多数の暴政」の観念が示すように、デモクラシーは複数性の擁護どころか、逆に多数派による一元的な支配に親和的であるとするのが思想史においては一般的な見方であったし、デモクラシーがなおも一部で「ダーティ・ワード」として用いられている背景にも、さまざまな形での「多数の暴政」の動向への危惧が読みとれる。デモクラシーは、C・シュミットが明言したように、「国民的同質性」「異質なものの排除・否定」を求めざるをえないのだろうか。[11]

実際、ラディカル・デモクラシーの主唱者の一人と目されるCh・ムフも、シュミットに依拠しながら、「多数の暴政」をデモクラシーに内在する傾向とみている。彼女によれば、人民主権をポピュリズムの暴政に陥らせないためには、デモクラシーとリベラリズムがいったん分節化されたうえで結びつく必要がある。[12] たしかにデモクラシーは、それだけで政治のあらゆる次元をカヴァーしうる原理ではない。デモクラシーをすべての人びとの政治的存在者としての平等処遇ととらえる場合にも、そのことからただちに意見の複数性の擁護が導かれるわけでもない。デモクラシーは意見の複数性を擁護するために他のどのような政治理念、政治哲学と結びつくべきなのだろうか。まず、政治的リベラリズム(political liberalism)が複数性を十分に擁護しうるかどうかを検討しよう。

政治的リベラリズムは、人びとがいだく「善の構想」の複数性、価値観の多元性を擁護しようとする点で、人びとを利害の競争者とみなす市場モデルの自由主義からは区別される(利益の多元性は価値が一元化した条件のもとでも成り立ちうる)。しかもそれは、妥協可能な「利益対立」というよりもむしろ、互いに和解不可能な「価値対立」が政治の前景に現われてきた現状に応えうる論理をそなえていると見てよいだろう。政治的リベラリズムは、「理にかなった多元性の事実」（J・ロールズ）を与件としながら、この条件のもとでなお可能な社会統合を正義の政治的構想に依拠して探求しようとする。それは、多元性を抑圧するあらゆる集合的価値の追求を阻止するものとして、たしかに少数派の価値観を強力に擁護しうる。しかし、リベラリズムの掲げる「善の構想」の多元性の擁護は、はたして意見の複数性の擁護となっているだろうか。

まず指摘できるのは、政治的リベラリズムが擁護しようとするのは、あくまでも個人が「それぞれ善く生きること」の複数性である、という点である。それは、諸個人の間にある共通の世界をめぐる意見の複数性とは異なる。リベラリズムは、個人の生のかけ替えのなさを強調しながらも、そのかけ替えのなさが他者との相互交渉のうちではじめて意味をもつことをとらえていない。第二に、リベラリズムは、価値の多元性を擁護しながらも、人びとが他者に強制されずに構想する「生の計画」が、その内実においてほとんど違いのないものに同質化する事態を批判できない。それは、この立場がもっぱら価値選択の人格的自律に意を注ぐ一方で、それがどのような文化的コンテクストでなされるかを不問に付すことに起因する。「多数の暴政」を怖れながらも、一見自律的に選択される価値の内容を深く規定する「正常性の専制」とでもいうべき文化的ヘゲモニーの問題は放置されてしまう。[14] 第三の難点は、リベラリズムの中心的教義とされる「寛容」の原理にかかわる。リベラリズムのアイデンティティ理解は、寛容の精神的・内面的基盤を逆に掘り崩さないだろうか。

寛容は、たんに異質な価値だけでなく、自らの価値観に抵触しこれを脅かす恐れのある価値にも存立をゆるそうとする(正確には多数者側の)態度を意味する。その際リベラリズムは、寛容をすでに形成されたアイデンティティ間の共存として位置づけ、それらのアイデンティティがどのような他者性の排除にもとづいて形成されるかを問わない。アイデンティティの成り立ちを問わないことは、あらゆる価値観を無差別に(優劣をつけずに)許容しようとするリベラルな寛容のための前提でもある。しかし、こうした寛容の条件をなす「相互無関心性」が現実に作用することはむしろ稀である。W・E・コノリーが指摘するように、[15] 人は、自らのアイデンティティを形成するために排除した他者性、またそうした負の価値を体現する具体的な他者に対して逆に大きな関心を寄せざるをえない。たとえば、黒人底辺層を主とする「福祉常習者」に対して勤勉な生き方の規律を自らに課す“white angry men”が向ける憎悪の態度に見られるように。一般に、「合理的な生の計画の実現」(J・ロールズ)は、その実現を阻み害するとみなされる自らの内部の不適格、不適合な要素を特定し、それらを遠ざけていくプロジェクトをともなっている。そして、そうした排除・否定のプロジェクトは、異質な他者への寛容の内面的な基盤を掘り崩さずにはいない。というのも、自らが(しばしば長い努力の末に)排除・消去した不適格・不適合な価値を顕著に表わす他者は、自らの優位を確証してくれる劣位のアイデンティティとしてのみならず、自己の秩序への疑いを体現する不穏な脅威としても現われるからである。つとにF・ニーチェが示唆したように、内なる他者性の否定は外なる他者性の否定に連動する。一義的な自己の秩序化を容認するリベラリズムは、このように自己への暴力が他者へのそれに連動する回路を軽視することになる。

ごく大づかみにみても、リベラリズムによる複数性の擁護には右のような問題点がある。複数性の擁護という点で同じく有力と目されている多文化主義(multiculturalism)についてはどうだろうか。

多文化主義は、すべての文化が等しく尊重に値すると主張する思想であると、ひとまずは理解することができる。価値観の多元的共存を求める点ではリベラリズムと軌を一にしながらも、この思想にはリベラリズムへの抗議と挑戦も含まれている。その一つは、リベラリズムが放置する文化的支配への批判的対応である。多文化主義の「差異の政治」は、多数者文化に対して少数者文化を特別な扱いをもって擁護し、一般的な扱いのもとで現に掘り崩されつつある実質的な多元性を保持しようとする。[16] そこには先に触れた「正常性の専制」を問題化し、実質的に周辺化され劣位に置かれてきた文化、排除・抑圧されてきたミス・マッチな価値を評価し直そうとする姿勢がある。のみならず、多文化主義は、リベラリズムが軽視する生の共同的な次元がもつ意味もとらえている。それがどのような危険性を宿しているかは措くとして、他の人びとと共に何らかの文化的価値を再‐形成することは、それ自体として否定されるべき事柄ではなく、少なくともある人びとにとっては生の不可欠な次元を構成する。多文化主義は、複数性の尊重の実質化をはかるうえで、たしかにリベラリズムにはない問題領域を切り拓いてはいる。しかしそれはまた、リベラリズムと同型の問題を抱えてもいる。

まず、諸文化間の差異と多様性を称揚しながらも、対内的に一義的な文化的アイデンティティを求めるならば、多文化主義は、支配的な文化について自らが批判した同化‐排除のパターンを自ら再現せざるをえない。しかもこの場合には、内的な他者性の排除・浄化の問題は、成員がリアルな諸個人であるだけに事態はより深刻である。このことは、擁護されるべき差異は、諸々の文化集団の間にのみあるわけではないという事実を多文化主義が真剣に受けとめていないことから来る。集団の成員をなす諸個人の間に差異があることはもとよりとして、個人の生そのものがすでに多様な文化が交錯する場になっている、という事実である。たとえば、ジェンダー、人種、性的指向、階級いずれにおいても劣位の複合的アイデンティティを考えるとき(17)、問題がいずれかのアイデンティティに還元されうるとは考えにくい。苦難は複合的であり、ある苦難からの解放が他のそれを自動的に導くわけではない。第二に、すべての文化が等しく尊重に値する、したがっていかなる他の文化にも等しく寛容であるべきとする想定はリアルではない。ある文化は、自らの存立の場を確保するためには、それに対立する文化の実質的変容を迫らざるをえない。たとえば、同性愛の承認要求は、それを負の価値とみなす他の文化的アイデンティティへの変更要求をともなっている。一般に諸文化は、権力関係において非対称の位置を占めている。とすれば、多文化主義が評価すべきは、劣位に置かれてきた文化の再生、自己主張が文化全体のコンテクストを変化させていくその動態にあり、既存の文化と文化の境界線を維持し、それを保守することにはないはずである。多文化主義は、もしそれが諸文化間のスタティックな複数性のみを擁護し、相互の競合や交雑による文化の新たな多元化(pluralization)を従来の多元性を損なうものとして退けるならば、「差異の政治」から「アイデンティティの政治」へと後退するほかないだろう。(18)

政治的リベラリズムも多文化主義も、価値観の多元性を積極的に擁護しようとする点で、ラディカル・デモクラシーの展望にとって重要な手がかりとなることは疑いない。しかし、いま少し検討したように、この二つの思想は、人びとの意見の複数性を擁護するうえで十分なアプローチとはなおも言いがたい。それらに共通する同型の問題は、個人の内的な複数性、内的な多文化性を不当に軽視する点にある。人びとの間人格的な複数性が維持されるためには、人びとの内‐人格的な複数性も維持される必要があるかもしれないという視点が希薄なのである。リベラルも多文化主義者も、誰もが複数の利害関心や社会的役割を生きている事実を否定しないはずである。また、誰もが複数の価値やアイデンティティを生きていることもおそらく否定しないだろう。とはいえ、リベラリズムも多文化主義も、そうした内的複数性が廃棄され自己が一元的に統合される事態も同様に否定しないように思われる。

自己の内的複数性の廃棄と人びとの間の複数性のそれとの間にはどのような連関があるだろうか。自己の内的複数性を維持することは、人びとの間の複数性を維持することにどのように繋がるのだろうか。[19] 内なる他者性への暴力と外なる他者へのそれとの間にルサンチマンを介した連関をみるニーチェのパースペクティヴ、反ユダヤ主義における「投影」(Projection)の機制——負のアイデンティティを他者に被せること——に同時に内的な「差異に対する能力の喪失」をみるM・ホルクハイマーやTh・W・アドルノのパースペクティヴ……。[20] いくつかのアプローチは考えられるが、それぞれについて立ち入って検討することはできない。ここでは、自己を複数のものととらえ、しかも複数の自己の間に一義的な調和を求めない一群の思想に光を当てながら、自己と他者のアイデンティティを固定しない倫理がどのような政治的含意をもちうるかを検討することにしたい。これから取り上げるのは、F・ニーチェ、R・W・エマーソン、M・フーコー、H・アーレントらの自己倫理(personal ethics)をめぐる思想である。意見の複数性を擁護するためにデモクラシーが結びつきうるのは、自らの「善の構想」を追求する個人の人格的自律を擁護するリベラリズムの思想にかぎらず、[21] これらニーチェアンの「実存」の思想でもあるという意図があることを予め付言しておきたい。

四　自己倫理の政治的含意

自己を複数のものととらえる見方それ自体はけっして新しいものではない。個人の魂を三つの部分（知性的部分、気概的部分、欲望的部分）に分けたプラトンなどギリシア哲学以降の伝統は、何らかの仕方で自己を複数のものとして扱ってきたと言える。しかしながら、この伝統の多くが、とりわけ近代のそれが、複数の自己を単一の自己に統合しようとする要求を執拗にともなってきたこともたしかである。[22] 自己の統合がどのような形をとるにせよ——複数の自己の間で支配すべき部分と支配されるべき部分とを分け垂直的で階層的な秩序化が行われる場合、逆に支配され抑圧された自己（内的自然）に光を当てながら、そうした自己の回復によって抑圧なき統合がはかられる場合、あるいは自己の分化そのものをアイデンティティ・クライシスととらえ、「自己分裂」からの立て直しがはかられる場合であれ——自己がアイデンティティ＝同一性をもつべきであることとは半ば自明の前提とされてきた。

こうした思考習慣に対してラディカルに異を唱えた思想家は、やはり「（自己を）不可分なもの・一個の単子・一個の原子と考える魂の原子論」からの離脱をはかったニーチェだろう。ニーチェが哲学の主要な伝統と袂を分かつのは、一つには複数の自己が最終的な調和に統合されるのを拒み、複数の自己の間での対立・抗争を絶えず維持されるべきものと考えた点においてである。G・W・F・ヘーゲルのように、分化・分裂の否定性を重視しながらも、それをより高次の同一性のための契機とするような目的論とはこの点で異なる。誤解を避けるために言えば、ニーチェは、多数の価値やアイデンティティに引き裂かれてあるような断片化した自己そのものを肯定するわけではない。複数の自己の間の緊張、抗争が重視されるのは、自己が何者かへと固定化されるのを怖れるからであり、そうした固定化が内在させる自己への暴政を避け、アイデンティティの変容が生起する政治的経験の場に自己をとどめておくためである。ニーチェによれば、自己を形づくる「多数の主観」の間には「協調および闘争」がともに存在すべきである。[23] この点は、ニーチェのみならず、エマーソンやフーコー、アーレントの思想についても基本的に当てはまる。これらの思想家は、複数であることを自己の常態と受けとめ、内的複数性が失われるのを拒否する。エマーソンの「対立関係」、フーコーの「アゴニズム」や「妨げ合い」、アーレントの思考の「自己破壊的」性格といった表現が示唆するように、複数の自己の間の衝突・対抗という政治性の契機は、ニーチェと同様これらの思想家にとっても自己倫理の核心をなしている。その政治的意味を次の四点にわたって指摘したい。

まず、揺るぎのない単一の秩序化が内面に惹き起こす、自己への不満・憎悪が他者への蔑視・憎悪に連動するルサンチマンの回路を断つうえで、自己の複数性を維持する倫理は重要な意味をもつ。ニーチェは、他者性の否定によって形成されるアイデンティティとルサンチマンとの連関を次のようにとらえた。「奴隷道徳は初めからして外のもの・他のもの・自己ならぬものに対して否という。つまりこの否定こそが、その創造的行為なのだ。価値を定めるまなざしのこの逆転――自己自身に立ち戻るのではなしに外へと向かうこの必然的な方向――こそが、まさにルサンチマン特有のものである」[24]。外なる他者の否定が内なる他者の潜在的な否定と表裏一体だとすれば、奴隷道徳は自己の肯定を導くのではなく、逆に「自己への不満」、他者への暴力に捌け口を求める負のエネルギーを堆積させることになる。

ニーチェが「奴隷道徳」の対極に描く自己の倫理は、「自己に様式を与える」("Stil geben")倫理である[25]。たしかに「様式」は、反復によって形成されるある種の「同一性」の形を含意してはいる。しかし、「多くの曖昧なもの、形式構成に逆らうものも遠望のために取っておかれる」といった言葉が示すように、自己の様式化が意図するのは内的複数性の廃棄ではない。一義的な範型に向けて自己を制作することではなく、自らの意のままにならぬ価値をすら内面に存在させる練習を重ねることが、この倫理のポイントである。ここでは、異質な価値が共在する多義的な空間として自己を肯定する倫理が、他者に復讐しようとする「自己への不満」に対置されている。自己の内部でのアゴーン(抗争)を積極的に維持することは、他者へのアゴーン(暴力)を抑止する効果をもつわけである。この他者への暴力の抑止という考えは、たとえば、晩年のフーコーの「自由の実践としての自己への配慮の倫理」(一九八四年)にも反響している。彼によれば、人が他者に向ける「権力の濫用」によって権力関係は「支配の状態」に近づく。他者とのコミュニケーションが「最小限の支配」をもって続けられるためには、欲望の恣意的な発動を統御する自己実践が必要である。「他者に向かう権力を制御するのは、自己に向けられる権力である」[26]。自己への配慮の優先には、直接的・反射的な行動を自己抑制し、他者との関係において自由を適切に実践するための準備という政治性が含まれる。

第二に指摘したいのは、他者性を受容し内面の不統一を許容する倫理である。ニーチェには、「敵対関係の精神化」といった表現[27]にも窺えるように、自己ならざるものを内面に引き入れる精神の態度を評価する見方がある。ただしニーチェの場合、他者性の内面化は、既存の自己を超克するための契機として評価される。力点は、もっぱら垂直方向にむかう自己の絶えざる更新という能動的ダイナミズムにある[28]。これに対して、ニーチェにも深い影響を与えたエマーソンの場合には、他者性への態度はより水平的、より受動的である。つまり、自己の内部で複数の価値が共存している状態それ自体が肯定されるのである。しかも、他者性を受容する態度はほとんど無制限ですらあり、自己と自己ならざるものとの間に明確な境界は存在しない。[29] エマーソンのいう「自恃」(self-reliance)すなわち自己への信頼は、多様な自己を抱く態度を意味する。そこには、複数の自己の間にありうる対立を調停し、矛盾を解消する特別の審級は設けられていない。対立は対立のまま、矛盾は矛盾のまま保存される。一貫しているのは、和解しがたい複数の価値やアイデンティティを同時に存在させようとする精神の態度、それを可能とする自己の形式だけである。[30] この倫理にとっては、自己ならざるものを内包しうることに自己への信頼・尊敬がかかる以上、他者が他のようにある、また他のようにあろうとするその事実と志向は、自己をおびやかす直接の脅威とはみなされえない。そもそもこの倫理には、他者から守られるべき「本来的」自己は不在であり、むしろ自己への執着(insistence)から自らを解き放とうとするエートスがある。一義的なアイデンティティへの諦めがあるゆえに、この自己は、他者への暴力のみならず自己への暴力をも免れている。逆にみれば、自己への反省がしばしば過酷なものとなるのは、一義的に統合された自己(多くの場合社会に正常なものとして通用している自己のパターン)が到達すべき理想として掲げられるような文化においてであろう。[31] そうしたオブセッションを脱し、自己への過度の厳しさから逃れるためには、「本来的自己」の不在を受け容れるような自己への「寛大さ」(generosity)が必要となるだろう。[32]

第三に、習律としての道徳からの離脱という側面において、自己倫理がもつ政治的含意に光を当てよう。周知のようにフーコーは「道徳規範」(code moral)から「倫理」(éthique)を区別し、後者が「自己との関係」にあって成立するすぐれて個人的なものであることを強調した。「この形式の道徳では、個人が自らを倫理の主体として形成するのは、自分の行動の規則を普遍化することによってではない。反対に、自分の行動を個別化し、それを調整し、さらにはその行動によって付与される合理的で熟考された構造によって、その行動に個性的な輝きを与えることさえできる、態度および探求によってである」[33]。フーコー自身は自己倫理の範例を古典古代の自己実践に見出しているが、この試みを促しているのが、すべての人びとに例外なく一様に妥当する道徳の探求への深い違和の感覚であることは疑いない。フーコーにとって、倫理の探求つまり「互いにできるだけ異なった存在様式を探求すること」は、人びとに政治的には従順な生の様式を与えようとする規律にひとはどのように応じうるかを考えるとき、切実な問題関心であった。フーコーは、自己への配慮の倫理を、「自己自身を変容させ、個別の存在として自己自身を変えようと努力し、自らの生をある種の美的価値をになう、またある種の様式基準に応じる一つの営みと化そうと努力する」ような「存在の美学」と表現している[34]。この審美的実践は、ルサンチマンの回路の切断とはまた違った意味で政治的である。というのも、それは、文化の支配的なパターンに順応する自己の秩序形成を妨げ、むしろそうした正常化の圧力を緩め、集合的アイデンティティから自己を逸らすからである。人びとの心身に加えられる残酷さは、J・シュクラーが強調する公権力の濫用によってばかりでなく、[35]正常性への同調を強いる社会的規範によっても惹き起こされることはあらためて言うまでもあるまい（それはすでに『自由論』におけるJ・S・ミルの問題関心だった）。

同じくニーチェから影響を受けながらも、アーレントの場合には、正常性の集合的規範からの隔たりの形成は若干異なった様相をみせている。そこでは、自己との関係は、自己の変容を目指す心身への働きかけではなく、むしろ精神の生における内的対話すなわち複数の自己の間でのコミュニケーションという形式をとる。アーレントはこの自己との対話を「思考」(thinking)と呼ぶが、その特徴づけはじつにネガティヴである。思考は認識(knowing)とは違って建築的ではなく破壊的であり、これまで自らが抱いてきた価値や原理を疑問に付し、それを批判的に解体していく活動である。しかも、『オデュッセイア』のペネロペがヴェールを編んでは毎夜解きほぐしたように、この活動には終わりがなく、何らかの価値観やアイデンティティを確立するための準備作業といった意味合いをいささかも含まない。

アーレントが思考の活動に託すのは、「善悪に関してすでに確立されているあらゆる基準・価値・尺度つまり道徳や倫理で扱われる行動習慣や行動規則」を実験的に否定すること、[36]言いかえれば、習律と化した道徳の妥当性を自ら吟味にかけ、その自明性を疑うことである。こうした吟味を経ない道徳がいかに無力であるかは、全体主義の経験によって露わになった。のみならず、A・アイヒマンに看取される「没思考性」(thoughtlessness)、すなわち「表現や行動の習律的・標準的なコードへの固執」は無力であるばかりか危険ですらある。内的対話の喪失にともなう批判的思考の萎縮は、そのときどきに支配的で「正常」なコードへの抵抗なき順応、さらには能動的な従順、自己動員へと赴くからである(「没思考性と悪との奇妙な結合」)。この没思考性との対比において、思考を継続することとそれ自体が、アーレントの場合には自己倫理を形づくる。彼女は、それに「良心」(conscience)という表現を与えるが、もとよりそれは、自己を裁きにかけるような超越的な審級を意味しない。良心が発する指令は、内的対話を自らから奪うような行為、自己是認を失わせるような行為を抑止することに尽きる。良心の配慮によって継続されるコミュニケーションにおいては、対話の参加者となる複数の自己の間の相互性は維持される。[37]この倫理の政治性はもはや明らかであろう。アーレント自身は思考を政治の領域の周辺に位置づけ、自己倫理に発する個人の行為は限界状況でのみリアルな政治的効果をもちうると考えた。しかし、この限定は政治の領域を純化して公共的領域に等置することから導かれるのであり、それにとらわれる必要はないだろう。現に通用している規範のオートマティズムを遮る――「世に受け容れられている行動の規則を確証するのではなくむしろ解体する」[38]——という点で、内的対話は政治的である。そうしたいわば自己を吟味する自己が、今度は人びとの間で他者の思考習慣に挑むソクラテス的な虻として振舞うかどうかは、措くとしても。

最後に言及したいのは、これらの思想家が描く自己倫理は、すでに触れた意見交換の政治とはいささか違った政治の像を結ぶという点である。さしあたりそれを「範例の政治」(politics of examples)と呼ぶことにしよう。自己倫理の涵養を通じて習律としての規範や集合的アイデンティティから距離をとる人びとは、中心から逸れる範例＝個別の実例を他者に示す場合があるはずである。それも、例外状況での行為のみならず、日々の振舞いや生の様式においても。範例は、正常なもの、標準的なものを示すモデルではない。それは、他者を同調させるのではなく他者を触発する。モデルの政治が複数性を奪いコンフォーミズムを惹起するとすれば、範例の政治は、逆に多元化の効果を放つことによってそれに裂け目をつくるのである。

周知のように、ニーチェは「範例」としての個人を輩出することを人類の課題ととらえたが[39]、範例の政治の考え方は他の思想家にもみられる。エマーソンについては、ニーチェ流のヒロイズムはなく、誰もが誰かにとって何らかの仕方で個的な範例でありうるという民主的な相互性が強調されている点に注目したい。「すべての人びとが交互に教師でありかつ生徒である。同一の事柄を弁えている者たちが、互いにとって最もよき友でありつづけることはない。……共通の人間など存在しない。すべての人びとがその人なりの大きさをもっている。したがって真のアートは、誰もがどこかでそのひとの精華を示すという確信のもとでのみ可能である」(40)。G・ケイティブも指摘するように(41)、エマーソンには、他者の創造性に触れることで自らのそれが解き放たれるという触発的解放の思想があるが、それは、範例が他者の行為を「鼓舞する」効果を重視するアーレントにも通じている。アーレントによれば、範例は、「政治的領域の規則をおかすことなく」他者の行為を促す。言葉による説得が了解に向けての「強制なき強制」の契機を含まざるをえないのに対して、範例は「〔他者自身の行為を〕鼓舞することによって教え説得する」のであり、それにより政治的生活《ビオス・ポリティコス》の条件である複数性を維持するからである(42)。

　アーレントが行為としての範例を強調するのに対して、フーコーは存在様式としての範例がもつ意味にも光を当てている。「エートスは、主体の存在の様式であり、他者がみることのできる行為の様式である。……それは、自由の具体的な表現であり、自由を「問題化する」やり方である。よきエートスをもつ人は、他者によって範例として承認され、引き合いにだされうる。彼は、或る仕方で自由を実践する人格である」(43)。この場合には、行為とともに生のスタイルが、そのひと自身「である」という生の具体的な姿が、他者によって範例として受けとめられる。自らの生に固有のエートスを与えようとする一連の自己実践は、やはり触発的な仕方で他者自身による「存在の美学」の探求を喚び起こすからである。

ニーチェらが描く自己の倫理を、それがどのような政治的意味を含んでいるかという視点に照らして眺めてきた。言うまでもなく、これらの思想家には自己倫理を民主的な政治に直接結びつけようという意図はない。そして一般に、ニーチェに鮮明にみられるアリストクラティックな志向、フーコーやアーレントにも無縁とは言えないエリーティズム(達人倫理)の傾きには、反民主的な要素が指摘されるのが通例であり、それもあながち不当であるとは言えない。とりわけ、自己倫理の徹底化ゆえの普遍的な道徳への問いの周辺化は、これらの思想家について批判的に問われるべき問題として残っている。また、「存在の美学」の探求はいかなる社会経済的条件のもとで現に可能なのかといった反問もきわめて重要である(44)。しかしながら、フーコーが示唆するように、「自己との関係」をどう構築していくかをめぐる倫理の探求が、共有されるべき普遍的な規範をめぐる道徳の問いに還元しえない相対的に自律的な問題圏を形づくっていることもたしかである。「自己への配慮」の倫理にはマジョリティからの離反だけがあるわけではない。それは、自己の秩序と社会の秩序、個人的アイデンティティと集団的アイデンティティとの「分析的＝必然的」結びつきをいったん断ち切り、それを問題化し、政治化するための途でもある。そしてそれは、デモクラシーが、「友敵」の論理(C・シュミット)にもとづくアイデンティティの政治――自己の全体化/他者の全体化――の回路に陥るのを避けるための途でもある。一つひとつの意見の背後に、そのつどの言葉の裏に一義的な利害やアイデンティティを読み込むのではない他者への態度は、自ら自身の複数の声を気遣い尊重する自己への態度から切り離せないのではあるまいか。

五　受苦への応答と意見の政治

最後に、「自己への配慮」のアプローチからは死角となる二、三の問題を取り上げ、私なりのラディカル・デモクラシーの展望を補っておこう。ニーチェらの政治思想がアゴニズムの色を濃厚に帯びていることは疑いない。それは自己の内面を「戦場」(F・ニーチェ)とするだけでなく、他者との関係をもある種の闘いの場と化す。たとえば、アーレントの政治理解が含む一面、つまり自己を他者から際立たせようとする卓越(現世的不死性)への衝動の重視にみられるとおりである。劇場的空間における自他の競い合いのアゴニズムに欠落しているのは、人びとがつねに他者からの助力と支援を必要とする有限で、脆弱な存在者でもあるという見方である。自己への配慮の倫理には、間接的に他者を鼓舞する配慮はあっても、具体的な他者の必要に応じそれを充たそうとする配慮があるとは言いがたい。この点を、他者の心身の必要への対応、および他者の意見表明の支援という二つの側面から見ていきたい。

まず他者の生の必要への対応については、狭義の言語的な相互行為から区別される活動様式に眼を留めたい。周知のようにアーレントやJ・ハーバーマスは、ヘーゲル、マルクスらの「労働」概念に対して、人-間の相互行為の独自性を明らかにしようとした。しかしその際、対等な間柄での言語行為を際立たせた結果、二人の相互行為概念は、非対称の関係性のうちに生じるしかも言語による説得を主としない相互行為を適切にはとらえられないという問題を残しているように思われる。たとえば、介護や介助、種々のヴォランティア活動——「特定のだれかの前に、まさに特定のだれかとしてかかわる行為」[45]——の多くは、アーレントの「行為」やハーバーマスの「コミュニケーション的行為」の概念によってはカヴァーできないだろう[46](そうした活動様式はアーレントの「労働」や「製作」、ハーバーマスの「道具的行為」や「戦略的行為」にも包摂されない)。他者の心身の必要に応じる行為、したがって他者の生のより物質的な次元に多少なりとも触れる行為は、互いに対等な政治的存在者として交わる行為とは違った倫理を必要とするだろう。C・ギリガンにならってその倫理を「ケアの倫理」と呼ぶとすれば[47]、それはおそらく「人が傷つく可能性、苦しむ可能性、病む可能性をもち、有形無形の他人の世話、介護、配慮、愛情といったものによってその苦しみや不安をやわらげられつつ生きる存在である」[48]という理解に根ざすはずである。この倫理は、人間は可死的で受苦的な存在者でもあり、他者による配慮や支援なしにはその生を保ちがたいということを人間の条件として受けとめ直す。

たしかに、この倫理に導かれる行為はただちに政治的であるわけではない。それはほとんどの場合、具体的な他者の必要を充たすための働きかけである。しかし、それは潜在的にはつねに政治的でもある。生・育・老・病・死をめぐるケアの分担、それに必要な資源や財の分配をめぐる政治にはここでは触れない。ここで注目したいのは、他者のいわば「実存的な受苦」[49](existential sufferings)への応答のもつ政治である。ハーバーマスがそうした問題を公共の論議では解決不能とみなし、またアーレントがそれらを「社会的問題」としてカテゴライズし、いずれの場合も具体的な他者の受苦への応答を政治の領域から除外していることは否めない。しかし、遠く隔たった他者が被る苦難や欠乏を察知し、それに対応しようとする政治的感性は、具体的な他者の切実な必要に応じ、その心身の苦しみを和らげようとするケアの感受性と無縁だろうか。もちろん幾重もの媒介が必要とはいえ、少なくとも、政治的被抑圧への感性が、「人権」の救済といった抽象的な質よりもむしろマテリアルな質によって、つまり現在そして過去の具体的な他者の苦難の姿を眼にしたり想起することによって媒介されるのはたしかだと思う。

もしいま「友愛」という言葉をもちだすとしても、それは、「われわれ」を全体化するような連帯とは異質なものでなければならないだろう。団結心や僚友意識(comrade-ship)といった徳性は、その一途さにおいて、ほとんどの場合政治的には悪徳ですらある。政治的友愛があるとすれば、それはおそらくもっとネガティヴな連帯、過去の苦難を記憶し、現存する苦しみに声を与えようとする連帯だろう。いまどこに苦しみがあり、その苦難を誰が被っているかを知ろうとすること。この「コンパシオの政治性」は、意見の政治や範例の政治とはまた違った政治の像を結ぶはずである。[50]

人間をヴァルネラブルな存在者としてとらえ直す見方は、他者の受苦への応答としての政治だけではなく、意見の政治にとっても不可欠である。というのも、アーレントもみるように、他者に向けて意見を語ることは「自己を開くこと」(self-disclosure)であり、自己の外へと曝されることだからである。[51] 言葉を語ることは自らを傷つきやすい状態におく。意見は意見と意見の交換のなかで形成されるものだとすれば、自らの意見を語ろうとする他者を促す局面が必要となる。そうした相互の勇気づけがないとすれば、多くの意見は実際に誕生しないままに終わり、「少数意見」として討議の場にのぼることとすらまれだろう。一方で「万人の万人に対する激しく妨げのない論争」、つまり「アゴーンの精神」(agonal spirit)に鼓舞された意見と意見の交換を評価するアーレントが、[52] 他方で「産婆」としてのソクラテスの役割に注目するのも、この文脈から理解できる。「虻」としてのソクラテスが他者の意見を挑発するとすれば、「産婆」としてのソクラテスはまさに語られようとしている他者の意見を引きだすことによって、その生誕を助ける。自己を際立たせようとするアゴニズムに訴えるのではなく、他者が保護の外套＝

「表現の習律的・標準的なコード」を脱ぐのを助けること、これが「産婆」の役割である。

他者の声を聴くことが重要なのは、すでに触れたように、意見はあくまでもその人に固有のもので、利益のように集合的には代理＝代表されえないからである。共通の世界がいかに多様な相貌をもつかを知りうるのは他者の意見に接することによってであり、自らにとっての世界の現われがいかに部分的かを経験しうるのも他者の意見に耳を傾けることによってである。そして「自己への配慮」が陥りうるある種の傲慢――自己の内部で「他者性」を維持しようとする態度――が破れるのも、他者が自ら語る一人称の声を現実に聴かされるときである。デモクラシーにとって意見の複数性が本質的な条件であるのは、一人ひとりの意見が世界の複数の「真実」(truths)をそれぞれ語るからである。その意味で、意見と意見との交換は、共有しうる論拠を探るコミュニケーションというよりも、相互に「世界開示」が交わされるコミュニケーションと親和性をもつ。この点をもう少し明確にするために、他者とのコミュニケーションを「正常な言説」(normal discourse)に還元する立場と対比しておきたい。

R・ローティは、人間の二つの基本的要求、自己の完成を目指す「創造の要求」と社会的正義の実現を志向する「連帯の要求」とを、共に妥当すべきものとして、だが和解不可能なものとしてとらえる。「創造の要求」は私的領域での自己との対話に、「連帯の要求」は公共的領域での他者との対話にそれぞれ割り振られる。[53] 私的創造の審美的プロジェクトと公共的連帯の政治的プロジェクトは、それぞれ別次元に属する事柄として完全に切断されるわけである。たしかにこの分節化には一定の意味がある。ローティが退けようとするのは、人間の共通の本性を何らかの仕方で規定し、その本性の私的実現と公共的実現とを有機的に結びつけ、自己の生の創造は共同の生の創造のなかでのみ可能であるとする哲学の伝統である。ローティはそれゆえ、自己創造を徹底的に私化し、創造の要求への応答を個人が単独で遂行すべき課題として位置づけるのである。この分節化は、しかしながら、個人の自己創造を著しく審美化しラディカルにする一方で、公共のコミュニケーションをやはり著しく脱政治化し凡庸なものにする。[54]「連帯の要求」はプラグマティックな問題解決のための"normal discourse"へと制限され、他方「創造の要求」を充たす言説は"abnormal discourse"としてあくまで私的に先鋭化される。

ローティのプラグマティズムを批判するハーバーマスの討議理論は、こうした公共の議論の脱政治化を免れているようにもみえる。実践的討議は現に通用している規範の妥当性を問い直す対話であり、正常なものの問題化をまさにテーマとするからである。ハーバーマスは、しかしながら、ニーチェによる美的次元の特権化を批判する文脈で、「世界内の学習過程」[55]で用いられる言語と「世界を開示する」言語、道徳的言説と美的言説とを峻別する。ハーバーマスは、前者から後者を救済しようとするローティとは対照的に、後者の前者への不当な侵入を阻止しようとするわけである。ハーバーマス自身は、妥当性の吟味と新しい意味の創造の両契機の相互交渉を示唆しないわけではない（「政治と文化の親密圏」）。しかし、創造の次元はアヴァンギャルド芸術などもっぱら非日常性の領域に位置づけられ、それに応じて、連帯の次元がもっぱら学習と反省のコミュニケーションへと縮減されていることはやはり否定しがたい。

創造と連帯とを分かつ議論がもつ反民主的な含意は、二つの次元の違いが、担い手の違いつまり文化的エリートとその他のマジョリティとの差異として実体化される場合（R・ローティ）に鮮明になる。マジョリティのコミュニケーションの同質性・正常性が攪乱され、そこに何らかの革新が起こるのは、彼らが文化エリートによる創造を受容する場合に限られる。意味の創造、世界の開示は、コミュニケーションの外部でのみ生起し、そこからコミュニケーションの内部へと移入されるわけである。こうした文化的「前衛主義」の陥穽を避け、意見交換が宿す創造性の契機を正当に評価するためには、まず、一部の者のみが社会のアウトサイダーであるとの想定が放棄されねばなるまい。社会の正常性との緊張や抗争は、アウトサイダーとインサイダーの間というよりも、程度の差こそあれ各人の内面に保たれうるのである。問題はむしろ、公共的な対話がそうした正常性から逸れる声に十分な発言権を与えているかどうか、もっと言えば、他者の具体的な言葉を聴きとるために、「われわれ」のディスコースを意図的に停止する用意がどれだけできているかにある。

ハーバーマスの描くコミュニケーションには、この点で疑問の余地がある。いま手短かに要点のみを言えば、そこでは複数の意見の交換ではなく、同一の論拠の同一の仕方での共有が目指される。論拠の共有をはかることがただちに意見の複数性を廃棄するわけではないとしても、理由の検討に馴染まない発話は周辺化されざるをえないだろう。重視されるのは他者を説得する言葉を話すことであり、自らとは異なった言葉を聴くことではない。予期できなかった他者の言葉に接することによって、新しい世界が開かれるという局面、つまりコミュニケーションのなかで生起する「世界開示」の契機は、論議の政治からはほとんど締めだされる。対照的に、意見の政治にとってより重要なのは、それぞれの仕方で「アイロニスト」たる他者の──論拠としての混乱や感情の高ぶりをも含む──発話を促すこと、そして自らの既成の思考習慣をあえて離れ、新しい言葉を探り、新しい思想を実験的に示そうとする他者の勇気を支援することである。デモクラシーにおいては、他者が抱くドクサが何であるかを表象し、それを代表しうるような特権的立場は誰にも与えられていない以上、自らの話法を停止して他者が現に意見を語りだすのを待つという以外の途はない。重ねて言えば、意見交換の政治の意味は、利益対立/価値対立の調整にではなく、他者が語る意見のそれぞれの真実性(truthfulness)を互いに吟味することにある。その含意をほぼ要約していると思われるアーレントの文章を引きたい。

同胞の市民と同様ソクラテスにとっても、ドクサは、ドケイ・モイ(dokei moi)すなわち私にはこう見えるを言論の形にしたものだった。……ドクサは、主観的な幻想や恣意性でもなければ、絶対的な、万人に妥当する何かでもない。前提となっているのは、世界は、各人に彼が世界に占めている位置に応じて違った仕方で開かれているということである。……ソクラテスは市場すなわちこのようなドクサイ、複数の意見のただなかで活動した。後にプラトンが問答法と呼んだものをソクラテス自身は産婆術と呼んだ。ソクラテスは、他者が何らかの仕方で考えている事柄を自ら生みだすのを助け、そのドクサに真実を見出そうと欲した。……ソクラテスにとって、問答法は何事かについて徹底的に語ることであるが、この対話は、ドクサあるいは意見を解体することによって真理を導くのではなく、逆にドクサをそれ自身の真実性において顕わにするものである。その際、哲学者の役割は、都市を支配することではなく都市の「虻」となることである。哲学の真理を語ることではなく、市民をより真実にすることである。プラトンとの違いは決定的である。ソクラテスは、市民のドクサイを改善しようとも市民を教育しようとも思わなかった。複数のドクサイは彼自身も参与する政治的生活を構成していたのである。ソクラテスにとって産婆術は、政治的な活動様式であり、厳密な対等性に根本的にもとづいたギブ・アンド・テイクであった。その成果は、あれこれの一般的真理に達するという帰結によって測られうるものではなかった。……何事かについて徹底的に語り合ったこと、何事かについて、ある市民のドクサについて語ったことが、それだけで十分な成果であると考えられたのである。[56]

本章は、民主的な政治のいくつかのアスペクト、つまり意見の政治、範例の政治、苦難に応答する政治、そして自己の内的政治といった側面に触れた。もとより、これらの側面だけが民主的な政治のすべてではなく、たとえばハーバーマスらの構想する「熟議の政治[57]」(Deliberative Politik)もその重要な一面をなすはずである。それらの政治のより具体的な像を描くことや、相互の関係――自己への配慮と他者への配慮の関係、意見の政治と論議の政治の関係、自己倫理と普遍的道徳の関係など[58]――を問うことはまた別の課題である。

第二章　デモクラシーと社会統合

一　社会の脱‐統合化への対応

近年、社会の秩序が根底から揺らいでいるのではないかという不安が広く共有されるようになってきた。「Aチーム」「Bチーム」、「勝ち組」「負け組」といった社会の分裂を指す表現も一般に用いられるようになった。それらは、たんに格差の拡大への憂慮を表現するだけでなく、このまま社会の分断が深まっていくなら、市民相互の信頼はますます希薄になり、互いの生活条件を支え合おうという連帯の意識は取り返しがつかないほど損なわれていくのではないか、というもっと根本からの不安や恐れを表わしているようにも思われる。社会統合から排斥された、いわゆる「アンダークラス」の存在は、すでにJ・ロールズやJ・ハーバーマスといった思想家たちも真剣に受けとめざるをえない問題になっている(1)。

振り返るなら、つい四半世紀ほど前までは、いま述べたような社会統合の破綻ではなく、むしろその過剰こそが多くの思想家の問題関心を惹いていたと見てよいだろう。H・アーレントによる「社会的なもの」やM・フーコーの「生権力」といった概念は人びとの集合的な生の維持・増強をテーマとする統治のあり方を問い返そうとするものであり、まさに「社会的なもの」の過剰、「統合」の過剰を問題にしていた。ハーバーマスの批判的な関心も、ある時期には、社会国家の後退というよりもむしろそのパターナリスティックな介入に向けられていた。(2) ごく大づかみに言えば、「社会的なもの」の過剰には「政治的なもの」が対置され、「統合」の過剰に対しては「差異」が対置された。

社会統合を論じるコンテクストはこの間に大きく変化し、現在では、社会の脱‐統合化にともなって生じている深刻な諸問題に眼を塞ぎながら「差異」のみを強調しつづけることはできなくなった。社会の分裂、セグメント化を避けようとするなら、問題は、「差異」の承認が「分裂」の肯定ではないような統合、「差異に対してセンシティヴな包摂」(J・ハーバーマス)はいかにして可能かという仕方で立て直されざるをえない。

ロールズやハーバーマスらの議論に見られる社会統合の再生についての問題関心を要約するなら次のようになろう。(3) その文化的側面について言えば、社会統合は、価値観の多元性を損なうことのない「同化や抑圧のない統合」として構想されねばならない。人びとがいだく価値観(包括的教説)は多元的に分かれている。この「理にかなった多元性の事実」(J・ロールズ)を無視して、いずれか特定の価値観に依拠して社会の統合をはかるなら、それは、相異なった価値観をいだく人びとに対して抑圧的に作用せざるをえない。次いで、その社会経済的な側面について言えば、社会統合は、一部の成員を社会的に排除し、困窮にあえぐ境遇に放置することのない統合、つまり「排除のない統合」として構想される必要がある。社会から見棄てられていると感じ、それゆえ社会に対して「内心の叛逆」(G・W・F・ヘーゲル)をいだかざるをえないような状態をつくりだす「統合」は、そもそも統合の名に値しない。社会統合は、文化的な差異が政治社会による不当な処遇の理由となることを退けながら、同時に、排除のない関係を形成する方向で展望されねばならないだろう。

言うまでもなく、現在提起されている、あるいは力を得ている秩序再編の考え方のすべてが、同化と排除のない社会統合という方向性に沿っているわけではない。想像上のエトノス(民族としての国民)に準拠して社会統合を回復しようとする立場をエスノ・ナショナリズムと呼ぶなら、この立場は、明らかに「国民的同質性」(C・シュミット)の再建を求める点で「同化のない統合」という展望とは相容れない。移民を排斥し、国家を再び国民の手に――「フランスをフランス人の手に」――取り戻すことによって社会国家を再建しようというういわゆる福祉ショーヴィニズムはその一例である。また、社会の分断を与件としながら、治安管理《セキュリティ》を強化することによって「法と秩序」(law and order)を維持しようとする立場を新自由主義と呼ぶなら、この立場は、社会的に排除され、政治的にも周辺化される人びとの存在を容認する点で「排除のない統合」という展望とは相容れない。

現実には、社会経済的な格差の拡大を容認することによって生じる亀裂をナショナル・アイデンティティの強化によって埋めようとする立場——新自由主義と新保守主義との複合——がこの間の秩序の再編を主導してきたと見てよいだろう。この立場も、一方では、宗教を含む価値観の対立・競合という問題、他方では、雇用保障ならびに社会保障双方の後退による貧困＝剝奪状況の拡大という問題に対応することができず、すでにその限界を露呈しはじめている。特定の価値観への同化を求めかつ排除を容認するような秩序の再編は、安定した社会統合を導くことはできない。

本章では、まず、同化と排除のない社会統合という方向性に沿って秩序のあり方を探ろうとしている二つの立場、すなわち「リベラル・ナショナリズム」(liberal nationalism)と「憲法パトリオティズム」(Verfassungspatriotismus)を取り上げ、この両構想を対比しながら、社会統合は何によってもたらされるべきか——それは何に依拠すべきではないか——を検討したい。

リベラル・ナショナリズムは、一九九〇年代前半に主に英米圏を中心に現われた思想であり、その代表的論者としては、D・ミラー、W・キムリッカ、Y・タミール、M・カノヴァンらの名前を挙げることができる(国民《ナシオン》の再建によって社会国家の再生をはかろうとするP・ロザンヴァロンもリベラルでありながらも彼らからそう遠くないところにいる(4)。この立場は、多元性を抑圧することのない仕方でナショナル・アイデンティティを再構築することによって国民の間に連帯の意識や相互への信頼を醸成し、共有される集合的アイデンティティに依拠して、社会保障や討議デモクラシーを再建しようとする。他方、憲法パトリオティズムは、周知のようにハーバーマスが自らの立場を表現するために用いた言葉である。それは、市民を結び合わせる紐帯を政治の外部に求めることなく、デモクラシーそのもののうちに社会統合を生みだす力を見出そうとする(この立場に属する論者としてはA・スティルツやJ－W・ミュラーらの名前を挙げることができるだろう(5))。以下、第二節、第三節では、それぞれ主にミラーとハーバーマスの議論を取り上げ、ナショナルな社会統合とポスト・ナショナルな社会統合の両構想の違いを明らかにし、第四節において、デモクラシー(民主的な意見形成・意思形成)は、それがどのような条件をそなえるときに、社会を同化・排除のない仕方で統合しうるのかについて考察することにしたい。

政治概念の例にもれず、社会統合(social integration, die soziale Integration)という概念も多義的であり、その解釈は論争を免れないが、本章では、この言葉を、消極的には成員が社会の一員であるという意識をもちえている――社会から排除されているとは感じない――関係、より積極的には、成員が社会の基本的な規範や制度を正統なものとして受容／支持し、それらを通じて相互の権利と生活条件を保障し合うことに自覚的にコミットする関係が成り立つ状態を表わす言葉として用いる。

二　ナショナルな統合の再生――リベラル・ナショナリズム

歴史的に見れば、社会統合は実態としてはかなりの程度国民統合(national integration)と重なってきた。つとにT・H・マーシャルが論じたように、一八世紀以降の市民的、政治的、そして社会的シティズンシップの進展こそが、西欧社会において、見知らぬ他者との間に新しい紐帯をつくりだし、互いを「われわれ」の一員とみなすナショナル・アイデンティティを形成してきた。[6] リベラル・ナショナリズムの擁護者は、このナショナルな統合を継承すべき遺産としてとらえながら、人びとが引き続き十全なシティズンシップを享受しうるようにするためには、その前提条件としてナショナル・アイデンティティを再構築することが避けがたくなっている、と主張する。

リベラル・ナショナリズムは、「地と血」の絆を再び統合の媒体としてもちだすエスノ・ナショナリズムとは違い、想像上のエトノスに準拠して国民を再定義しようとするわけではない。むしろ、それは、同一の政治社会における文化／エスニシティの多元性を積極的に肯定し、「同化のない統合」を構想しようとしている。ナショナリズムに

「リベラル」という形容が付されるのも、価値観の多元性を擁護しようとするスタンスゆえである。ここでは、主に、ナショナル・アイデンティティによる社会統合の再生というラインを旗幟鮮明に示すD・ミラーの議論に沿って、その社会統合の構想がどのような特徴を、そしてどのような難点をもっているかを指摘したい[7]。

ミラーは、自らの基本的主張を次の三つの点に要約している[8]。第一に、国民《ネイション》は根拠のない虚構ではなく、それに帰属する者のアイデンティティの一部を現に構成する実在性《リアリティ》をそなえている。第二に、人びとが同胞国民に負う責務と彼らが人類に負う責務とは非対称的であり、諸国民を分ける境界線にもとづく「われわれ」の「彼ら」に対する優先(“compatriots priority”)には倫理的な根拠がある。第三に、特定の領域内で国民共同体を構成する人びとは政治的な自己決定を当然の権利として要求することができる。これらの主張はミラーがそう考えるほど論争を免れているわけではないが、ここでは、社会統合はなぜナショナルな統合としてのみ回復可能であると彼が主張するのかに考察の焦点を絞ることにしたい。

ミラーは、ナショナリティの擁護と価値観や生活様式の多元性の擁護とを両立させるために、「公共的文化」(public culture)と「私的文化」(private culture)——さまざまなエスニック集団の文化——の二つの次元に文化を区別する。「ナショナリティにとって重要なのは人びとが共通の公共的文化を共有すべきだということであり、これは人びとが多様なエスニック集団に帰属することと完全に両立可能である」[9]。公共的文化とは、一般に「ある人間集団が共にどのように生活を営むかに関する一連の理解」から成り立っており、それは、「デモクラシーへの信頼や法の支配といった政治的原理」のみならず、日常生活の行動やコミュニケーションの様式を規定する「社会的規範」を、さらには宗教的信条や言語などについての特定の「文化的理想」をも含んでいる。ミラーによれば、両文化の区別が維持されるかぎり、再構築されるナショナル・アイデンティティが、一元的かつ排他的なものとして、他の諸々のアイデンティティに対して抑圧的に作用する事態を避けることができる。国民共同体への帰属をさまざまな下位集団への帰属と両立させ、人びとが、どのような下位集団に帰属しているかにかかわりなく国民という上位集団の成員に対して信頼感や連帯感をもちうるような関係を構築すること。これはミラーのみならず、リベラル・ナショナリズムに共通する考え方である[10]。

ここで留意したいのは、ミラーのいう公共的文化は、後述するハーバーマスの公共的文化(政治文化)とは異なって、エスニシティの要素——多数者の「文化的理想」——から切り離されたものとしては位置づけられていない、ということである。彼によれば、国民は、歴史的に見て特定領域における支配的なエスニック集団を軸に形成されてきたものであり、言語や宗教や生活様式などにおいてその集団のエスニックな諸要素を避けがたく含まざるをえない[11]。重要なのは、公共的文化が多数派の「文化的理想」をすでに反映している事実を受け入れながらも、信教の自由の保障を徹底することなどを通じて、それを諸々の少数者の文化に対してより寛容な――すなわちよりリベラルな――方向にむけて部分的に修正していくことである。多数者の宗教、言語、歴史叙述(物語)がナショナルな統合に現に資するものだとすれば、たとえば厳格な政教分離を求めることによって多数者をその統合から離反させるのは望ましいことではない。とはいえ、ミラーにおいても、ナショナリティという統合の媒体は、不透明な実体ではなく、討議を通じた再解釈に開かれたものと解されるべきものである。彼は、ナショナル・アイデンティティの柔軟性・可塑性を強調することによって、それが少数者にとっても十分に理解可能で、受容可能なものであると論じようとするのである。

リベラル・ナショナリズムの特徴は、現代の主要な政治理論に対してそれがどのように言及しているかを見ることによって、より明確になるだろう。第一に、J・ロールズやR・ドゥオーキンら、国家による積極的な再分配を擁護する平等主義的なリベラルは、暗黙のうちに、ナショナルな統合をその前提条件として要求している、とされる。Y・タミールの表現を用いるなら、リベラルな理念とナショナルな理念との間には明らかに「同盟関係」が存在するのであり[12]、成員に連帯の意識や相互への信頼を醸成するナショナルな統合がなければ、平等主義的なリベラリズムが再分配を擁護することはそもそも不可能である。「共同体的な連帯は、近しさと共通の運命という感情あるいは幻想を生みだすのであり、そうした感情ないし幻想こそが分配的正義の前提条件をなしている」[13]。もし国民の連帯という政治的資源が得られないとすれば、人びとは、社会的協働の条件として厳格な相互貢献を互いに課すことになり、R・ノージックのいう「最小国家」を越えた国家を受け入れることはないはずである。資源の移転を行う再分配の政治が可能であるためには、国民の間に濃密な連帯の意識がすでに存在しているのでなければならず、翻ってそれはナショナル・アイデンティティを再構築することなしには得られない。

リベラル・ナショナリズムは、第二に、分配的正義を実現しようとするプログラムと同様、討議デモクラシーもまた同胞国民に対する連帯の意識を必要としている、と論じる。討議デモクラシーは、民主的な意見形成・意思形成に少数者の意見が反映されることを求める。その際、多数者が少数者の異論に耳を傾け、その主張を真剣に受けとめるようになるためには、少数者を「われわれ」の大切な一員とみなす緊密な連帯が成立していなければならない。ミラーは、この点に関連して、多数者側における動機づけを軽視し、少数者によるアイデンティティの承認要求のみを正当化しようとする「差異の政治」の論者——その代表的論者と目されているのはI・M・ヤングである——は致命的な誤りをおかしている、と主張する。少数者が被っている不正義を縮減していくためには多数者の正義感覚に訴える必要があるにもかかわらず、「差異の政治」は、頼りにしなければならないはずの当の政治的資源、つまり国民同胞の連帯意識を自ら破壊してしまう。それは、アイデンティティ・ポリティックスを助長することによって、ナショナリティという共通の基盤を掘り崩してしまう、というのである。[14]

第三に、リベラル・ナショナリズムから見れば、ハーバーマスらのポスト・ナショナルな社会統合の構想は国民の間に十分な連帯を築くことはできない。憲法パトリオティズムは、市民が相互に結びつく基盤は純粋に政治的なもので足りるという考え方に立っているが、それによって得られるのは、国民意識の希薄化とそれが招く社会の分裂を阻止するにはあまりにも脆弱な連帯でしかない。[15] 政治的な要素(デモクラシー)だけでは国民を統合することはできず、「共有される文化とアイデンティティ」という政治以外の紐帯があってはじめて国民はしっかりと結び合わされる。[16]

W・キムリッカも、正義原理(憲法原理)の共有は社会統合にとって十分な条件ではないという認識をミラーと共有する。彼は、国民統合のために特定の価値観の共有を求めるナショナル・コミュニタリアン的なアプローチを一方で退けながらも、国民という政治的共同体には正義原理の共有だけではなく、ナショナル・アイデンティティの共有が不可欠であると主張する。正義原理は特定の国家の内部で共有されているだけではなく、多くの国家を横断して現に共有されているし、また共有されうるものであり、それゆえ、この国民を統合する媒体としては十分には機能しないからである。[17] キムリッカによれば、「われわれ」という国民意識(nationhood)——「多世代にわたる社会に所属し、共通の領土を共有し、共通の過去をもち、共通の未来を有するという意識」――がなければ、国民が同胞に対して特別の責務を負うことを説明しえない(18)。

ミラーの議論に典型的に見られるように、リベラル・ナショナリズムを擁護する論者の多くは、デモクラシーの討議的な構想を支持し、分配的正義を実現しようとする平等主義的リベラリズム、社会民主主義の立場にコミットしている。彼らが重視するのは、それらのプログラムを実現するための動機づけは現実にいかにして得られるか、という問いである。ミラーによれば、多数者がこれまでまがりなりにも社会的権利を含む少数者の諸権利の実現を支持してきたのは、アイデンティティの共有によって両者がすでに堅く結び合わされていたからにほかならない(19)。国民同胞という意識や感情がなければ、少数者の境遇を改善しようという動機づけを多数者に喚起することは困難である。

リベラル・ナショナリズムの議論には、多数者とりわけエリート層を国民の連帯のうちにいかに繋ぎとめておくことができるかという問題意識が顕著に見られる。彼らは、グローバル化が深まるとともに国民共同体がその自明性を失い、国民意識の希薄化が進んでいる事態を重く受けとめる。彼らによれば、「われわれ」同胞の優先(国民の優先)を蔑ろにするハーバーマスらの立場は、グローバル化による国民の脱 - 統合化に対処しうる条件をリアルに見定めることに失敗している。民主的な討議は、国民共同体の文化的枠組みのもとでのみ可能となるというキムリッカの主張にも、グローバル化への対抗という問題意識を看取することができるだろう。[20] 彼によれば、国際的な公共圏は一部のエリート層によって牛耳られがちであるのに対して、母語をコミュニケーション媒体とするナショナルな公共圏は一般民衆のアクセスに十分に開かれており、それゆえより平等主義的な特徴をもつことができる。

リベラル・ナショナリズムの議論はおおむね右のように展開されている。社会統合はなおも国民統合の再建としてのみ可能であるとする彼らの主張は、社会保障が後退を重ね、リベラル・デモクラシーが機能不全に陥りつつある現状に照らすなら説得力をもって響くかもしれない。しかし、彼らの描くナショナルな統合の構想には、次のような問題や(道徳的)危険性が含まれていることを軽視すべきではない。

第一に、先に言及した公共的文化に対する私的文化の距離は、多数者の文化と少数者の文化とでは明らかに異なっている。多数者の「文化的理想」をかなりの程度反映する公共的文化は、それとは異なった価値観を生きる成員に対して中立的であるとは言えず、移民を含む少数者に及ぼされる同化の圧力を回避することは難しい。

第二に、社会保障制度の再建などをめぐって、問題の解決が困難であると考えられれば考えられるほど、求心化のドライブがかかり、ナショナル・アイデンティティをより強固なものにしようとする傾きが生じるだろう。それに応じて国民を再形成するプログラム——国民化の規律——が徹底されるようになれば、それに沿わない者は国民の連帯から疎外されざるをえず、国民の間に緊密な連帯を築こうとするプログラムは逆に「国民の他者」を新たに生みだささざるをえない。

第三に、「われわれ」を「彼ら」から画する文化的な境界が強調されるならば、ナショナリティや公共的文化のあり方を再解釈するための地平が国民共同体の内部に閉ざされることになる。解釈の地平は他と融合することなく閉ざされざるをえず、公共的文化とりわけ「政治的原理」の解釈を「われわれ」のものではないパースペクティヴからとらえ返すことは困難となる。ナショナリティの強調は人びとの関心を内部最適化に傾斜させ、国民とは定義されない人びとを視野の外に締めだす効果をもつことになる。相互依存が深まっている国際社会にあってある国民の意思決定が他の諸国民に影響を及ぼすことは避けがたく、それがあるデモス内では民主的正統性をそなえながらも、他の諸国民(デモイ)に支配の効果を及ぼすことさえある。(21) 国民統合によって内向きのアテンションが強まり、トランス・ナショナルな権力関係において自らがどのような位置を占めているかを顧みない態度が助長される危険性について、リベラル・ナショナリズムは敏感であるとは言いがたい。(22)

最後に付言するなら、ナショナル・アイデンティティの強化が、再分配を強化する政策や少数派の異論に開かれたデモクラシーの再建を支持するような動機づけを実際にもたらしうるのかどうかも不明である。対外的に喚起される国民の結束が経済的格差の縮小をはかる再分配を支持するのではなくかえってそれを後退させるような政策と両立することは経験的にも馴染みのあることである。

社会統合を再生するために、リベラル・ナショナリズムが求めるのは、共有される規範や制度への忠誠や愛着を促し、成員相互の間に連帯や信頼の感情を築くことであった。そうした忠誠や愛着が、ナショナル・アイデンティティの再構築に拠らなければ得られないものなのかどうかをあらためて検討する必要があるだろう。その手がかりとなるのは、ミラー自身が、国民が相互にいだくべき責務の根拠を、アイデンティティの共有にのみ排他的な仕方で求めてはいない、ということである。その根拠は、人びとが理にかなったものとして歴史的に受け入れ、蓄積してきた理由の共有にも求められている。すでに触れたように、彼は、ナショナリティの基礎をなす公共的文化を、変化を拒むものとしてではなく、成員が対等な立場で参加しうる理性的な討論・反省によって再形成されるべき可塑的なものとしてとらえていた。「ナショナル・アイデンティティとそれを構成するのに資する公共的文化は、共同体の成員が対等な立場で参加しうる理性的な討論＝省察を経て形づくられる」ものであり、「現在、私たちが認識している責務は、たんに伝統的であるというだけでなく、こうした討論＝省察が長い時間をかけて提供してきたさまざまな理由をそなえている」(23)。市民が互いに対していだくべき責務の根拠を、討議の反復がもたらす理由の共有——歴史的に形成されてきた政治的紐帯——に(も)求めるという点に関するかぎり、ミラーとハーバーマスの間にさほど大きな違いはない。

三　ポスト・ナショナルな社会統合の構想
――憲法パトリオティズム

すでに述べたように、ハーバーマスは、ポスト・ナショナルな社会統合をエトノス(民族)に依拠しないデモス(市民)の統合として構想する。ミラーが、社会統合はナショナル・アイデンティティの共有にもとづく国民の再統合としてのみ可能であるとするのに対して、彼は、民主的な意思形成それ自体が社会を統合する力をもちうると論じる。(24) 「われわれ」を画する倫理的な境界線を越える憲法原理へのコミットメントを求めるパトリオティズムは社会統合のメディアとしては希薄にすぎるというミラーの反論に対して、ハーバーマスはどう応じるだろうか(パトリオティズムを「愛国心」ないし「愛国主義」と訳さないのは、憲法への忠誠や愛着は国家へのそれとは必ずしも重ならず、国家はパトリオティズムを独占しえないからである)。討議デモクラシーはそれ自身で十全な社会統合を達成できるのであり、非政治的、疑似自然的な紐帯を必要としない――「文化の同質性にもとづく背景としてのア・プリオリな合意は不要である」――と明言する彼の議論を検討することにしよう。(25)

たしかに、ハーバーマスは、社会統合の源泉は、普遍主義的な内容をもつ憲法原理の共有以外のところから得られるとは考えない。しかし、彼は、人びとを社会統合に向かわせる動機づけの問題を軽視しているわけではない。そのことをまず憲法原理の政治文化への定着、次いで諸権利の「使用価値」の享受という二つの点で確認したい。

憲法パトリオティズムは……普遍主義的内容をそなえると見られる憲法原理を、そのつど国民固有の歴史と伝統というコンテクストから解釈することによって支えられている。市民の動機や信念に根ざすが法的には強制しえない憲法へのこの忠誠を期待できるのは、市民が民主的な立憲国家を自らの歴史的コンテクストにおける成果として理解しうる場合にかぎられる。(26)

この一節に見られるように、ハーバーマスが擁護するのは、歴史的コンテクストの相違に関わりなく無媒介に妥当するような抽象的普遍としての憲法原理ではない。市民の自発的な忠誠や愛着を得るためには、それは、それぞれに固有の歴史的コンテクストに根を下ろしていなければならない。憲法パトリオティズムは、ミラーやキムリッカが批判するような、歴史的コンテクストを一切問わない憲法原理一般への忠誠や愛着を意味してはいない。それが意味するのは、いわば具体的普遍——それぞれの特殊のうちに位置づけられたものとしての普遍――としての憲法原理への忠誠や愛着である。市民は、憲法原理の解釈実践に自ら携わり、その歴史的成果(たとえば基本的な諸権利の制度的保障)を享受することを通じて、憲法にもとづく社会統合により深くコミットするようになる、と考えられているのである。

ハーバーマスは、憲法原理の解釈実践が積み重ねられることを通じて形成される公共的文化を「政治文化」(die politische Kultur)と呼ぶ(J-W・ミュラーは「憲法文化」という表現を用いる)[27]。普遍主義的な憲法原理が解釈されるコンテクストの相違ゆえに、各国にはそれぞれ異なった政治文化が存在している(たとえば、表現の自由という憲法原理は、全体主義を経験したヨーロッパ諸国とアメリカ合衆国ではかなり異なった仕方で解釈されており、また社会的権利についての考え方にも大きな違いがある)。政治文化は、歴史的コンテクストを帯びながらも、価値観を異にする人びとがなおどのような規範を共有することができるかという問いをめぐって形成される文化であり、特定の価値観によって規定される諸々の個別文化から区別される。憲法パトリオティズムにもとづく市民の連帯は政治文化レベルにおける「政治的統合」であり、これは、価値観の共有にもとづく下位国家レベルの「倫理的統合」から区別される[28]。ハーバーマスによれば、この区別が維持されるかぎりで、多数者の文化への同化圧力が生じるのを避け、多元性を抑圧しない社会統合が可能になる。

次いで、諸権利の「使用価値」の享受が市民を社会統合に向かわせる動機づけを与えるというハーバーマスの議論に眼を向けよう。彼によれば、想像上のアイデンティティに訴える前に、基本権の相互保障にコミットする市民の連帯が歴史的にもたらしてきた現実の成果がまず再確認されるべきである。立憲的な民主国家のもとで市民が享受する諸権利は、デモクラシーの実践(憲法原理の解釈実践をその核心に含む)によって獲得されてきた成果とみなされるべきであり、市民的権利、政治的権利に加え、社会的権利や文化的権利の「使用価値」――実効的に享受しうる価値――が市民自身によって実感されるなら、彼／彼女たちは、法を媒体とする社会統合にコミットしつづける動機づけをもつことができる。(29) ハーバーマスの見るところ、市民は現に「基本権の実現というテーマ」をナショナルな統合に対して優先させ、「国家市民(Staatsbürger)としての現実の国民」を「民族同胞(Volksgenosse)という想像上の国民」に対して優先させることの意義を自ら学んできた。(30)

リベラル・ナショナリズムと対比するとき、憲法パトリオティズムにはどのような特徴を見ることができるだろうか。まず、公共的な政治文化が、多かれ少なかれ多数者の文化と結びつき、それとほぼ完全に癒着している場合さえあるとすれば、多数者の文化のリベラルな自己修正によって同化のない社会統合を達成していくことはけっして容易ではない。加えて、多数者による少数者に対する寛容という考え方それ自体にも、劣位の差異に対する承認という大きな問題が含まれている（公共的文化が多数者の文化を反映するとされる以上、この文化の優位が疑問に付されることはない）。ミラーが、公共的文化からエスニシティの要素をあえて排除しないのに対して、ハーバーマスが政治的統合と倫理的統合とを明確に区別するのは、価値観や生活様式の多元性への抑圧を避けるためである。政治文化と個別文化の区別は、移民の受容という文脈においても重要であり、受け入れ国の市民は、移民〔実質的には第二世代〕に対して政治文化の受容を求めることはできるが、支配的な文化への同化を強いるべきではない、とされる。

第二に、憲法パトリオティズムは、新しい成員を同化せずに引き入れること（Ein-beziehung）を通じて憲法原理を解釈する地平を拡げることができる。それは、その地平をナショナルなものに内閉させることなしに、変容の可能性に開くことによって、基本的な権利をめぐる再解釈の契機を積極的に導き入れる（非異性愛者に対する婚姻資格の承認に見られるように、憲法原理の解釈実践はすでに脱領域的になっている）。公共的文化をナショナリティの基礎に据えるリベラル・ナショナリズムは、新しい文化の受容を拒むことはないとしても、それによって既存の公共的文化が予期せぬ挑戦を受け、ナショナリティが揺らぐのをむしろ警戒するだろう。

第三に、リベラル・ナショナリズムが「われわれ」の自己優先には倫理的な根拠があるとするのに対して、憲法パトリオティズムは、「われわれ」と「彼ら」を区切る境界線は偶然のものであり、道徳的には正当化しえないと論じる。ハーバーマスによれば、この偶然性を隠蔽し、その境界を自明なもの、自然なものと思わせようとするのがまさしくナショナリズムのイデオロギーにほかならない。(34) ハーバーマスの場合、「われわれ」を「彼ら」から区別するのは市民によって制定される法であり、「われわれ」は法制定に共に関与する仲間(Rechtsgenosse)以外の何かではない。(35) たしかに制定法という媒体によって統合される政治的共同体は領域性をもつが、その共同体を構成する人びとの道徳的パースペクティヴは領域による制約を被らない(道徳は、領域性をもつ倫理とは異なり、すべての人びとを平等な者として扱う)。(36) 「われわれ」が他の人々にも及ぼしうる影響が強制なしに受容可能なものかどうかを検討するパースペクティヴは、制定される法の内容に関して他を顧みないような自己優先を疑問に付すはずである。

最後に、憲法パトリオティズムにおける忠誠や愛着の対象は、リベラル・ナショナリズムのそれよりも具体的で明確である。リベラル・ナショナリズムにおける忠誠対象は公共的文化が含む(しばしば暗默裡の、曖昧な)諸規範や諸価値であり、憲法原理が規定する基本的諸権利や統治構造のように明確な形をとらない。憲法原理は、歴史的な経験や他国の解釈に照らして、また社会の新たな変化に対応して具体化されるものであり、そうした解釈の積み重ねを通じて憲法の諸規範には明確な輪郭が与えられる。そのようにしてある仕方で解釈された憲法原理は一方で社会の秩序を安定化させるとともに、他方では、新たに再解釈されることを通じて社会の変化を導いていく。J-W・ミュラーが指摘するように、憲法原理は「規範的な余剰」(normative surplus)を帯びており、これまでの解釈に異を唱え、新たな解釈をその余剰から引きだす市民の実践を促すことができる。[37] 憲法パトリオティズムは、憲法原理そのものを掘り崩すような(たとえば反民主的な)諸力の台頭に対抗するとともに、その修正・更新をはかる異論の提起や再解釈に力を与える。

さて、多元的で複雑な社会にあっては、法という媒体をつくりだす民主的な手続きのみが社会統合の機能を担いうるとするハーバーマスの議論を理解するために、彼が「政治的自律」の構想をどのように描いているかを見ておきたい。[38] 政治的自律は、市民が自らに適用される法を自ら立法する自由、制度的には参政権とコミュニケーション権を享受しうる自由を意味する。それは、市民が自らの善の構想を他(他者や国家)から強制されることなく追求しうる自由を意味する「私的自律」と対比し「公共的自律」とも言いかえられる。政治的自律を実効的には享受しえない状態におかれる場合、市民(潜在的市民を含む)は、自らがその制定に関与しえない法を一方的に適用されるという他律を強いられることになる。法適用の対象としてのみ扱われることによって支配を被る人びとが、法を媒体とする社会統合を積極的に支持する動機づけをもたないことは言うまでもないだろう。すべての市民が自らをたんに法の受け手としてだけではなく同時に法の共同起草者としても理解しうる地位を占めることが、民主的な意思形成が社会統合を導くための基本的な条件なのである。

このように、ハーバーマスの議論においては、デモクラシーはたんにリベラルな基本権(私的自律)を保障するための手段的な位置づけを与えられてはいない。民主的な意思形成－意思決定の手続きは、すべての市民に対して政治的影響力を行使しうる平等な機会を保障する——そのことによってすべての市民を「平等な者」として尊重する——という内在的な価値をもっている。かりに意思決定の帰結が市民にとって受容可能なものであるとしても、その決定を導く政治過程へのアクセスが実質的に阻まれるとすれば、民主的な手続きのもつ内在的な価値は損なわれざるをえない。

この点に関して、ハーバーマスは、近年の社会において、民主的過程から実質的に締めだされる人びとが数多く現われている事態を深刻な問題として受けとめている。いわゆるアンダークラスの現象がそれである。底辺の社会層が政治的に排除される状態がつづくならば、「形式上は正しく成立する多数派の結論も、ただ没落を恐れる中間層の地位への不安および反射的な自己主張を反映するにすぎないものとなり、手続きや制度の正統性を掘り崩すことになる」(39)。

ハーバーマスの議論を振り返れば、自らを共同立法者(「法仲間」)として理解しうる市民としての地位が誰からも剝奪されないことが、デモクラシーによる社会統合にとって必須の条件であった。つまり、政治的な空間においてシステマティックな排除ないし周辺化が生じていないことが、民主的過程それ自体が社会統合の機能を担うための条件であった。もし社会統合が現に破綻している——自らを政治社会の一員とはみなすことのできない人々が現に存在している——とすれば、それは、デモクラシーに重大な欠損が生じていることを意味する。憲法パトリオティズムの構想によれば、その場合に求められるのは、政治以前の／以外の何らかの統合のメディアに訴えることではない。損なわれた民主的手続きの価値を取り戻すのは、他ならぬ民主的過程それ自体である。デモクラシーがそれに生じた欠損をそれ自身の手続きを通じて修復・修正することを、J・ボーマンはデモクラシーの「再帰性」という言葉で表現する。次節では、この「再帰性」の議論を参照しながら、デモクラシーが社会統合を担いうるための基本的な条件をあらためて確認することにしたい。

四　デモクラシーによる社会統合

ボーマンによれば、デモクラシーは、意見形成・意思形成の手続きそのものを民主的な討議の主題とすることを通じて自らを修復・修正していくメカニズムをそなえている。(40)社会統合の機能を担っていくとき、デモクラシーのどのような欠損がその障害となるだろうか。

まず、政治的な意見形成・意思形成の過程がそもそも民主的であるための条件を明らかにしよう。その第一の条件は、いかなる市民も政治的影響力を行使する機会から締めだされないという非排除性である。社会経済的な排除に連動する仕方で政治的な排除が生じる事態については、アンダークラスの問題に関連してすでに言及したが、文化的差異が政治的な排除／周辺化を惹き起こすこともけっして稀ではない。ミラーは、共有されるべき集合的アイデンティティを掘り崩すとして「差異の政治」の議論を退けたが、それが注目を喚起した重要な問題は、まさに人種、エスニシティ、宗教、障碍等ゆえに政治的排除／周辺化が惹き起こされているという事実だった。I・M・ヤングが、「外的排除」(討議過程からの排除)に加えて「内的排除」(討議過程内部における排除)という言葉を用いて指摘したのも、人びとは文化的差異ゆえに討議過程それ自体において劣位を余儀なくされ、政治的に周辺化されることがあるという問題だった。[41]

デモクラシーの第二の条件は、特権化の禁止である。社会経済的権力が政治的権力に転換されることによって、特定の人びとの利害関心が不当に重んじられる事態は繰り返し批判されてきた。ロールズがこと政治的自由に関してはその「公正な価値」(実質的な機会の平等)を強く主張したのも、一握りの人によって政治社会がコントロールされるのを阻止するためだった。[42] ハーバーマスもまた、市民の間から——討議的な意見・意思形成を通じて――創出されるコミュニケーション権力ではなく、社会的権力が行政権力を実質的にコントロールする事態を「逆向き」の「権力循環」と呼び、政治的影響力を行使する平等な機会が経済力の圧倒的な格差によって損なわれている現実を批判した。(43)特定の人びとの意思が特権的に扱われることは、すべての市民を平等な政治的存在者として尊重する民主的な手続きの内在的価値を損なう。

非排除性(包摂)および特権化の禁止(平等)という条件のいずれかないし双方が充たされない場合、民主的正統性には欠損が生じ、ある人びとのある人びとに対する――市民の市民に対する、市民の非市民に対する――支配(裏返せば、コントロールしがたい他者の意思によってコントロールされうる被支配)が惹き起こされる。社会統合の機能を担うデモクラシーが何よりもまず問わなければならないのは、これら二つの条件が損なわれていないかどうかである。

これらの条件が充たされるならば、政治的少数者がデモクラシーそれ自体に不信の念をいだき、それを通じた社会統合に背を向けるのを防ぐミニマムの条件は得られる。だが、少数者の退出(exit)を防ぐだけではなく、彼らが発言(voice)のオプションを能動的に行使するよう促すためには、自らの提起する主張が多数者によっても受容されうるというリアルな展望が開かれていなければならない。ハーバーマスは、民主的討議にもとづく意思決定はつねに修正を待つ可謬的なものとみなされるべきであるとするが、この可謬性は、多数者の側に自らの判断を修正する用意があることを想定している。[44]もし多数者の側にそうした用意が見られず、ある人びとがつねに少数派の地位にとどまらざるをえない場合には、民主的過程を修正するために市民的不服従の実践に訴えることも正当化される。

デモクラシーを自己修正的な過程として理解するためには、投票や世論調査を用いる政治的意思の集計過程に還元しない視点が必要である。討議過程としてのデモクラシーは、何らかの政治的主張が提起される際に、どのような規範が妥当なものないしは不当なものとして参照されているのか、どのような理由がその主張を支えるために挙げられているかに注目し、その理由を検討する過程である。集計デモクラシーと討議デモクラシーとの本質的な違いはそうした理由の交換・検討が市民の間でなされるか否かにある。[45]討議デモクラシーは、それぞれの主張にどのような正当化理由や実証的根拠が含まれているかを検討することによって、その主張の当否を判断していく過程として民主的過程をとらえる。

民主的過程がこのように討議的に解されるならば、さまざまな主張や異議申し立てを通じて、損なわれた規範的期待やいまだ充たされていない規範的期待がその過程に表明されていることにも関心を寄せることができる。被支配の可能性に曝される人びとにとって、それは、自らの規範的期待が損なわれている——関連性《レリヴァンシー》＝有意性のない理由にもとづいて不当に扱われている――ことを表明しうる過程である。たとえば、ワーキングプアによる最低賃金規制の主張には損なわれた規範的期待の回復が、非異性愛者による婚姻資格の要求にはいまだ充たされざる規範的期待が含まれている。

デモクラシーの討議的な構想に対しては、政治にとって本質的であるはずの感情の契機を消し去ってしまっているのではないかという批判がしばしば提起される。(46) 怒りや恥などある種の感情を、損なわれた／充たされざる規範的期待の表われとしてとらえ返し、討議過程においてその規範的期待が正当なものかどうかを問うことは十分に可能である。討議過程は、漠然とした憤懣の発露についてさえ、それがどのような規範的期待が損なわれたがゆえに惹き起こされたものであるかを検討することができる。(47)

自己修正がはたらくためには、意思決定の影響を被りうるすべての人びと（ステークホルダー）に異論を提起する機会が開かれていなければならない。その機会を互いに認めあうことによって、人びとは正当化を行う互いの主張の名宛人《アドレッシー》としての地位を引き受けることになる。他者に向けて自らの主張を正当化する「私」ないし「私たち」は、「あなた」ないし「あなたがた」という二人称の位相においては、他者によって呼びかけられる名宛人にほかならない。(48)

たしかに、人びとは、名宛人としての立場にたつことを現実には拒み、他者が提起する主張に耳を貸さないこともできる。互いの主張に対して名宛人としての立場にたち、それに応答する実践の反復がある種の政治的資本(信頼や連帯)をつくりだしていくとすれば、提起される主張を取るにたらないものとして扱うことは、関係の相互性を否定し、社会統合の基盤を自ら掘り崩すことになる。自らの提起した主張に応答が返されるという経験の積み重ねが相互への信頼を醸成するとすれば、度重なる応答の拒絶は逆に相互への不信をつくりださざるをえない。

名宛人は、もちろん、他者によって提起される主張のすべてを正当なものとして受け入れることはできないし、またそうすべきでもない。主張を受けとめ、それに応答を返すこととその主張の内容に応じることとは別の事柄である。提起された主張が正当かどうかは、討議実践の反復によって歴史的に形成されてきた理由の蓄積――Ph・ペティットの表現を用いるなら「公共的に受容可能な理由のファンド」(49)――に照らして判断される。理由という観点に照らすなら、民主的過程は、挙げられる理由が利害関心や価値観を異にする人びとが共に理解し、受容しうるものであるか否かを検討することを通じて、共有される理由を政治文化に蓄積しながら、それに修正を加えていく過程でもある。共に受容しうる理由によって持続的に支持される場合に、政治社会の法や制度は市民に自発的な忠誠や愛着を期待することができる。他の市民に対する責務の源泉は、疑似自然的な集合的アイデンティティの共有にではなく、妥当なものとして蓄積されてきた理由の共有にある。民主的過程において、人びとは、そのつどの行為調整(利益対立/価値対立の調整・調停)に携わっているだけではなく、他者と共有しうる規範の再検討(蓄積されてきた理由の確証ないし修正)にも同時に関与しているのである。

　意思決定を行う者とその影響を被る者とがつねに一致するとは限らない。両者のズレはグローバル化した環境のもとで拡がりつつあり、デモクラシーを排他的な主権の枠組みに収まるものとして扱うことは妥当ではなくなっている。意思決定が及ぼしうる支配の効果を避けようとすれば、法の適用を被る人びとや意思決定によって影響を被る人びと――国境の内外に住まう非市民も含まれる――のすべてにとって、民主的過程の条件が損なわれていないかどうかを問い返すことが可能でなければならない。「われわれ」による現実の意思決定が、おそらくはつねに、その決定によって影響を被る他者の提起する異論を無視したり、それを退ける仕方で行われているとすれば、民主的過程の条件が損なわれていないかどうかを「われわれ」の内部で検討するだけでは十分ではないだろう。その意味で、ボーマンが主張するように、デモクラシーは、「われわれ」が国民《デモス》の外部から提起される主張や異議申し立てに対しても名宛人としての立場にたち、自らの決定に対してアカウンタビリティを引き受けることができるように再編される必要がある。[50]

　このように、デモクラシーは、ほかならぬその民主的な意思形成‐決定の条件が規範的に見て損なわれていないかどうか――排除や特権化が生じていないか、意思決定を批判的に問い直す回路が塞がれていないかどうか――が、影響を被るすべての人びとの視点から検討されることを求めている。いかなるパースペクティヴも排除せず、かついかなるパースペクティヴも特権化しない条件のもとで意見の交換／意見の形成が行われる討議の空間を民主的公共性と呼ぶなら、それは、一国のデモスの外部に対しても開かれたものであらざるをえない。デモクラシーの自己修正は、社会統合が他を顧みない内部最適化としての統合にとどまっていないかどうかの検討にも及ぶ。

本章では、多元性の条件のもとで社会統合は何にもとづいて可能となるのかという問いを考察してきた。社会統合をめぐるリベラル・ナショナリズムの構想と憲法パトリオティズムのそれとを比較検討することから得られる一定の結論は、社会統合の源泉は、歴史的に形成されてきた理由の共有に求められるべきであり、市民の間に連帯感や相互の信頼を涵養するのは国民共同体への共属の感情ではなく、相互の主張に対する応答の反復であり、また、政治社会の基本的な規範や制度への忠誠や愛着は、それらによって自らが公正に――同化や排除なく――扱われる経験の積み重ねから生じるものであり、疑似自然的なアイデンティティの共有によってもたらされるものではない、ということである。ナショナル・アイデンティティの再構築を求めるリベラル・ナショナリズムの議論は、社会に刻まれた亀裂を、その内側から民主的な意見形成・意思形成を通じて修復するのではなく、感情を充塡することによってその外側から埋める試みだと言えるだろう。

デモクラシーが社会を統合する力をそなえているというハーバーマスの主張に沿って社会統合を展望する際に重要なのは、民主的過程はいかなる条件をそなえるべきかという基本的な問いである。本章で素描したのは、デモクラシーは、意思決定の影響を被るすべての人びとに、民主的な意見形成・意思形成の手続き(その手続きがもつ価値)が損なわれていないかどうかを問う回路を開いていなければならない、ということだった。それは、市民のみならず、支配の効果に曝されうるすべての人びとにデモクラシーの欠損を問いうる規範的な地位を保障しうるときに、内向きに閉じない社会統合を可能にしていくように思える。憲法原理は一国によって排他的に所有される規範ではなく、そもそも互いに開かれたトランス・ナショナルな規範であり、現にその解釈実践は領域を越えて影響を及ぼし合っている。デモクラシーを通じた社会統合も自己完結するものではありえず、トランス・ナショナルな関係のなかでそれがどのような位置を占めているかが再帰的(反省的)に問われ続けることになる。

Ⅱ

第三章　表象の政治／現われの政治

一　現われの封鎖

自らが語る言葉に何の応答も返されないとき、あるいはそもそも自らの言葉に耳を傾けてくれる他者を欠くとき、私たちは自らが存在しているという感覚をもちうるだろうか。かりに何らかの応答が返されるとしても、それが自らの語ったことや行ったこととはまったく無関係なものであるとしたら、私たちは自らが存在しているという感覚をもちうるだろうか。

彼は、自らが他者の視野の外にあると感じ、暗闇のなかを手探りで歩く。ひとは彼をまったく気にとめない。彼は気づかれないままによろめき、さまよう。教会や市場の人混みの直中《ただなか》にあっても……彼は屋根裏や地下室のなかにいるかのような暗闇（obscurity）にある。彼は異論を唱えられたり、非難されたり、責められたりしな

い。彼はただ見られないだけなのである。……完全に無視され、自分でもそれを知っていることは耐えられないことだ。(1)

H・アーレントがJ・アダムズから引く一節である。彼女がこの一節にとくに関心を寄せるのは、それが、他者に顧みられずにある生の状態を「不正義として受けとめる感情」を表明していると考えるからである。アダムズは「欠乏よりも暗さが貧困の呪いだという確信」を抱いていた点で、「オブスキュリティに心を動かされることのない近代の感受性(2)」の一つの例外をなしていた。おそらくアーレントは、アダムズの問題感覚に自らのそれと深く共鳴するものを感じとったはずである。彼女が、社会の周縁に遠ざけられた「パーリア」の最も切実な問題としてとらえたのもオブスキュリティであった。

パーリアと社会の抗争は、社会がパーリアを適切に扱っているかどうかとはまったく関係がない。肝心な争点は、ただ社会とパーリアのいずれが真に実在しているのかということである。社会がパーリアに与えうる、そして実際に与えている最大の傷は、彼に彼自身の実在性と存在意義を疑わせ、彼を彼自身の眼から見ても非実体(nonentity)の地位にまで還元することである。(3)

アーレントにとって、オブスキュリティとは「無名性」ではなく、現われの喪失、それにともなう生のリアリティの喪失を指す言葉である(「他者の前に現われる可能性を奪われることはリアリティを奪われることを意味する」)[4]。アーレントが「政治的なもの」を思考するのは、他者からの注意を奪われ、現われが閉ざされることを不正義として受けとめる感覚からであった。政治的空間が執拗なまでに「光」のメタファーで描かれるのも、オブスキュリティの「闇」との対比からである。彼女が政治的生活の条件とする「複数性」の一方の契機、“distinction”も「卓越」だけではなく、「闇」の外に具体的な誰かとして現われでるという意味を含んでいる[5]。

「政治的なもの」を再考するにあたって導きの糸としたいのは、誰が現われの可能性を奪われているのか、何が人びとの現われを阻んでいるのか、どのような条件が現われを可能にするのか、というアーレントが示唆する一連の問いである。ここでは、「現われ」(appearance)と「表象」(representation)を対比しながら、この問題を考えるための見取図を描いてみたい。

二　現われの空間と表象の停止

周知のように、C・シュミットは、『政治的なものの概念』(一九三二年)において、政治を他から識別する指標を「友と敵」の区別に求めた。「政治的な行動や動機の基因と考えられる、特殊政治的な区別とは、友と敵という区別である」[6]。この区別には、「表象の政治」を特徴づけるいくつかの重要な点が含意されている。「友」の定義が「敵」の定義に依存していることがその一つである。敵を同定する行為によって、友＝「われわれ」のアイデンティティは構成されるのでありその逆ではない。或る他者を敵として産出しつつ、それを否定することは、自らを肯定的に同定するための構成的な条件をなしている。第二に、この「敵」の同定は集合的におこなわれる。政治的な意味での敵は「公敵」「抗争している人間の総体」である。外敵であれ、それに伴って定義される「内敵」であれ、敵として包括される人びとの間の差異は意味をなさない。第三に、「敵」は実体化、本質化される。「敵とは、他者・異質者にほかならず、その本質は、とくに強い意味で、存在的に、他者・異質者(etwas anderes und Fremdes)であるということだけで足りる」[7]。「敵」は、「存在的に」つまり言説の外部に「他者・異質者」として表象されるのである。

シュミットのいう「政治的なもの」の核心をなすのは、他者の集合的アイデンティティを言説以前あるいは言説を超えた対象として定立し、それを否定することによって、自らのアイデンティティを肯定的に構成することである。酒井直樹の言葉を援用すれば、「対－形象化の図式」[8]、すなわち自らが形象化されるためにはネガティヴな他者が対称的に形象化されねばならない、同質的な「我ら」がつくられるためには同質的な「彼ら」がつくられねばならないという機制が、表象の政治には不可欠のものとしてはたらいている。この内と外を分ける表象の政治のはじまるところに、アーレントは「政治的なもの」の終わりをみる。

シュミットは、友‐敵の抗争が最後には「他者の存在そのものの否定」、したがって友‐敵の区別そのものの廃棄に向かわざるをえないことを「予言」したが[9]、そうした存在そのものの廃棄(絶滅)に先行して、それを用意する政治的な死があったことをアーレントは強調する。ユダヤ人に対する「最終的解決」のプロセスが起動したのは、「彼らが全人間世界における「余計者」あるいは場所のない者であると立証されたとき[10]」であった。ユダヤ人はまず政治的生活を奪われた——彼らに応答する他者の不在が証明された——うえで、あらためて「生きるに値しない」と宣告されたのである。「場所なき者」(displaced persons)とは、「人間がその行為と意見にもとづいて他者から判断されるという関係の成り立つシステム[11]」から排斥された者のことである。彼／彼女たちは、「その意見と行為にもとづいて」は応接されない。「何を語ったか」「何を行ったか」ではなく「何であるか」によって、個々の言説ではなく集合的な表象(「よからぬ人種」等々)によって判断されるのである[12]。「語られたことの意義の喪失」は「リアリティの喪失」を惹き起こし[13]、彼／彼女をオブスキュリティの状態すなわち政治的な死へと放逐する。

アーレントのこの見方は、表象と現われとの間に負の相関があることを示唆している。人びとが現われうるためには、他者がそれに注意を向けることを必要とするが、表象はこの注意を意図的に廃棄する。表象は他者が「何」(what)であるかを形象化し、表象された他者はその固定化された形象のもとでのみまなざされる。そうした形象のみが可視的になるにつれ逆に、一人ひとりの言葉と行いにおける現われは不可視化されざるをえない。現われは表象が支配的になるにしたがって封じられていくのである。

もとより、自らの行為や意見への注意・応答の喪失は、或る特定の人びと——アーレントが「場所なき者」として念頭におく難民や亡命者——にのみ起こるわけではない。それは、「すべての人間が自分は「余計者」ではないかと恐れる時代」[14]にあって広範な現象であり、現われを閉ざされることが惹起する非在の感覚、アーレントのいう「孤独」(loneliness)の感覚は多くの人によって抱かれているはずである(ドイツ語でこれに当たる"Verlassenheit"が表わすように、「孤独」は他者から見棄てられ、放置されている状態を意味する)[15]。しかしながら、社会のなかで、アテンションという政治的資源が不均等に分配されていることも否定できない事実である。「人間の事柄の領域では存在することと現われることとはまったく同一である」[16]とすれば、存在するための条件そのものが差別的に分配されていると言ってもよい。アーレントが「パーリア」と呼ぶのは、継続的かつシステマティックに現われを奪われる者、アテンションに代えてもっぱらスティグマ的表象をもって応じられる者のことである。支配的表象から発せられる言葉やまなざしや挙動が、たんに言葉における現われを封じるばかりか、しばしば心身に癒しがたい傷を加えることは、「憎悪表現《ヘイト・スピーチ》」の行動がもたらす効果によっても知られるとおりである[17]。

「パーリア」を産出する表象の政治の機制を問うこと、とくに表象する権力は何によって支えられているかを問うことも理論的には重要な課題だが、ここではアーレントの議論に沿って、彼女が「現われの空間」(the space of appearance)をどのように描いたかに問いを絞りたい。現われの空間は、現われる側の行為のみならず、それに応じる側の行為、すなわち見る者、聴く者のアテンションの行為を必要とするが、もとより、すべての応接がアーレントのいう政治的な現われを生起させるわけではない。一人ひとりの行為や言葉における現われを阻む他者への応接とは、彼女にとってどのようなものだろうか。

アーレントは、他者へのアテンションというときしばしば連想されがちな同情や共感の姿勢――「被抑圧者の声に耳を傾ける」といった態度――を政治的には危険なものとみなす。「憐れみ」(pity)は、他者の受苦に応答し、その苦しみを減じようとする点で、たしかに能動的な注意の一つのあり方ではある。だが、それは、他者を一方向的に配慮されるべき犠牲者として位置づけ、他者からその政治的行為(他者自身による現われ)を奪う点で反政治的である。(18) アーレントの念頭にあるのは、M・ロベスピエールら革命の指導者に典型的にみられる態度、つまり「人民」なるものを実体化し、その苦難を「無意識のうちに賛美する」態度、当事者の政治的無力化を代価として自らの権力を購う態度である。アーレントが「憐れみ」に対置する「連帯」(solidarity)は、やはり苦難を感知することによって喚起されるが、被抑圧者をあくまでも政治的行為者として遇する。それは、「弱者や貧者のみならず強者や富者」をも包含し、「一階級、一国民、一民族」といった仮想された共同体のユニットを超える。(19) 共感可能な者とそうでない者を友‐敵の集合的な実体としてつくりだす「憐れみの政治」は、一人ひとりの自ら、に、よる現われを奪う点で現われの政治とは相容れない。

このことからまず指摘できるのは、現われの空間からは、他者の立場を自ら自身の立場として領有(我有化)するような代理の機制が排除されているということである。この空間はその意味で民主的であり、他者に代わってその立場を代理・代弁しうるような特権的な立場は排されている。重要なのは、自らの意思がカウントされるかどうか、それが集合的な意思決定に反映されるべき情報として正確に集計されるかどうかというよりもむしろ、自らが言葉をもつ存在者＝政治的行為者として遇されるか否かにある。

政治的存在者としての地位が代理されるべきでないのは、そもそも「意見」(opinion)は代表されえないからである。意見＝ドクサ《ドケイ・モイ》とは、その人にとっての世界の見え方であり、他者がそれを代替することは原理的に不可能である。「意見はけっして集団には属さず排他的に個人のものである」[20]。代表されうるのは、他と共約可能なもの、アーレントの用語で言えば「利益」(interest)や「福祉」(welfare)であり、「意見や行為は代表されたり委任されえない」[21]。現われの政治においてコミュニケーションの主要なモードとなるのは、対立する利益の調整ではなく相異なる意見の交換である。「意見は、意見と意見の交換の過程のなかで形成され吟味される」ものであり、そうした交換過程のなかで、世界のそれぞれの見え方としてのドクサの差異はかえって際立ってくるのである。

このように現われの空間が代理や代表を禁ずるのは、それらが「誰か」(who)としてのアイデンティティの生起を阻むからである。「人びとは行為し語ることのうちで、自らが誰であるかを示し、その他ならぬ人格的アイデンティティを能動的に顕わにし人間の世界に現われる」[22]。この「人格的アイデンティティ」は、意見や行いによる現われに先行して存在する内的本質ではない。アーレントは、ニーチェと同じように行為以前にあるいは行為から離れて存在するようなアイデンティティの観念を明確に否定する。自己は、自己と自己との内的関係はつねに「分裂性と多義性」を免れない。この「自己分裂性」は、「交換不能なもの、一義的なものとして私を認め……私に語りかける」[23]他者との呼－応の関係が成立するかぎりで、アイデンティティへとすくいだされる。既成のアイデンティティが外部に表出(開示)されるのではなく、そのつどの現われの行為のパフォーマティヴな所産としてのみアイデンティティは生成しうるのである。

一つひとつの意見や行為が集合的表象による裁断をもって応じられるならば、「誰か」としてのアイデンティティは生起せず、「何か」(what)としての同定だけが再生産されることになろう。人種、性、民族、宗教などの集合的「属性」が言葉や行いの背後に読みとられるならば、現われの交換・共約不可能な単独性は、他と交換・共約可能な特殊性に還元されざるをえない。というのも、「女性である」「ユダヤ人である」といった「何か」としてのアイデンティティは、そのように表象される他の人びとにも共通するものであり、他ならぬという代替しがたい唯一性を欠いているからである。「物について何かを問うように人の何か(the What)を問うことはできない。ただ人が誰(the Who)であるかを尋ねうるだけである」[24]。「何か」という規定をどれほど重ねても、そのひとが「誰か」を最終的に規定し尽くすことはできない。

こうして、現われの空間からは、代理・表象という意味での"representation"の機制が排される[25]。表象の機制が解かれたときに生じる空間をアーレントは現われの空間と呼ぶのである。「誰か」の「何か」への、現われの表象への還元を断ち切るために、この空間は、アーレント版の「無知のヴェール」で覆われる。それは、表象によって構築される社会的アイデンティティを括弧に入れ、非政治的な点(私的領域)では依然として不平等である者を、にもかかわらず政治的には(公共的領域では)平等な者として遇するために、[26] とられる戦略である。アーレントは非政治的不平等の無効化・中性化を、「仮面」(persona)のメタファーで表現する。[27] 表象を刻み込まれた顔、「何か」としての顔が見る者の眼から隠されることによってはじめて、意見がその単独性において聴かれることが可能となると考えるわけである。

しかしながら、現われを表象から純化しようとするアーレントの戦略は有効なのだろうか。かりにそうだとしても、意見の複数性の享受という政治の存在理由に照らすとき、「誰か」を「何か」から遮断する戦略ははたして適切なのだろうか。そもそもの端緒において他者は「誰か」として出会われうるかという認知をめぐる問題は措くとしても、社会経済的不平等や文化的な非対称性が、意見が語られる際の言葉(語彙)や語られ方それ自体にいかに影響を及ぼすかが軽視されていることは疑いない。[28]「誰か」としての現われが言葉によるそれであるかぎり、意見がどのような言葉でどのように語られるかは、聴き手のアテンションを大きく左右するはずである。加えて、意見を語る者の「何か」を括弧に入れることは、意見がそこから語られる経験の地平を捨象することを意味する。たとえそれが他から押しつけられたものであれ、「何か」としてのアイデンティティのもとで経験されてきた事柄は、やはり他に代えがたい内実をもつはずであり、もしそれぞれの経験の生きた形跡が消し去られるならば、「誰か」として語られる意見はむしろその実質を失わないだろうか。

いずれにしても、現われの空間は、現われのための対等かつ相互的な条件が人びとの間にあることをすでに前提としている。現われの可能性を奪われ、表象をもってまなざされるパーリアが、その制約された条件に抗していかに現われうるかというアーレント自身にとってもよりリアルであるはずの問いは、ここでは問われていない。「アゴーンの行為」(agonistic action)という近年注目されてきた概念に焦点を当てながら、次の二つの節ではこの点を取り上げることにしたい。

三　アゴニズムと反本質主義

「アゴーンの行為」は、主として古代ギリシアのポリス的公共性が描かれる場面に登場する。ポリスは、「いわゆる競技精神(agonal spirit)の形で他者と競い合いながら自己を示そうとする情熱的な衝動」[29]で充たされていた。「唯一の行いや事績をとおして自らが最良の者たることを示す」[30]、この卓越に向けての情熱こそ、ポリスを光輝ある空間たらしめていた。人びとの眼を惹くのは、「一般に受け容れられている事柄を打ち破り異例のものに達する」行為である。この文脈での現われの空間は、「至芸」(virtuosity)としての自由が相互に競われる劇場的空間であり[31]、「偉大である」という審美的評価が行為者の現われを判断する尺度になる。人びとの賞賛をあつめ、記憶に刻まれ、やがて生の物語として語り継がれるという現世の不死性に浴しうるのは、「偉大で光輝くもの」(32)(*ta megala kai lampra*)だけである。アーレントのいう“distinction”を個人的な卓越の意味に解するかぎり、この空間はきわめて排他的であり、そこには卓越や名誉に動かされない者の占めうる場所はない。同輩関係と現われの相互性を維持するという限定こそあるものの、それが平均性、水平性からの垂直的超越というヒロイックな色合いを帯びていることは否めないだろう。

しかし、“distinction”を正常な規範への抵抗としての異なりの意味に解すれば、アゴーンの行為は、同輩者の間での競い合いとはかなり異なった意味を帯びてくる。実際、ポリス的公共性は後期近代の「社会的なもの」と対比される文脈で描かれることが多い。「社会的なもの」は、新しい始まりとしての行為を極力排除し、予測可能な標準化された「行動」を命じる。(33)人びとは「行動」することを通じて、そのつど正常な規範を再生産し、それによって「社会的なもの」の命法を恒常化していく。アーレントは「社会的なもの」がすでにその完成態に達しているかのように描くが、にもかかわらず、彼女が正常な規範の固定化をさえぎる可能性をアゴーンの行為にみていることもたしかである。それは、習律化した道徳を含む「日常行動にとっての正常な規準」(34)を破り、「普通の日常生活で真であるとされているものがもはや妥当しなくなる」可能性を開く。日々の生活のなかで自明と思われてきた事柄の限界を露わにし、正常と目されてきた規範の妥当性を問題化すること、これがアゴーンの行為が放つ政治的効果である。

「社会的なもの」に「政治的なもの」の亀裂を生じさせる活動様式としてのアゴーン。そこに「表象の政治」に抗する別様の政治のあり方を読みとることは可能であり、また正当でもある。実際、B・ホニッグは、表象の政治に挑む「パフォーマティヴな政治」の像をアーレントの思想のこの局面から引きだしている。「私たちが「何か」を再生産、再現＝表象するのではなく、新しいアイデンティティをそのつどエピソードとして生みだすことによって、私たちが「誰か」をアゴーンをもって(agonistically)創出するパフォーマティヴな政治[35]」の像である。ホニッグのこの展望を支えているのは、アイデンティティをめぐる反本質主義の思想である。

反本質主義は、(ジェンダー‐セックスの)アイデンティティを内的な本質や身体の表面に外側から刻印された何かとしてではなく、反復される言説によって構築されるものとしてとらえる。「ジェンダーは、安定したアイデンティティ……と解されるべきではない。ジェンダーは、様式化された行為の反復によって一時的に根拠薄く構成された、〔主体の内部にではなく〕外部の空間に制度化されたアイデンティティである[36]」。反復する「行動」は、「すでに社会的に確立された一連の意味を再演すると同時に再経験し、この意味を正統化する現世の儀式化された形式である」。アイデンティティは、正常な規範を引用しつつ繰り返される言説によってそのつど構築し直される。にもかかわらず、そうした言説の反復が同じパターンをなぞるようになると、アイデンティティは、あたかも言説以前のあるいは言説を超えた不変の本質であるかのように自然化されていく。したがって、反本質主義にとっての政治は、言説の実定化を妨げ、「自然」として構築されるアイデンティティを脱‐自然化(de-naturalize)するところに成立する。「〔男‐女の二元的〕ジェンダーを転換する可能性は……反復が失敗する可能性、〔言説の〕歪み＝脱‐形式化、言いかえれば、固守されるアイデンティティがもたらす幻想的効果を根拠の薄い構築物として政治的に露わにするパロディ的な反復のうちにある」[37]。言説の繰返しが生みだす権力に抗して、そのオートマティズムを遮る別様の言説の反復。この反復が、真理であるかのように思われてきた規範からその自明性を奪い、それを内側から組み替えていく可能性をもたらす。

バトラーの議論にもう少し眼を留めれば、『身体は重要だ』[38]（一九九三年）において、彼女は、「主体の領域の構成的な外部を形成する」[39]「アブジェクト」(abject)としての存在者をつくる支配的言説の機制に光を当てている。主体が構築されるのは、或る人びとの生を周辺化し、それ――たとえば「ホモセクシュアリティ」[40]――を異常なものとして否認する機制によってである。『ジェンダー・トラブル』（一九九〇年）と比べるとき、この書では、言説の反復によるアイデンティティの構築という側面よりも、或る人びとを正統・正常な言説の境界から追放し、彼／彼女たちを大文字の他者として構築する排除のメカニズムが強調されている。サブジェクトの構築はアブジェクトの産出と否認に依存するという論理、「或る同一化が他のそれを犠牲にして購われる」[41]という構図は前述の表象の政治と共通している。バトラーにおいて、サブジェクトとアブジェクトの区別を規制する規範は、ただそれを規範として繰り返し引用する実践によってのみ存立しうる、という点に政治的抵抗の契機が探られる。「繰り返されるあるいは儀式的な反復の実践の堆積効果としてセックスは自然化される。だが、それが繰り返しであることによって裂け目や切れ目が……規範を逃れたりそれを超えるものとして、規範の反復的な営みによって完全には定義されたり、固定されないものとして開かれる」[42]。正常な規範から逸れる行為は、たしかに、それを異常なものとして繰り返し否認する反応を招くことによってかえって規範の正常性を強化するという逆説的な効果をうむ場合もあるが[43]、場合によっては——バトラーは「クイア」(queer)に関心を寄せる[44]——支配的な文化に言説を通じて変化を及ぼす機会を生みだすこともできる。

反本質主義は、他から負荷され、しばしば内面化される「何か」としての社会的アイデンティティを能動的に離脱するアゴーンの行為に、規範の正常性を攪乱する政治の可能性をみる、と言ってよいだろう。その理論的なスタンス、つまり表象、アブジェクションが現にどのように作用しているかに照準しつつ、その機制を理解しようとする構えは十分に肯定できるように思う。オリエンタリズムが、劣位の他者から歴史性、可変性を剝ぎ取り、それを非歴史的なものとして表象するシステムであることを強調したE・W・サイードは、『文化と帝国主義』[45]（一九九四年）でも、表象の政治の曝露に理論的課題を求めている。「文化的知識人が直面している仕事は、アイデンティティの政治を所与のものとして受容することではなく、あらゆる表象がどのように構成されているか、その表象が何の目的のために、誰によって、そしてどのような構成要素をもってなされているかを示すことである」[46]。反本質主義が一般に問題を含んでいるとすれば、それは、人種、性別、性的指向、宗教、エスニシティ、言語、年齢、心身の機能などにおいてこれまで劣位に立たされてきた者たちが、抵抗のために形成する集合的なアイデンティティへの対応にある。反本質主義は、正常なものとして要求されるアイデンティティのみならず、それに抵抗するアイデンティティにも極度の警戒を示し、基本的にはあらゆる集合的アイデンティティを離脱すべきあるいは回避すべき制約・桎梏とみなす。

多文化主義の思潮が、支配文化に抗して形成されるアイデンティティを一義的なものとしてしばしば本質化、固定化し、また、或る立場のフェミニズムが「女性であること」をすでに存在する自明の「本性」であるかのようにみなす傾向があることなど、「アイデンティティの政治」と呼ばれる一群の問題を省みれば、反本質主義の批判はある程度までは正しい。アイデンティティの政治は、二重の意味で排他的な暴力の契機を含んでいる。第一に、否認されるべきアイデンティティを産出することによって自らのアイデンティティを肯定しようとする点で、それは、対‐形象化の機制を踏襲することになる。第二に、集団内部の関係において、そもそも多義的でしかありえないさまざまな関わり(affiliations)[47]――人は性のみを生きるわけでもないし人種や宗教のみを生きるわけでもない――を排他的な帰属、一義的なアイデンティティに無理やり圧縮しようとする点で、それは集団内の人‐間関係からも、一人の人間の自己関係からも複数性、多義性を奪う。この批判はたしかに説得力をもつが、抵抗のために形成される集合的アイデンティティについて、その陥穽のみを強調することは、劣位に置かれてきたパーリア自身にとっての政治的な現われを展望するうえで適切といえるだろうか。

反本質主義に対してはすでにいくつかの異論が提起されている。集合的なアイデンティティが形成され、主張される文脈や時機が軽視されるべきではない、というのがその一つである。既成の経済的・社会的・文化的不平等に挑戦しようとする「解放的な」アイデンティティの主張とそうした不平等を維持しようとする「抑圧的な」それとは区別されるべきであり[48]、また、現に或る人びとの生やその様式が深刻な危機に曝されるとき、彼／彼女たちが本質主義的な仕方で集合的アイデンティティを自己主張することは避けがたく、そうした切迫した局面で抵抗のアイデンティティを「実体化」することのもつ有効性は否定されるべきではない。「リスク本質主義[49]」や「本質主義の戦略的使用[50]」を肯定する考え方である。反本質主義のなかには、あらゆるアイデンティティにとらわれず、それから離脱すべきであるとする「ディアスポラの勧め」の傾きも見られるが、それは、かりに文化その他の資源において恵まれた者には妥当しうるとしても、現にディアスポラを生きることを強いられている人びとの経験や感情に背くのではないかという批判も真剣に受けとめられるべきだろう。(51) 個人としての意見や行為に他者の注目を惹き、それに応答を期待できるのは、すでに十分な社会的承認を得ている者に限られるからである。これまで無視、黙殺されてきた差別や被抑圧の問題に耳目を集め、それを政治的争点として顕在化するためには、集合的な自己呈示(self-presentation)をもってアピールするしか途がないことがある。

第二に、反本質主義が肯定する実践——正常な規範や支配的な表象への"*disidentity*"を維持しそれらを覆そうとする行為——のもつ効果への疑問も挙げられている。まず、バトラー自身が認めるように、(52) そうした行為が非合理、無原則、異常、奇矯等々として否定的に判断されることによって、正常とされる規範や支配的な表象を逆説的に強化することがありうる。一般に、劣位の少数者は、現われない(無視される)ことによっても、逆に現われる(注目を惹く)ことによっても自らを否定的に意味づける権力関係を再生産するという「差異のディレンマ」をある程度まで抱えざるをえない。(53) また、正常なアイデンティティから逸脱する行為、たとえばバトラーが挙げる「異装」や「ドラァグ」が、支配的な文化を活性化するための格好の刺激剤として取り込まれ、その政治性を脱色されることもしばしばある。正常な規範に抵抗する行為はつねに両義的な効果を生むのであり、このことは不可避である。

第三の最も重要と思われる異論は、「何か」としてのアイデンティティをどう評価するかにかかわる。反本質主義は、支配的な表象や言説によって構成される「何か」としてのアイデンティティを制約とみなすが、それは当事者自身にとって端的にネガティヴな桎梏なのだろうか、そうしたアイデンティティのもとでの(歴史的)経験はたんに「誰か」としての現われにとって足枷となるのではなく、むしろそれを可能にする政治的資源でもあるのではないか、という反問である。[54] これは、反本質主義がしばしば「何か」と「誰か」、与えられたアイデンティティと政治的行為との間に一義的な対応関係を想定していることを的確に衝く批判である。「誰か」として政治的に自己を呈示する行為は、「何か」としてのアイデンティティを単純に映しだすわけではなく、それをどう解釈、定義し直すかの多義性に開かれている。

この最後の点をもう少し立ち入って検討するために、アーレントの議論にそって、パーリア自身にとっての現われの問題に触れておきたい。すでに述べたように、劇場的空間における同輩者の間での競いあいというよりもむしろ、支配的公共圏から遠ざけられたパーリアがいかにその条件に抗して現われうるかという問いこそが、[55] アーレントがアゴーンを語る際のライト・モティーフであったと考えることができる。実際、『ラーエル・ファルンハーゲン』(一九五九年)にはじまり『共和政の危機』(一九七二年)の「市民的不服従」論にいたる多くの論考はこの問いを主題にしていると言っても過言ではない。ここでは「パーリアとしてのユダヤ人——隠れた伝統[56]」(一九四四年)に絞って問題を考察したい。

四　パーリアと政治的抵抗の公共圏

このエッセイで、アーレントはユダヤ人の態度を、「成上り」、「社会的パーリア」(＝無自覚なパーリア)、それに「自覚的パーリア」の三つの類型に分けている。このうち、成上りと社会的パーリアは、アイデンティティを本質化する点では同一の態度をとる。前者は、社会的に優位の価値を体現する集団に同化しようとし(assimilationist)、後者は、周辺化された劣位の集団のアイデンティティを内面化し、「社会から迫害された人びとのもつ暖かみ[57]」に引きこもろうとする(separatist)[58]。この二つの態度が相俟って表象の政治を強化することは、あらためて言うまでもないだろう。それから必死に抜けだそうとするのであれ、それを受認するのであれ、社会的地位の上昇を目指す個々の「例外者」も社会から遠ざけられた集団的な「例外者」も、支配的表象を否定できないもの、抗いがたいのものとして自ら再現するからである。

この二つに対置されるのが、自覚的パーリアの「隠れた伝統」である。アーレントが挙げるのは、H・ハイネ、Ch・チャップリン、F・カフカ、そしてベルナール・ラザールである。このうちハイネの「不運な者」と(初期)チャップリンの「うさんくさい者」は、アーレントの評価によれば政治的意義を欠く。両者に共通するのは、社会に通用している価値や規則をその外部から揶揄、嘲弄する態度である。彼らは、表象の政治に抗するのではなく、社会から排除された者の「特権」を維持しようとする。これに対して、カフカ、より正確には彼の作品『城』(一九二二年)のK.は、社会の外部に逃れようとするのではなく、その内部の強いられたディレンマ——うわべだけ民衆に属しながら実際には支配者(「城」)に加担するか、それとも支配者との見かけ上の関係を維持しながら村人になるか[59]——を生きる。K.は、「城」の特別な恩恵を拒み「村の一員」として生きることを自覚して選択する行為に踏み切るが、このアイデンティティの選択は、「城」というよりもその力を恐れる「村」、支配的表象を逃れえないものとして背負い込む「社会的パーリア」の側の拒絶に直面する。アーレントの解釈によれば、K.の消耗の果ての死は、パーリアによる個々の抵抗の行為がいかに困難の多いものであるかを示唆している。政治的な「権力《パワー》」が生まれるのは、人びとが共同で討議・行為するときであり、そのかぎりにおいてであるというアーレントの思想はこうした認識にもとづいて深められていく。パーリアの抵抗が「政治的意義」を得るためには、「他者との最小限の共同行為」

が不可欠なのである。[60]

ラザールの思想は、パーリア自身による政治的現われの可能性を展望するアーレントに一つの範例を提供している。[61]彼は「ユダヤ人の置かれた特有の状況を活力に充ち有意義な政治的ファクターへと鍛え上げようとした」。ラザールがパーリアに求めるのは、第一に、「自らの置かれた地位を政治的な言葉に翻訳する」こと、つまり宿命として甘受されてきた生の条件を「政治的な言葉」によって解釈し直すことである。それは、政治的行為を極力回避してきたユダヤ人の伝統に抗して、自らを「反逆者」(a rebel)、すなわち政治的存在者として定義し直すことでもある。「彼は、社会がこれまで自らになしてきた事柄に自ら自身が責任を負っていると感じるようになることをパーリアに求めた」。第二に、そのように自らを政治的存在者として定義し直す自覚的パーリアには、自らの闘いを、ユダヤ人への抑圧がその一つの形態であるようなより広範な文脈に位置づけることが求められる。「政治的に言えば、反抗者であることを拒むあらゆるパーリアは、自ら自身の立場、それとともに自らの立場が表わしている人類に加えられた毀損に責任の一端を負っている」。誤解のないよう付言すれば、ある一つの大きな抑圧が存在するとはラザールもアーレントも考えない。抑圧のかたちはさまざまだが、自らが現に「攻撃されているそのアイデンティティによって抵抗する」ことがなければ、それは、おそらくはその抑圧とも連動しているはずの他の諸形態の抑圧に加担することになる、と考えるのである。第三に、ユダヤ人全体をいわば「受苦の共同体」として構成することが求められるわけではない。抵抗の最も重要な側面は、抑圧に手を貸し恩恵に与るユダヤ内部の特権層(「成上り」)との闘いにある。抵抗のアイデンティティへと人びとを結びつけるのは、何らかの属性の共有ではなく、政治的言語をもってとらえ返される被抑圧の問題の共有である。

　古代のギリシア・ポリスやローマ共和政のみが、アーレントが公共的空間を語る唯一の文脈ではない。公共的空間は、「一七七六年のフィラデルフィアの夏と一七八九年のパリの夏から、一九五六年のブダペストの秋」にいたる革命のなかで、また一九六〇年代以降の公民権運動、ベトナム反戦運動その他の市民的不服従の行為において立ち現われた。ヨーロッパのレジスタンスもその例外ではない。「彼らは「挑戦者」となり、自らイニシアティヴをとり、そのことによってそれと知ることもあるいは気づくこともなしに、自由が姿を現わすことのできる公共的空間を彼ら自身の間に創造しはじめた」[62]。政治的パーリアの間に創出される抵抗の公共圏、アーレントがラザールの思想に読みとったのはそのような公共圏への希望だったと思う。

　アーレントは、公共的空間を照らす光が翳る「暗い時代」には、互いに言葉において他者に現われうる親密な関係性をもつことが、人間にとって「切実な必要」になるとも述べる。本章の冒頭で触れたように、アーレントは、「暗さ」＝オブスキュリティの状態における非在感は人びとの間に生きる人間にとって耐えがたいことであるととらえている。「暗い時代」の公共圏は、ある程度の「近さ」によって閉じられた親密圏であるほかはない。アーレントは、そうした親密圏が、現われへの途を塞がれた苦しみを緩和する場、行為や意見が少なくとも具体的な誰かによって見聞きされ、それによって存在のリアリティが感受される場になりうることを、たしかに否定してはいない。しかし同時に、親密圏が「あらゆる違いを払拭する兄弟関係の過度の近しさ」に内閉することへの危惧と警戒の念も強く表明されている。現われの空間は、「多くの声が存在し、各人が「真実とみなす」(deems truth)事柄を互いに表明することが人びとを結びつけると同時に切り離すアリーナ」[63]、要するに言説の公共圏にとどまりうるし、とどまらねばならない。「多くの声」が「ただひとつの声」に取って代わられることをアーレントは恐れるのである。

全体主義の台頭に言及される場面で繰り返し表明されるのもこの恐れである。現われの喪失にともなうリアリティ喪失の感覚は、仮想された集団的生、想像の共同体への自己没入的な同一化へとなだれこみやすい。しかし、重要なのは、生のリアリティを得ようとする感情の動きそのものを否定することではない。そうした感情が、一義的な自己表象がつくる想像の空間ではなく、多声的な言葉が織りなす言説の空間によって応じられ、充たされることが重要なのである。現われを封じられてきた者たちが切実なものとして抱く現われへの必要に応じること、同時に、表象の一体性をつくるのではなく言説の複数性を維持すること。アーレントがパーリアにとっての現われの空間として描こうとしたのは、言葉の交換が生みだし、それがおこなわれるかぎりで存続しうる言説の公共圏であり、言葉の交換を不要のものとし、異見を封じるような表象の空間ではなかった。集団的な自己表象に向かうことが不可避の選択ではないというアーレントの示唆にしたがって、一義的に統合され固定化されるのではない、集合的アイデンティティのあり方をもう少し探ってみよう。

劣位の表象を負わされてきた者たちが、まずその否定的な表象の修正を必要とすることは多くの論者が強調するとおりである。内面化された負の自己像が、互いが互いの否定的な鏡となる「自己 - 憎悪」の暴力を惹起することも稀ではない(64)。支配的な表象に抗するためにはまず、それを忠実に映しだす否定的な自己像がより肯定的なものへと修正されていく必要がある。この描き変えが支配的表象の単純な反転にとどまる場合、それをさしあたり「表象の反転」と呼ぼう。エスノ・ナショナリズムの多くに顕著にみられるように、またフェミニズムのある立場にもみられるように、この戦略はほとんどつねに対 - 形象化の図式をとる。これまで自らを劣位の者として表象してきた側を今度は逆に、敵として、アブジェクトとして定義し、それを否定することによって自らを肯定しようとする。この場合には、定義されてきた側が定義する立場に廻る、表象する主体の位置の交替だけが起こる。(65) 人びとを束ねるのは、共通の人種、共通の性、共通の宗教といった仮想のアイデンティティであり、それは言説を超えた統合のメディアとして打ち立てられていく。

こうした表象の反転とは異なった仕方で支配的な表象に抗する実践として、「自己再定義」の一つの例に注目したい。「「ろう者とは、日本手話という、日本語とは異なる言語を話す、言語的少数者である」――これが、私たちの「ろう者」の定義である」。(66) 日本社会に住むろう者が、手話を日本語によるコミュニケーションの補助手段としてではなく、日本語とは異なる音韻構造・文法・語彙をそなえる独自の言語と主張するとき、彼／彼女たちは劣位の障碍者という与えられた定義を覆し、手話をメディアとする一つの文化圏(「ろう文化」)として自己を再定義する。(67) 自己再定義は、他者を否定的に定義することを介して自己を肯定的に定義し直そうとするのではない。それは、健常者－障碍者、正常－異常といった支配的表象に依存するのではなく、むしろそうした二分法の構図そのものを覆そうとする。表象する主体の位置をたんに交換するのではなく、優位と劣位をつくりだす対－形象化的な表象のメカニズムそのものを問題化する点で、それはアゴーンの政治性をもっている。

自己再定義は、集団としての自己を定義し直すことであり、集合的なアイデンティティを肯定的なものとして構成することを不可欠の契機として含んでいる。しかし、この場合の集団は、必ずしも既成の「集団」、これまで外から定義されてきた「集団」である必要はない。「私たち」は、発見されるのではなく、意見交換のプロセスのなかで創出される。私たちの中にある共通の本質ではなく、私たちの間に形成される共通の問題感覚や問題関心が、私たちを繋ぐメディアとなる。したがって、一つの集団への一途な帰属が要求されるわけではなく、複数の集団への併行的な関わりが――もとより深浅の違いはあるとしても――肯定されうる。支配的な表象の反転が、何らかの共通の「本質」、人種や民族や性を中心軸に生を整序するようなおも求めるとすれば、自己再定義は、そうした一元的・排他的帰属への圧力、複数の切実な関心を単数のものに切り詰めるような苛酷な自己への要求を解除する。

「何か」としてのアイデンティティと「誰か」としてのそれとの関係は、あらかじめ一義的に決定されてはいない。先にアーレントと反本質主義について指摘した、「誰か」を「何か」から切り離す戦略は、「何か」が「誰か」を一義的に決定し、「誰か」としての現われを制約あるいは歪曲するという想定にもとづいている。しかし、もし「誰か」が「何か」から遮断されるならば、そのとき「誰か」と「誰か」との間に成立する対話は、リベラリストの一部が求める「中立性」の会話に似たものとなろう。自己再定義を“Making Faces”というメタファーで表現するG・アンサルドゥーアは、そうした対話の空虚さを次のように描く。「何者であるかのリアリティを否定することは、私たちの間にある問題について誠実に、深く語るために必要な基盤を破壊してしまう。互いに触れることがないのであるから、私たちはいかなるリアルな結びつきもつくりえない。……私たちは、紙のごとき顔がもう一つの紙のごとき顔を前にするように席を占めることになり、二人は突然リアルであることをやめる」(68)。

「何か」としてのアイデンティティは、ただ一つの「顔」に表わされるものでもただ一つの「声」で語られるものでもない。「共通の経験」というものがあらかじめ存在するわけでも、それを所有すべき「正統な」主体があらかじめ定まっているわけでもない。それは、互いの経験がそれぞれの言葉で語られる多義的なプロセス──他者の語る言葉によって批判的な認識が喚び起こされる問題発見のプロセス、他者の語り方や他者の身振りに触れてこれまで出口のなかった感情を表現するすべをみいだす倣《まね》び(ミーメーシス)のプロセスなど──を経てはじめて形成される。反本質主義は、こうした「何か」から「誰か」へ、それぞれの経験から「共通の経験」へといたる過程を決定済みのものとみなしがちであるが、自己再定義は、「何か」と「誰か」との間の多義的な非決定性を条件としておこなわれるのであり、それゆえ一度描かれた「顔」が再び描き直されるさらなる過程を予期している。

しばしば「表象の反転」のモデルによってのみとらえられがちな集合的アイデンティティの像から「自己再定義」による仮設的なアイデンティティを区別することを試みた。

実践の現場があれかこれかの緊張をはらむときこの二つを截然と区別できるかどうかはたしかに微妙ではあるが、他者を敵として表象するのではないアイデンティティ形成、他のアイデンティティを犠牲にして自らのアイデンティティを購うのではないアイデンティティ再-形成の途も、さまざまな現場で試みられていることも同様にたしかである。最後に、現われる者、語る者の側から見る者、聴く者の側へと立場を移して、問題をとらえ直してみたい。というのも、どのように現われうるかはやはりそれにどのような質の注意が払われるかによって大きな影響を被るからである。見る側、聴く側に承認に向けた受信・受容の行為が期待できないところでは、現われの政治はアイデンティティの政治の隘路にはまり込むかもしれない。

五 「聴くこと」の政治

他者の言葉を受けとめようとするとき、どのような応接がその障害となるのだろうか。C・シュミットの描く「政治的なもの」、他者を言説の回路から外して「敵」として本質化する政治が、他者の現われを阻むことはあらためて確認するまでもないだろう。この場合には、他者は自己を肯定的に同定するためのネガティヴな形象として固定化される。検討を要するのは、他者の現われが見られ、他者の声が聴かれているはずなのに、それがリアルな出来事としては成立しない場合である。

その一つは、ステレオタイプ化としての表象が起こるケースである。この場合には、一人ひとりの経験から発せられる声に、聴き手があらかじめ想定する典型としての声が重ね合わされ、実際には後者だけが聴きとられる。つまり、聴き手が自ら構成した言葉がナルシスティックに聴かれるだけである。たとえば「あなたはアイヌの女性としてどう思いますか」といった設問は、相手の声に自らの言葉を聴こうとする意志をすでに露呈している。語り手の声は、ステレオタイプとしてマークされるまさにそのことによって実際には聴かれないままに終わる。差異の声はその政治性を脱色され、モデル・イメージとしてのみ消費されることになる。(69)

もう一つのケースは、聴き手が翻訳権を専有するときに起こる。右のケースのように、他者の語る声に自らの言葉を聴こうとするわけではないが、語り手の言葉を自らの言葉に置き換えることが正当とみなされ、そのことにほとんど疑念が抱かれない。したがって、語り手の声は聴き手の解釈枠組みに回収され、それに照らしてのみ処理されることになる。この非対称性は、語る側に、自らに疎遠な、場合によってはそれを自ら覆そうと試みている当の準拠枠を課すこともある。語り手はいわば「主人」の眼で自らを眺め、「主人」の言葉で自らを語ることを強いられるのである。何が耳を傾けるに値する言葉であり、何が合理的なコミュニケーションの形式であるかは、この場合にはもっぱら聴き手によって定義されるため、語り手はまさに語ることによって自らの「劣位性」を再生産することになる。

たとえばJ・ハーバーマスのように、聴き手が定義する意味での「合理的」なコミュニケーションが規範として正当化される場合には、そう判断される「不合理」な声は論議の場に登るためには聴き手にとって「合理的」な言葉——いかにそれが支配文化のなかではマイナーな批判的言語であれ——に翻訳されねばならない。アーレントの言葉でいえば、各人が「真実とみなす」声が織りなす複数の「真実性」(truthfulness)の地平が、聴き手が定義権を独占する単一の真理(the truth)のそれによって閉ざされるおそれがある。[70] ハーバーマスとしては、討議が「すべての関係者」の声に開かれた意見形成・意思形成の過程であることを強く主張するだろうが、[71] この言説空間へのアクセス手段——N・フレイザーのいう「解釈とコミュニケーションの社会文化的な手段」[72]——が現に不平等であることによって、それは排除の効果を免れてはいない。

この二つのケースを広義の文化帝国主義による抑圧形態とみなすならば、[73] その特徴は、優位にある集団の特殊な経験と文化が普遍化され、それが規範として確立されるところにある。「普遍」としての聴取の位置は疑われず、他者の声は「特殊」の側からの、したがって自らの優位を確証してくれる声としてのみ聴きとられる。この構図が揺るぎなく維持されるとき、聴き手によってコミュニケーションが成立したとみなされる事態は、語り手にとっては、自らの言葉や経験が他者によって横領された事態として判断されるだろう。たとえば、近年の「女性器切除」をめぐる論争は、いかにそうした言葉や経験の収奪が生じるか――女性器切除はレイプと同列に扱われ、「野蛮な」「遅れた」文化の暴力として解釈されがちである――を明らかにしている(74)。

自らの聴取の位置、発話の位置をまったく問題化しない態度を、アーレントは「没思考性」(thoughtlessness)という言葉で表現した。"thoughtless"という表現は、一方における批判的思考の欠如と、他方における他者の意見や行為へのアテンションの不在との間に結びつきがあることを示唆している(「不注意な」「他を顧みない」という意味がこの語の日常の用法である)。「決まり文句、常套句、習律的で標準化された表現や振舞いのコードへの固執は、リアリティから私たちを保護するという社会的に認められた機能をもっている(75)」。そうしたコードへの固執が"thoughtlessness"であり、それは、"thinking attention"(76)の負担を自己免除し、そのことによって自らのリアリティを極度に選択的なものとする。「選択されたリアリティ」の範囲外に放逐される人びと、彼／彼女らの行いや言葉は、アテンションを向けるに及ばないものとして退けられるか、既存のコードにしたがってのみ解釈される。"thoughtlessness"は、自らの発話‐聴取の位置が問題化されはしないかという不安を予め回避するための安全装置にほかならない。

たしかに、この防衛機制を全面的に解除することは不可能である。私たちは、アーレントもいうように、たちどころに消耗してしまうだろう。しかしながら、もし部分的な解除すらなされず、視界を狭める「選択されたリアリティ」を維持しつづけるならば、そうした思考‐アテンションの欠如は、おそらくアーレントが全体主義的な悪として特徴づけた「悪の凡庸さ」(the banality of evil)を招致するだろう(彼女が“thoughtlessness”という言葉を用いたのは、自らの周囲、ことに上位者の意向ばかりを気遣うA・アイヒマンのメンタリティを描く場面においてであった)。アーレントが近代の政治思想によって称揚されてきた主権的自由の観念に対してきわめて批判的であったことがここで思い起こされてよいかもしれない[77]。「他から触れられることなき人格のインテグリティ」は、「リアルな世界を他者が端的に存在しないような想像の世界に置き換える」ことにほかならず、それは「あらゆる他者の恣意的な支配」を招く[78]。アーレントが恐れたのは、アイデンティティの危機というよりも「アイデンティティという危機」、主権的な自己という危機の方であった[79]。

聴くという行為は、おそらく見ること以上に、自らをヴァルネラブルにする行為である。というのも、聴くという行為は、他者の声や言葉を、他者にとっての世界の受けとめ方を自らのうちへ引き入れる行為であり、他者と自己の間にある差異や抗争のみならず、自己と自己との間の抗争をも露わにする行為だからである。聴くことがリアルな出来事として成立するならば、それは何ほどかは聴取の位置を動揺させ、思考を誘発するはずである。思考とは、自己と自己との間に成立する内的対話であり、この自己と自己との間(距離)は、一部には現実の他者のアクチュアルな声に触れることによって惹き起こされる。内的な対話は、現実の対話の後にいわばそれを倣るものとして起こるのであり、思考は、他者の声を後に引き、語られた言葉を想起する「追‐思考」(afterthought, Nachdenken)としておこなわれる。(80) 聴くという行為は、その意味で、自己を安定した位置から不安定な位置へと移動させ、他者との交渉の解除から再交渉へと導く能動的な行為であり、「新しい始まり」としての行為に劣らぬイニシアティヴを要する。

とはいえ、或る人びとの声が、また不断に接している人びとの或る声が、少なくともぎりぎりになるまで受信されない現実を振り返るとき、問題は、たんに聴き手がいかに自らの防御装置を外す用意があるかというイニシアティヴの如何や他者の声にいかに耳を澄ませるかという感受性の如何に尽きないこともたしかである。語り手の言葉や表現のあり方に社会的・経済的な不平等や文化的な非対称性が深く刻まれており、そうした非対称性は聴くことを阻み、聴きかたを歪めるからである。不平等な位置が聴くことを妨げ、聴くことが妨げられているがゆえに抑圧が再生産されていくという循環をどのようにすれば断ち切ることができるだろうか。最後にその二、三の方向性を素描してみたい。

現われることの困難を和らげる空間を形成することが、その一つの途である。すでに触れたように、公共的な場で語ることが自らに貼り付けられたスティグマ的表象をさらに強化する場合、したがって現われることが当事者自身によって恐れられる場合がある。「傷つけられた生に歴史がさらに忘却という辱めを付加する」[81]機制は、この現われへの恐怖にもとづいて作動する。「性的奴隷」とされた人びと、HIV陽性の人びとが自己防衛としての沈黙を破るまでには、彼女/彼らに呼びかけ、問いかけ、「聴きかけ」[82]る能動的な行為が積み重ねられてきたはずである。語りはじめるときの感情の表出を受けとめ、公然と語ることが招く侮辱に抗して語り手をまもり支えるような空間。こうした「相対的に安全な空間」(G・アンサルドゥーア)を欠くときには、当事者自身による現われは生じがたいことがある(薬害によらないHIVや占領下の「性的奴隷」などの場合を想起されたい)。

当事者が受苦の経験を自ら語ることができるような政治文化を形成していくためには、「正義の感覚」というよりもむしろ「不正義の感覚(the sense of injustice)」(J・シュクラー)がはたらくスペースを用意することが大切になるだろう[83]。「あらゆる人が最低限聴かれるに値する。市民がそれぞれの仕方で抱く社会的・個人的な不平不満(grievances)の感じが無視されてはならない。……犠牲者の声、自らが不当に扱われてきたと主張する者の声は、デモクラシーの原理にかかわる事柄として、沈黙させられてはならない[84]」。当事者自身が抱く「主観的な不正義の感覚」が棄却されるべきでないのは、不正義は誰の眼にも明らかな権利侵害として客観的に生じるとは限らず、むしろ――PTSD（心的外傷後ストレス症候群）が示すように――犠牲者の身体的次元に内化される「心理学的な危害」[85]であることも多いからである。声を聴くことは、一つにはそうして身体化された苦難に表現の糸口を与えることを意味する。デモクラシーの理念が非排除性を求めるとすれば、それにふさわしい政治文化は、マジョリティの「正義感覚」を洗練するだけではなく、その正義感覚の質を逆に問題化するかもしれない「不正義の感覚」に注意深くあることを求めるはずである[86]。

先に触れたように定義権、翻訳権の専有は批判されて然るべきだが、もとより聴くことそれ自体が翻訳や解釈を免れうるわけではない。酒井直樹も指摘するように、原理的にみてすべてのコミュニケーションには翻訳が生じる[87]。とすれば、問題は、聴き手による翻訳がどのようにおこなわれるかにある。アーレントのいう思考は、翻訳のコードが単一のものに固定化し、それが他を圧倒するのを阻止する内面の活動様式としてもとらえることができる。何らかの単一の翻訳コードに偏執する「思考」のあり方、内的な整合性、演繹的な一貫性のみを心にかける「思考」[88]のあり方を、彼女は「イデオロギー的思考」ないし「自己強制的思考」と呼び批判した。アーレントのいう思考は、構築的ではない。「思考は否応なく、善悪に関してすでに確立されているすべての規準・価値・尺度に対して破壊的で、それらの基礎を掘り崩すような効果をもつ[89]」。自らの解釈枠組みを絶えず批判的に吟味し直すことは不可能だとしても、何か一つの解釈枠組みのみが支配的になるのを警戒しながら、複数の翻訳コードを維持することは十分に可能であるように思う。語るひと、語られる内容、語られ方の相違にかかわらず一つの尺度を適用するのではなく、それらの相違に応じて異なったコードをもって応接すること。あるいは、酒井の言葉を援用すれば「均質言語的」(homolingual)な構えではなく、「異言語的」(heterolingual)な構えをとること。異言語的な語りかけ、聴きとりの構えは、翻訳コードの非決定性、複数性——語る者と聴く者の間には透明な意思疎通が可能となるような均質のコードは存在せず、また語る者聴く者それぞれの言葉も単一のコードによってあらかじめ決定されているわけではなく、したがって誰も不可分体(individuum)としての個人ではない(90)——に依拠する。或る単一の翻訳コードをもって語られた言葉を理解しようとするのではなく、複数のコード(できれば複数の話法)をもって柔軟に接近し、最後には「理解という名の所有を諦める自由」(花崎皋平)をもつこと。強引な理解か理解からの排除かといったいずれにしても一方向的な表象に至る不毛な二者択一に陥らずに、現われにふさわしい応答の空間をもつうえで、異言語的な自-他への構えは大きな役割を果たすはずである。

第四章　公共性の二つの次元

一　公共性と非共約性

公共性は、私たちの生のどのような面にかかわるだろうか。この問いに対しては、公共性は、私たちの生に共通する面にのみかかわるという答えがすぐに返ってくるだろう。生がどのように生きられるかは人の数だけ多様であり、そうしたそれぞれの仕方での善き生の解釈と追求については公共性を想定することはできない、と。リベラリズムの見方からすれば、公共性は、人びとの生の共約可能な要素を特定すること、どのような生を生きるのであれ、誰もが必要不可欠とする価値を特定することによって定義されることになる。私たちがそれぞれの生をいかに生きるかは公共的に規定されるべきではないという考え方は、価値観の多元性の擁護という点でたしかに妥当性をもっている。とはいえ、公共性は、そうした共約可能な価値の地平にのみ限定されるべきなのだろうか。人びとが共生する領域には、それには還元しがたい次元はないのだろうか。H・アーレントは、リベラリズムとは対照的に、公共性という観念をもって人びとの生の共約不可能な次元を指し示そうとした。

> 生命過程の機能的な器官である内部は、生命過程に関するかぎりただ一つの機能、すなわち内部を隠し、それを保護し、それが現われの世界(an appearing world)の光に曝されないようにする機能をもつ外部によって覆われている。もしこの内部が現われるということになれば、私たちはみな似たりよったりに見えるだろう。……〔これに対して〕何であれ見ることができるものは見られることを欲しており、何であれ聞くことができるものは聞かれることを求めており、何であれ触れることができるものは触れられるように自らを差しだしている。それは、あたかも生きているすべてのものが実際……現われることへの衝動(an urge to appearance)をもっているかのようである。自らを「内的な自己」としてではなく一つの個体として呈示し、表し示すことによって、種々の現われからなる世界に自らを適合したものにしようとする衝動をもっているかのようである。[1]

この文章には、アーレントに特有と言ってもよい公共性の観念を理解するための示唆が含まれている。第一に、人びとの生は万人に同一の「生命過程」に貫かれており、それが各人に惹き起こす必要は公共性の領域に現われるべきではない、という考えである。身体とその必要は私的な領域、他者の眼に触れないところにとどめられねばならない。なぜなら、それは誰の生にも共通した要素であるがゆえに、誰の興味も惹かないからである。第二に、人びとは現われることへの必要をいだいており、公共性はそうした個々の「現われ」によって多彩に織りなされる空間である、という考えである。生命を維持することは「同一性」(sameness)、自らの言葉や行為において現われることは「複数性」(plurality)によってそれぞれ特徴づけられ、この二つの領域は截然と区別される。

アーレントは、このようにリベラリズムとは対照的な仕方で公共性の領域を描いた。公共性は私たちの生の非共約的な面にかかわり、逆に私たちの生の共約的な面は公共性から排除される。本章では、まず身体とその必要を非公共的な領域に位置づけ、この領域から一切の政治を取り除こうとするアーレントの議論が妥当かどうかを検討し、生の必要の解釈をめぐっても政治が成立することを確認する。次いで生活保障にかかわる公共性を国家と親密圏の二つの側面においてとらえ直し、最後にアーレントが提起した「現われの空間」としての公共性の意義を再考することにしたい。

二　生の二元化——ビオスとゾーエー

先に引いた文章にも示唆されているように、アーレントは、私たちは相互に還元されない二つの生を生きていると見た。彼女は、「ゾーエー」(ζωή)と「ビオス」(βίος)というギリシア語によってこの二つの生を表現した。(2)「ゾーエー」は「生物学的な生命」(biological life)を意味する。私たちにとってこの生命は、その必要を充たさなければならないという意味で必然的である。しかも、この必然的＝要不可欠(necessary)な生はあらゆる人びとにとって同一であり、それぞれの個人の生にとってけっして"unique"(他ならぬもの)ではない。これに対して、「ビオス」は可死性、一回性によって特徴づけられる個人の生を意味する。あらゆる「ビオス」は他に比類のないものであり、それぞれの生の代替不可能性が、公共的領域における複数性を構成するのである。「人間の複数性とは、唯一の存在者たちからなる逆説的な複数性である」(human plurality is the paradoxical plurality of unique beings)。(3)

アーレントが人びとの生を「ビオス」と「ゾーエー」という二元的な位相においてとらえたこと自体には異論はない。後述するように、人びとを単一の生の位相においてのみとらえる見方の方が避けられるべきだろう。アーレントの議論に問題があるとすれば、それは、私たちの生を複数のものとしてとらえようとしたことにではなく、「生物学的な生命」を人びとにまったく同一のものとして、それから生まれる必要を自然的な与件であるかのようにみなした点にある。その問題性を手短かに整理しておこう。

まず、アーレントの議論においては、身体は自然化され、その必要は脱 - 政治化される。B・ホニッグが指摘するように、アーレントは、「自己」を多元的なもの、内的な不和をはらんだ多義的なものとみなすのに対して、「身体」については完全な一義性を想定する。「多義的な自己」(multiple self)は「一義的な身体」(univocal body)との対比において形象化されているのである。(4) 身体の必要は、解釈を要しない万人に同一の与件とみなされる。あらゆる身体は同一の声で語る以上、そこには複数性を条件とする政治的生活《ビオス・ポリティコス》が成立する余地はない。

もし人びとが互いに異なっていないとすれば、それぞれの人間が現在いる誰か、過去にいた誰か、やがて存在するであろう誰かから区別されないとしたら、自らを理解してもらうために、いかなる言論もいかなる行為も必要としないだろう。直接的で、同一の(immediate, identical)必要や欲望を他者に伝えるためには、印や音があれば十分であろう。(5)

身体の必要を伝えるためにかりに言葉が求められるとしても、その場合には、言論は「意思伝達の手段ないしは沈黙のうちにも成し遂げられうる事柄をたんに補う」「従属的な役割」しか演じない(6)。

第二に、アーレントの議論においては、身体の必要は非‐政治的であるばかりか、反‐政治的であるとすら解釈される。すでに与えられた身体の必要を特定し、それを充足するのは行政の仕事であり、政治の仕事ではない。むしろ身体の必要は、政治的領域に侵入することのないよう細心の注意をもって警戒されねばならない。というのは、身体の必要は一つの声で語るだけでなく、「抗いがたい」(irresistible)声でも語るからである(7)。身体の声は、他のあらゆる声を打ち消してしまう潜在的な暴力としてもとらえられているのである(フランス革命はそれが顕在化したケースとしてアーレントの眼に映っている)。身体の秘める潜在的な暴力は、私的領域の軛のもとに繋ぎとめられていなければならない。

一義的で暴力的なものというこのような身体の像は、根底から疑問に付されるべきだろう。この問題を考えるうえで有益なのは、身体は繰り返される言説によって自然的なものとして構成されるというJ・バトラーの議論である(8)。それは、身体は言説の領域には属さないというアーレントの想定を覆し、身体をめぐる言説の脱‐政治化こそが身体を変化のないもの、他と変わらないものとして表象させることになるという見方を与えてくれる。本章ではこの点を示唆するにとどめ、アーレントが自然なものとして描いた生の位相にも政治が存在すること、したがって、彼女が公共性の領域としては描かなかった次元にも別様の公共性が成立することを明らかにしたい。

三　ニーズ解釈の政治

N・フレイザーは、「ニーズをめぐる闘い——後期資本主義の政治文化をめぐる社会主義者＝フェミニストの批判理論の概要」(一九八九年)という論考において、生の必要は議論の余地のない所与ではなく、そもそも何が必要であるかをめぐって解釈の政治が存在することを強調した[9]。フレイザーの議論は、人びとの必要を決まりきった与件とみなし、誰によって必要が解釈されるのかを無視し、必要を解釈するための「言説の資源」(discursive resources)が公共の言説空間にきわめて偏った仕方で分配されていることを問題としない、そうした行政のあり方に対する批判にもなっている[10]。行政の関心は、もっぱら、すでに公共的に承認されている必要を充たす資源を、誰にどれだけ分配するか、その資源をどこからどれだけ調達するかにのみあり、これまで必要として認められてこなかった事柄を必要として再定義することにはじつに消極的である。

「ニーズ解釈の政治」(the politics of need interpretation)において最も重要な争点は、

誰によって必要が解釈されるかにある。この政治において、解釈が争われる際、人びとは互いに対等の立場にあるわけではない。フレイザーの言葉を用いれば、「解釈とコミュニケーションのための社会文化的な手段」はごく非対称的に分配されている。「言説の資源」のそうした格差には、経済的な格差をはじめ、ジェンダー、年齢、心身の障碍などの格差が大きな影を落とすだけではなく、ニーズ解釈を提起する際、どのような語彙を用いることができるか、どのような口調《トーン》で語ることができるのか、合理的とされるコミュニケーションの様式に習熟しているかなどに関する違いも、ニーズ解釈をめぐる闘いの帰趨を根本から左右する。生の必要の定義をめぐる公共の論争は、それがいかに非言語的なメディアの力を排した土俵において闘われるとしても、「言説の資源」における格差を如実に反映した論拠をもって行われることになる。

新しい必要解釈を対抗的に提起しようとする動きは、それを再び排除し、封じ込めようとする言説の諸力の抵抗に曝される。実際、一定の世話＝配慮を必要としてとらえ直そうとしてきたこの間の解釈は、育児や介護などのケア・ワークは本来家族の手で担われるべきものである、ないしは市場が提供するサーヴィスのなかから自らの力で購買すべき性質のものであるという、「家族の絆」や「自己責任」のレトリックを駆使する言説の抵抗を受けている。従来の必要の定義を問題化する動きは、それを「個人化」(personalize)、「家族化」(familialize)あるいは「経済化」(economize)することによって再び脱‐政治化しようとする諸力と争わざるをえないのである。[11] もちろん、新たに提起される解釈が部分的に取り込まれることによって、ニーズ解釈の政治化がある程度のところで鎮静化される場合もある(介護保険の制度化はその一例だろう)。

近年の「ニーズ解釈の政治」において関心を惹くのは、貨幣もしくは物資的な財の供給によっては対応しがたい解釈がかなり広範に提起されてきている、ということである。災害や事故が被害者の心に与える傷、繰り返される「憎悪表現」(hate speech)などによってもたらされる心的外傷は、継続的でしかも肌理のこまかいケアを必要とするというニーズ解釈はその一例である。そうした解釈の変更の背景には、少なくとも本人に帰責できない理由による受苦は、それぞれの犠牲者が私的に堪えてしかるべき「不運」ではなく、公共的な支援を要求しうる「不正義」であるという問題のとらえ返しがある。また、民族や言語や性的指向などにおける少数者が、彼女／彼らの価値を蔑視し、その尊厳を損なう「文化的な加害」(cultural harms)に対して提起している、承認の要求も新しい解釈の一つとしてとらえることができるだろう。多数者文化による「承認の毀損」(misrecognition)は、やはり人びとの生を深く傷つける「不正義」として解釈し直されるべき事柄である。

「ニーズ解釈の政治」は、公共的な対応を権利として要求しうる必要の定義をめぐって争われるものである。新しい解釈を提起する者は、その必要が、やがては民主的な意思形成‐決定の手続きを経て、新しい権利に翻訳されることを求めている。後に触れるように、人びとが切実なものとして抱く必要のすべてが法的言語に翻訳されうるとは思わないが、この政治において重要なのは、必要の領域と権利の領域との間にあらかじめ境界を設定しないことである(12)。必要の言語を権利の言語から切断しないことは、権利として要求しうる事柄を恩恵の対象であるかのように扱う社会国家のパターナリズムを阻止するためにも、またすでに承認されている社会的権利に新しい解釈の光を投じるためにも重要である(13)。必要の領域と権利の領域の境界線をどこに引くかは、それ自体公共の論争に委ねられるべき事柄であり、あらかじめそれを定義する権限が誰かに委ねられているわけではない。定義権が誰かに専有される事態こそ、ニーズ解釈の政治の主要な標的なのである。

四　セキュリティ・ユニット

必要の解釈をめぐる言説の政治がどれほど活性化されるとしても、人びとが権利として要求しうる必要と要求しえない必要とは、暫定的には区別されざるをえない。リベラリズムはこの区別をいかに行うかについて理論的な蓄積を重ねてきた。周知のように、J・ロールズは「社会的な基本財」という観念によって、権利として承認されうる必要の範囲を明らかにしようとした。基本財は、人びとが自由で平等な市民として生きていくために必要とする財である。そうした財――ロールズは「自由と機会、所得と富、および自尊の社会的基盤」を挙げる――をいかに分配するかの規準が正義原理にほかならない。

ロールズのこうした問題設定を受けながら、井上達夫は、「価値世界の構造化」という観念によって、権利として要求できる必要とそうでない必要の区別をはかっている。人びとがそれぞれの仕方で解釈、追求する「善き生の構想」は、他者に対して「妥当性」は主張しうるけれども、「公共性」を要求することはできない。「公共性」とは、「善き生の諸構想の対象をなす価値ではなく、善き生の構想を自ら発展させ、それに従って自己の生を形成できる諸個人の能力の養成と保護、およびそれに必要な資源・環境の公平な配分と整備に関わる諸価値」であると定義される。国家が強制力をもって実現することのできる価値は、こうした「公共的価値」にのみ限定されねばならない。

ロールズや井上らの議論に共通しているのは、「善の構想」は共約不可能であるのに対して、「社会的な基本財」や「公共的価値」は共約可能である、という考えである。権利（法言語）に翻訳されうる必要は、人びとの生の共約可能な価値のみに限定されねばならず、共約不可能な価値はそうした公共性の地位を主張してはならない（かりにそうした事態が出来するとすれば、特定の善の構想が追求されることで諸個人の生の複数性は極度に損なわれることになる)。すでに示唆したように、何が共約可能な価値で何が共約不可能な価値かの区別はリベラリズムが想定するほど安定したものではないが、暫定的にその区別を設定することが避けられないのもたしかである。公共的に充足されるべき必要については、一定の共約可能性を——アーレントのいう生命の必要の「同一性」ではない——想定せざるをえないのである。そうした共約可能な価値を定義する過程においては、J・ハーバーマスのいう論議、つまり合意を目指すコミュニケーションのモードが適切だろう。そこでは、誰もが合理的に受け入れることのできる公共的な理由を挙げることが求められるからである。

私たちが生の必要について、その充足を国家に対して権利として要求しうるということにはやはり大きな意義がある。国家は、生活保障という観点から見れば、「見知らぬ他者」の間に形成される非人称の連帯のシステムであり、またそれゆえのメリットをもっている。第一に、人称的な連帯は成員すべてを包含しうるものではなく、配慮や関心は、自らが見知っている具体的な他者にのみ向けられる。第二に、人称的な連帯は、直接的で間人格的な繋がりゆえに、必要を充たされる者とそれを充たす者との間に人格的な依存関係を形成しがちである。たとえば、在宅介護について指摘されているように、一方的に世話を受け続ける立場にある人は世話をしてくれる人に対して発話を自己抑制する傾向があるという問題はその一例である(16)。一定の必要の充足が人称的なネットワークではなく非人称のユニットによって行われること、人びとの間に自発的な連帯のみならず強制的な連帯が形成されてきたことの意義はけっして小さくはない。国家がそうした「セキュリティ・ユニット」(security unit)としてあることの利点に触れて、M・イグナティエフは次のように述べている。

> 彼ら〔見知らぬ他者たち〕にはいくつかの必要があり、そして彼らが福祉国家というものの内部で生きているがゆえに、そうした必要は、私と同じような人たちがもつ資源に対する権原(entitlement)——権利——を彼らに授与することになる。彼らの必要と彼らの権原は、私と彼らの間に沈黙の関係を設定する。私たちが郵便局で一緒の列に並ぶとき、老人たちが年金小切手を現金化すると同時に私の所得のごく一部が、国家の数知れない毛細血管を通じて彼らのポケットに移転されるわけだ。私と彼らの関係がなにものかに媒介されているという性質を有していることは、私たちのどちらにとっても必要不可欠のように思われる。彼らはあくまでも国家の世話になっているのであって、直接に私の世話になっているのではない。そして私たちはともにそのことを喜ばしく思っている。[17]

ここで非人称の連帯のシステムを「セキュリティ・ユニット」と表現したのは、「セイフティ・ネット」(safety net)、「サヴァイヴァル・ユニット」(survival unit)から区別しながら、国家による生活保障の意義を確認するためである。セイフティ・ネットは、労働市場における競争(綱渡り)において敗れた人びとに対する事後的な救済を意味しており、さまざまな(自然的・社会的)偶然性によって不利を被っている人びとをそのまま市場の競争に向かわせることは不正義であるという思想に立脚しているわけではない[18]。他方、サヴァイヴァル・ユニットの問題性は、成員に対して過剰な同一化を求める点にある。それは、食糧、家屋、被服、安全、そして共有される意味といった生にとって必要な価値のうち根幹部分を充たしてくれると、成員自身によって表象される集団である[19]。そのモデルは一九世紀以降の国民国家であるが、人によってそれは民族や宗教などの「属性」集団であることもあれば、会社などの「機能」集団である場合もあるだろう。成員の生をまもるはずの共同体が同時に死を求める共同体ともなった国民国家の逆説にも見られるように、こうした集団は成員に排他的・一義的な忠誠や献身を求める。現在動揺している社会保障制度の立て直しを「われわれ」国民という集合的アイデンティティの強化に安易に頼ることは、その意味で大きな危険性をともなっている。「セキュリティ・ユニット」という言葉を採るかどうかは別として、国家による生活保障は、事後的になされる最低限の生活水準の保障に還元されるべきでもないし、歯止めのない生の動員を求めがちな「われわれ」への同一化によって支えられるべきものでもないだろう。

人びとの生活を保障するうえで国家は公共性の重要な一次元をなすけれども、共約可能とみなされるニーズのすべてが国家を媒介として充たされるわけではない。国家が対応しえない価値のなかには、「善き生の構想」という共約不可能な価値以外にも、人びとが切実なものとしていだく価値が含まれている。それは、私たちがどのような生を生きようと痛切に必要とするものではあるけれども、権利としては要求できない価値、法的言語には翻訳しがたい必要である。

五　「見棄てられた境遇」と親密圏

イグナティエフは、福祉国家に生きる人びとが、権利として承認されていない生の必要にはきわめて無頓着になる事情に注意を喚起している。彼は、先に引いた文章に続けてこう述べている。「それでいながら、この〔国家による〕媒介が私たちの間を壁で仕切ってどれほど互いを引き離すことになるかを、私は十分に承知してもいる。私たちは互いに対して責任を負ってはいる(responsible for each other)が、互いに対して直接応答する責任を負っている(responsible to each other)わけではない[20]」。「見知らぬ他者」との間に形成される社会的連帯のもとで、私たちは実際に「見知らぬ他者」として互いの具体的な生に関与しない関係を取り結んでいる、というのである。

国家による生活保障は、非人称性ゆえのメリットとともに、またそれゆえの限界をもっている。国家は、人称的な関係性においてのみ充たされうるような生の必要には直接には対応できないからである(イグナティエフは、国家の限界を画する必要の例として「愛情、尊敬、名誉、尊厳、他者との連帯」を挙げている)。介護など対人サーヴィス(の財源)が国家によって保障される場合にも、どのような接し方でサーヴィスの受け手に向き合うかを国家が監督できるわけではないし、強制された尊敬や愛情というのは語義矛盾である。「そうした身振り〔尊敬と尊厳をもたらすような態度〕は、人間的な技(human art)の問題である部分があまりにも多すぎて、融通のきかない行政のルーティンにはなじまない」[21]。それが充たされるために間人格的・間身体的な関係性を求める必要にかかわる問題として、ここではアーレントが重く受けとめた「見棄てられた境遇」(Verlassenheit)に触れることにしたい。

見棄てられていることは……根を絶たれた余計者的な境遇と密接に関連している。根を絶たれたというのは、他者によって認められ、保護された場所を世界にもっていないということである。余計者ということは、世界にまったく属していないことを意味する。[22]

見棄てられた境遇において人びとは真にひとりになる。すなわち、他者や世界から見棄てられるだけではなく、自ら自身——これは同時に単独の状態(Einsamkeit, solitude)における各人〔内的対話＝思考のパートナー〕でもありうる——からも見棄てられる。それゆえ、彼らは単独の状態における〔自己〕分裂を感じることはできるが、自ら自身のアイデンティティを保持することはできない。それは、他者によってもはや確証されることがないからである。[23]

「見棄てられた境遇」とは、他者のアテンション、他者の応答が失われた境遇である。それはまた、自ら自身からも見棄てられた——他者との対話の喪失のゆえに自ら自身との内的対話をも失った——境遇でもある。そのような境遇を避けるためには、一般的な他者＝「見知らぬ他者」との間の連帯ではなく、具体的な他者による応答が必要になるが、そうした他者の存在を私は権利として求めることはできない。人びとは、衣食住や医療など基本的とされる必要が充たされている場合にも、現実に見棄てられることがある。挨拶という程度のコミュニケーションですら得難いものになる生の境遇は、すでにこの社会でもごくありふれた現象である。

アーレントは、身体の必要を公共性の領域から排除したが、他者のアテンションが失われる「暗闇《オブスキュリティ》」には鋭敏な問題感覚を示し、他者のアテンションの喪失を不正義とみなす視点をもっていた。[24] 暗闇は貧困とは異なり、行政が対応すべき「社会問題」としてではなくすぐれて政治的な問題として受けとめられたのである。アーレントには、しかしながら、そうした「暗闇」を人びとの違いを照らしだす公共性の「光輝」と直接対比させる強い傾向があり、「暗闇」もしくは「見棄てられた境遇」におかれている人びとが抱く切実な必要は、何よりもまず、具体的な他者によってなにがしかの関心を寄せられることにあるという問題を逸してしまったように思われる。[25] 具体的な人びとの間に形づくられる親密圏にアーレントが看取するのは「公共的領域のみが投げかけることのできる光や光輝の代替物」にすぎず、むしろ「違いを払拭した……過剰な近しさ」が「見棄てられた境遇」と同じくらい堪えがたいものになりうることに警告を発する。[26]

たしかに、親密圏には公共性の条件である「無限の複数性」は望むべくもなく、またそこでは「共通の世界」――それは人びとを結びつけると同時に切り離す――をめぐる意見の交換が自在に行われるわけでもない。親密圏において人びとを繋ぐメディアは、共通の世界への関心というよりも、それぞれの具体的な生への配慮や関心である。親密圏のコミュニケーションには、複数性の現実化や享受という点ではもとより限界があるが、互いの生に関心を寄せるという関係性には、アーレントの描く公共性には還元できない意味がある。「見棄てられた境遇」に欠けているのは、共通の事柄について闊達に論じ合う他者というよりも、自らの生(とりわけそれが抱える必要や困難)に応じてくれる他者だからである。

親密圏の直接的で、間人格的な関係性は、非人称のシステムとは別の次元で生の必要に対応している。とりわけ、それ以外の場所(学校、職場、街路等)において否認や蔑視の視線に曝されたり、あたかも存在しないかのように扱われる人びとにとっては、自らの存在が肯定される場所がどこかにあるということは自らの生を維持していくうえで決定的な意味をもっている。(27) 近年、「自助グループ」(selfhelp-group)と呼ばれる親密圏が、同じような生き難さ(病いの苦しみや育児や介護などのつらさ)を抱える人びとやその周囲に活発に形成されるようになってきた。こうした集団は自発的に形成され、メンバーシップも閉じられていないという点では公共圏の性格をもつが、互いの具体的な生に関心を寄せるという点ではなおも親密圏の性格をそなえている。それらは、生の苦しみや困難を孤立や孤独のうちに抱え込ませるような、社会の支配的な「アテンションの配分＝配置」に対抗して形成されており、(28) それがまさに必要に迫られて形成されているという事情は、国家が充足しうる必要の限界を逆に照らしだしている。

六　現われの公共性

親密圏は、複数性を保ちうるとしても、多声的な空間でないことは否めない。(29) 公共性は、そこに現われるものが「できるだけ広範な公開性」(the widest possible publicity)のもとで眺められることを要求する。(30) 公共性の領域は、対面的な関係性の域を超えて人びとの複数性——それは同質のものの数の多さではなく質的な異なりを意味する——を現実化する空間である。公共性を、このように複数性によって特徴づける考えは、同時代では、ほとんどアーレントにのみ固有であると言ってもよい。彼女の思想に最も深い影響を与えたM・ハイデガーが、公共性をあらゆる違いを消し去る「世人」(das Man)の領域として描いたことは周知のとおりである。

論理的に考えるかぎり、生の複数性を公共性の領域に位置づける必然性はない。たとえばR・ローティのように、そうした生の共約不可能性——彼の用語で言えば生の中心にある信念や欲望の「偶然性」——を私的な領域のうちに位置づけることも十分に可能だからである。ローティは、「公的なものと私的なもの、つまり自己創造(self-creation)の要求と人間的連帯(human solidarity)の要求とを、等しく妥当なものとして、だが永遠に還元不可能なものとして」位置づける。(31) 加害が心身にもたらす「残酷さ」(cruelty)を減じる、ライフ・チャンスを平等化するといった共通の目的をいかに達成するかという「公共の連帯」の次元では合意を見込みうるが、それぞれの生の「私的な完成」の次元にはそうした共通の目的なるものはまったく存在しない、と考えるのである。(32)

真理は単数ではない。言葉は真理を発見するためにあるのではない。それは利害の対立を調整するためだけにあるわけでもない。新しいメタファーを創出し、ボキャブラリーを一新することに言葉の意味はある……。アーレントとローティの思想は、言葉やコミュニケーションの理解において、また創始《イニシアティヴ》を生の意味と結びつける点において意外なほどの親和性を示している。それを辿ることも興味深いが、ここでは次の問いに考察を絞りたい。ローティのような考えからすれば、公共性の領域から積極的に切り離されるべき生の複数性、偶然性を、アーレントはなぜ公共性の領域に位置づけたのだろうか。その理由として考えられるのは、アーレントが、政治的存在者として現われることのみならず、他者の現われを享受することをも人間にとっての必要として理解した、ということである。

まず、政治的存在者として現われるということは、他ならぬ自らの言葉や行為において現われるということを意味する。このことは、自らの言葉や行為が他者によって受けとめられ、それに何らかの応答が返されることを求める。私たちは、政治的存在者としての処遇を当然のことのように期待することはできない。人びとは、自らの言葉や行為とはまったく無関係に他者に処遇されることもあるからである。自らの意見や行為がまったく意味を失い、そのことごとくが他者が私に帰す集合的なアイデンティティに還元されてしまうことすらある。アーレントが、「自らの行為や意見にもとづいて判断されるような枠組みのなかに生きることへの権利」(33)を「唯一の権利」と呼ぼうとしたのは、そうした強いられた経験を踏まえてのことであった。

自らが何を語ったか、自らが何を行ったかとは無関係に他者によって判断される負の経験は今日においても夥しい。他ならぬ「誰か」(who)としての位相においてではなく、もっぱら集合的な「何か」(what)としての位相において他者に遇される人びとはけっして少なくない。そのような場合には、それぞれの生の複数性は集合的なもの、共約可能なものに還元される。公共性が共約不可能なものの場所でなければならないのは、人びとは「何か」としてではなく「誰か」として遇される空間をもたなければならないからである。公共性の領域は、人びとに「自らの行為や意見にもとづいて判断されるような枠組み」を提供する。その複数性は、そうした枠組みを完全に失い、「口の死せる者」＝無権利者(Mundtot)とされた人びとの無言の「同一性」と鋭く対比されている。

公共性の領域に自らの言葉や行為において現われることは、人びとが政治的存在者であるための条件である。公共性は、そうした一人ひとりの現われによって織りなされる「現われの空間」である。「政治においては、私たちは存在と現われを区別するいかなるすべも知らない。人間の事柄の領域においては、存在することと現われることとはまったく同一の事柄である」(34)。現われることと存在することとが同義であるとすれば、「現われの空間」を奪われることは、自らが存在しているというリアリティを否定されることに等しい(35)。現われるという可能性が奪われた場所を、アーレントは私的領域と呼ぶ。

「私的」という語が、「奪われている」というそのもともとの意味合いにおいて重要になるのは、公共的領域の多元的な意義に照らすときである。完全に私的な生活を生きるということは、なによりもまず、真に人間的な生を生きるうえで本質的な事柄が奪われているということを意味する。つまり、他者によって見られ、聞かれるという経験……から生まれるリアリティを奪われていることを意味する。私的生活から奪われているのは、他者の存在である。他者の視点からすれば、私的生活を生きる人は現われず、それゆえあたかも存在しないかのようである(36)。

公共性の領域とは他者が現前する空間であり、私的領域とは他者が奪われた空間である。人びとのアイデンティティは、自らの現われを受けとめ、それに応答を返してくれる他者の存在に依存している。(ギリシア宗教の)ダイモンは、他とは異なったその人のアイデンティティを意味するが、それは他者にのみ、他者の眼にだけ見える(37)。公共性における他者は、親密圏の場合とは違い、限られた範囲の具体的な他者ではなく、「無限の複数性における人びと(38)」(men in their infinite plurality)である。そうした他者は、それぞれの具体的な生／生命というよりも、それぞれによって語られる個々の言葉に、それぞれによって演じられる個々の行いに関心を寄せる。言いかえれば、公共性においては、人びとは互いに自らのものではないものに注目を向けるのである。「いかなる共通の尺度も共通の分母」も妥当しない「無数のパースペクティヴが同時に存在している」ことに「公共的生活の意味」はかかっている。[39]

互いの生の非共約性への注目という点を重視すれば、公共性は、行為者(actors)というよりも観察者(spectators)によって構成される領域である。この領域が不可欠なのは、人びとは他者によって見聞きされることへの必要だけでなく、他者を見聞きすることへの必要もいだいているからである。人びとは、他者が「誰か」として現われることも欲している。このことが、複数性が公共性の領域の条件をなすもう一つの理由である。もし公共性から複数性が失われるならば、あるいはそれが極度に縮減されるならば、他者の行為や意見を見聞きすること、他者の現われを享受することは実質上不可能となる。「共通世界の終わりは、それがただ一つのアスペクトのもとで眺められ、ただ一つのパースペクティヴのもとに呈示されるようになるときに到来する」[40]。

アーレントの描く公共性の領域はしばしば演劇的な空間、審美的な空間として形容されるが、そのことの意味は、パフォーマンスを演じる側の立場だけではなく、それを眺める側の立場からも理解される必要がある。「行為しているところを眺められること」(spectemur agendo)というJ・アダムズの言葉、「生は……祝祭のようなものである。競技するために祝祭に来る者もいれば、商売を営むために祝祭に来る者もいる。だが最良の人びとは観客としてやってくる」というピュタゴラスのものとされる言葉は、見られる者と見る者それぞれの悦びを語っている。[41]「公共性の領域は、行為者や製作者によってではなく批評家や観察者によって構成される」[42]という表現にも見られるように、後年のアーレントは、この領域の存立にとって観察者の判断が果たす役割をより重視するようになる。

本章の関心にとって重要なのは、このような公共性の描き方に対して、非道徳性や審美主義の傾きを看取し、その危険性を指摘することではなく（そうした批判はすでに定型的なものとなっている）、アーレントが公共性の領域を道徳の要求が掲げられる政治から意図的に切り離したことの意味を理解することである。彼女が、現われの公共性から「道徳的規準」を排したのは、人びとの生の異なりを何か一般的なものに回収しえないものとして維持するためである。他者の現われを享受するためには、私たちは、その現われを普遍性をもつ規準のもとに包摂することを差し控えねばならない。道徳は、人びとの生の間にある共約不可能なものではなく、共約可能なものに関心を向けざるをえない。したがってまた、道徳は、それぞれの生が他の誰の生にも還元できないものとしてあるという「異なりの事実」(the fact of distinctness) を真剣に受けとめることはできない。「言論は、異なりの事実に対応するものであり、複数性という人間の条件を現実化する。つまり言論は、人びとが対等な者たちの間で異なった、他ならぬ存在者として生きているという人間の条件を現実化する」[43]。

現われの公共性に相応しいのは、「意見交換の政治」とともに「ディスプレイの政治」とでもいうべき政治の像である。それは自らが呈示する言葉やパフォーマンスの「範例＝個体例」(example)によって、他者の現われを触発し、他者をその現われへと鼓舞する政治である。古代ギリシアのアゴーン(技競べ)を念頭におくアーレントには、一方でたしかに、卓越を競うヒロイックな個人主義の傾きもないわけではないが、他方では、人びとが世界に占める位置は非対称的であり、交換不可能なものであるという視点も堅持していた。この視点からすれば、あらゆる人びとにとっての世界の見え方《ドケイ・モイ》＝意見《ドクサ》は他者によって聴かれるに値する[44]。アーレントが他者の立場を表象／代表することを公共性の領域には相応しくないとして退けたのは、そうした表象／代表は、他者自身による現われを奪い、その他者を政治的生活の外に放逐してしまうからである[45]。複数性の尊重は、他者の位置を所有しようとすることを人びとに禁じるのである。

アーレントは、ソポクレスの『コロノスのオイディプス』から一節を引き、それにコメントを付すことで『革命について』(一九六三年)を結んでいる。

> 「この世に生を享けないことが／すべてにまして、いちばんよいこと／生まれてきたからには、／そこへ速かに赴くのが、いちばんよいことだ」〔高津春繁訳〕

しかし、ソポクレスは……テセウスの口を通して、何が老若ふつうの人びとを生の重荷に堪えさせたのか、ということも私たちに教えてくれている。それはポリス、人びとの自由な行為と生きた言葉の空間であった。それが生に輝きを与えることができたのであった、と。(46)

私が他者の前に現われることと他者が私たちの前に現われること。この二重の意味での現われへの必要を人びとがいだくのはなぜかを、この文章は簡潔に示している。

本章では、アーレントが描かなかった公共性――生活を保障する公共性――とアーレントが描いた公共性――現われの公共性――とを見てきた。いずれの公共性にも、互いに還元することのできない固有の意味がある。私たちの生／生命は、この二つの公共性に同時にかかわっており、それらは次元を異にする生の必要にそれぞれ対応している。公共性を複数の次元でとらえるということは、自己と他者との関係性を複数の次元でとらえることでもある。私たちが避けねばならないのは、他者との間にただ一つの関係を設定すること、生の一つの位相においてのみ他者を処遇することである。人びとはたんに生活保障を求めているわけではない。人びとは、まだ公共的に承認されていない必要について承認の要求を掲げることもあれば、自らの経験や共通の世界について語る言葉に傾聴を求めることもある。他者は私にとって、私の配慮や支援なしには生を保ちがたい、傷つきやすく不安に充ちた存在者であると同時に、私のものではありえない経験やパースペクティヴをもち、世界の別の側面について語る政治的な存在者でもある。人びとは複数の生の位相を生きており、それぞれに相応しい処遇を求めている。

現われの公共性をある種のヒロイズムとして論難することはたやすいが、見方を変えれば、人びとを生活保障の次元においてのみ処遇すること、(潜在的な)弱者としてのみ眺めることはそれにもまして傲慢な態度である。見るに値し、聴くに値する何かが私たちに示されているという感覚をどこかでともなわないような他者への配慮は、その他者の生を一つの位相においては肯定しながらも、同時にもう一つの位相においては否定することになるだろう。

Ⅲ

第五章　社会の分断とセキュリティの再編

一　自然状態の黙認？

人間の生は孤独で、貧しく、汚らしく、野蛮で、そして短い。
(And the life of man, solitary, poore, nasty, brutish, and short)(1)

Th・ホッブズは、『リヴァイアサン』(一六五一年)において、自然状態に生きる人びとの境遇をこのように表現した。自然状態が極限的な不安の状態として描かれるのは、それを社会状態の安全と対比し、「共通の権力」を設けることが自らの生存をはかるうえで不可避であると説くためだった。公的権力の存在理由は人びとを恐怖から解放することにあり、その正統性はひとえに人びとに平和と安全を与えうるか否かにある。この後、近代の政治的思考は、政治社会を一つのセキュリティ・ユニットとして描きながら、そのセキュリティの及ぶ範囲をしだいに拡張していった。

初期近代においては、生活保障の力点は物的な安全に置かれていた。ホッブズの場合、自然状態の不安は暴力死への恐怖にあり、社会契約によって主権者に授けられるのは「共通の平和と安全」を打ち立て、確保するための「死の権力」であった。J・ロックにおいても事情は基本的に変わらない。人びとが自然状態を去らねばならない理由は、プロパティ(生命・自由・健康・財産)のよりよき保全であり、そのために政府には「死刑したがって当然それ以下のあらゆる刑罰のついた法をつくる権利」が託されることになる。この時代においては、公権力が保障すべきものは、対内的な治安すなわち社会秩序の維持にあったと見てよい。

その後、セキュリティが物的・身体的な安全に加えて「社会保障」の次元をしだいに厚くしていったことは、M・フーコーが「死の権力」から「生の権力」への統治権力のモードの変容——「死なせるか生きるままにしておくという旧い権利に代わって、生きさせるか死の中へ廃棄するという権力が現われた」[2]——に沿って描きだしたとおりである。生権力は、個々人の生命と集合体(社会体)の生命との間に、前者を増強することによって後者を増強するという緊密な連関をつくりだした。生権力にもとづく集合的なセキュリティは、社会国家、福祉国家の形成・発展とともに拡充され、二〇世紀半ば以降にほぼ頂点に達した。

集合的なセキュリティの拡充・深化というこの趨勢は、現在もなお基本的には続いていると見ることができるだろうか。それともこの四半世紀の間に決定的な変化が生じたと見るべきだろうか。一九八〇年代以降とくに英米圏に見られるように、セキュリティは社会保障という側面において著しく後退し、社会の底辺層は生存がかろうじて可能となる状態に追い込まれている。実際、ホッブズの自然状態の記述は、近年「アンダークラス」と呼ばれる、先進社会の最底辺に生きる人びとの境遇にかなりのところ当てはまる。社会契約論が克服すべき反価値として描いた自然状態が新たにつくりだされ、しかもその存在がすでに事実上黙認されていると言っても過言ではないだろう(3)。

社会契約論には、インセキュリティからセキュリティへの移行という論理以外にもう一つの重要な論理が含まれていた。それは、自然状態において互いに孤立し、潜在的な敵対状態にあった人びとを一つの社会へと纏め上げ、統合するという「包摂」(inclusion)の論理である。「アンダークラス」「Bチーム」「三分の一社会」(「三分の二社会」の残余)、その他何であれ、「余計者」というスティグマをもって表象される人びとからなる非‐社会ないしは反‐社会をつくりだす機制は、明らかに包摂の対極にある。それは、社会を脱‐統合化し、それが分裂していく事態を肯定する「排除」(exclusion)の論理である。近年、日本でも格差が拡大し、社会階層が再生産されつつあることを指摘する論考が現われ、一定の反響を惹き起こしているが(4)、ここで注目したいのは、「排除」は経済的不平等や社会的格差の拡大とは異なった問題の位相を指し示している、という点である。自然状態の特徴を帯びた生の境遇――実際その境遇にある人びとのなかには暴力死への恐怖と無縁ではない人もいるはずである――がなかば公然と認められているということは、一つに統合された、不可分の社会の内部に生じている格差の拡大というよりもむしろ、生の空間の「隔離」(segregation)として、もっと言えば社会的空間の「分断」(divide)としてとらえられるべきであるように思われる。

排除という問題が重要なのは、社会統合(social integration)――歴史的に見れば、それはほとんどの場合国民形成、国民統合と結びついてきた――という理念が、もはや達成すべき目標とはみなされなくなりつつあることを示しているからである。むしろ、今日力を得ている言説は、「一つの社会」という観念そのものの終わりを肯定しているようにも思える。このことは、底辺層において社会保障が後退し、その代わりに治安の権力が強化されているという現実にも看て取れる。この層は、社会秩序をその外部からおびやかす潜在的な脅威として眺められているのである。

本章の関心は、公共性の社会的次元、つまり生活保障(security of life)にかかわる次元にある。公共性を取りあげるほとんどの論者――H・アーレントやJ・ハーバーマスを含む――にとって、人びとが生活保障を得ていることはこれまで半ば自明な前提と目されてきた。だが、公共性のこの次元はもはや安定したもの、確かなものではなくなりつつある。集合的な生活保障の後退を「先行的不安」(H・マルクーゼ)をもって際立たせながら、社会の分断が公共性にどのような影響を及ぼしているかを把握することが本章の課題である。

二 「社会的なもの」と集合的なセキュリティ

「社会」という観念と「生／生命」という観念との間には歴史的に見て不可分の結びつきがある。ここでは、この結びつきを重視し、それがもたらした統治の変容を重視したアーレントとフーコーの議論に即して、「社会的なもの」(the social)の特徴をまとめてみたい。周知のように、アーレントは、「社会的なもの」の台頭のうちに公共的空間の決定的な凋落を見たが、その際彼女は「生命過程そのものが公的な仕方で組織された」領域として社会を定義した。[5]同様にフーコーにとっても、社会とは「生命の問題が歴史上初めて政治の問題に反映される」[6]時代、つまり「生物学的近代」(modernité biologique)に固有の観念である。

もとより、生／生命をどのようにとらえるかという点で、アーレントとフーコーの理解には一定の違いがある。なかでも大きな違いは、アーレントが集合的な生命(ζωή)の「同一性」によって諸個人の生(βίος)の「複数性」が呑み込まれ、消去されていく事態——すなわち政治的・公共的な生活の没落——を強調するのに対して、フーコーは、一人ひとり異なる個人の生——それもたんなる生存の次元にとどまらず——に注目し、それぞれ別様の仕方でそれにはたらきかけることを生権力に固有のモードとしてとらえている、という点である(7)。個体の生を集合的な生命から切り離し、この二つを対置するという発想はフーコーには無縁であり、彼にとってはむしろ前者が後者のなかにいかに配置されるかが主要な関心事だった。しかし、そうした違いにもまして重要なのは、両者が、社会を集合的生命が「政治」の主題となる領域とみなしているという点である。フーコーにおいても、生権力はまさに「住民＝人口」(population)という集合的な生命・身体の観念の成立を前提とし、その維持・増強を目的とするものである。社会とは「生命過程の「集合的主体(8)」であり、「社会体」(le corps social)とは「生命を経営・管理する権力(9)」がそのなかで作動する空間にほかならない。

第二に、社会は、「正常なもの」という規範が支配する領域であるという見方も両者に共通する。「生命を引き受けることを務めとした権力は、持続的で調整作用をもち矯正的に働くメカニズムを必要とするはずである。……正常化を旨とする社会(une société normalisatrice)は、生命に中心をおく権力テクノロジーの生みだす歴史的効果である(10)」。「社会は、無数のさまざまな規則を課すことにより、その成員の各々に一定の行動(behavior)を予期する。こうした規則は、その成員をことごとく「正常化(11)」し、彼らを行動させ、自発的な行為(action)や際立った達成を排除する傾向をもつ」。アーレントやフーコーが問題化しようとしたのは、正常とされる規範がそれにしたがった「行動」の反復を通じて再生産、強化されていくという機制である。「社会的なもの」は、新しい始まりを阻み、個体化、差異化のポテンシャルを未発のまま封じ込めようとする。両者が重視するのは「正常なもの」に適合するよう自らの生を組織化させる力であるが、フーコーが後に規律権力と呼ぶこの力を、アーレントは、ビオスの複数性を抑圧する「コンフォーミズム」としてとらえた。「最良の「社会状態」とは自らのアイデンティティの喪失が可能となる状態である。多が一へと統一されるということは基本的に反政治的である(12)」。

第三に、社会には、その成員に互いを一体のものとして表象させる集合的アイデンティティの磁場がある。アーレントとフーコーは——たとえば「社会は国民国家のテリトリーと同一視される(13)」、「一つの国民という生物学的存在(14)」といった言葉にも窺われるように——社会的領域を国民国家の空間と重なり合うものとしてとらえた。社会は諸個人の集合には還元しえない一つの実在として表象され、諸個人はその分割不可能とされる集合体のなかに組み入れられる。その際、とりわけフーコーが注目したように、個々の生命は集合的な生命をどのように増強しうるのか、あるいはそれをどのように損なうのかという観点から眺められるようになる。

もとより、アーレントやフーコーに、こうした社会体＝集合体における排除の問題に対する関心がなかったわけではない。むしろ、彼女たちは、緊密な社会統合がどのような排除や周辺化と並行して生じるかに対して最も鋭敏と言ってよい問題感覚を示した思想家たちである。生権力が、その否定的な位相においては、集合的な生命の増強に貢献しない者、その健康を損なう者、「他者にとって一種の生物学的な危険であるような人間[15]」を「死の中へと廃棄する」権力でもあることをフーコーははっきりと指摘した。アーレントもまた、社会的な平等化の進展が「生物学的」な差異として人種のカテゴリーをかえって際立たせていく事情に強い関心を寄せていたし、彼女の関心は早くから社会によって自らの存在意義に疑問を抱くことを余儀なくされるような「パーリア」の存在に向けられていた[16]。

一九世紀後半以降急速に進んだ「社会の優生学的再編」は、「血のテーマ系」と結びつきながら人種主義のすさまじい暴力を惹き起こしただけではない。それは、より日常的な場面では、人びとを有用か否かで測る尺度の強化とも密接不可分のものでもあった。フーコーによれば、資本主義は、「力と適応能力と一般に生命を増大させつつも、しかもそれらの隷属化をより困難にせずに済むような権力の技法[17]」を不可欠のものとして要求した。そこでは「有用性と従順さ」(utilisabilité et docilité)を並行して増強することが目標であり、有用ではない人びと、そして有用ではあるが従順ではない人びとは周辺化ないし排斥されることになる。アーレントは、全体主義という「根源悪」を数知れない人びとが「余計者」となるシステムとして考えた。「死の工場や忘却の穴の危険性は、いたるところで人口が増大し家郷を失った人びとが増える今日、功利主義的に私たちの世界を考えるのをやめないかぎり、膨大な人びとが絶えず余計であると考えられるということにある」[18]。「余計者」というカテゴリー化はその余計な存在そのものの廃棄という発想を容易に誘うのであり、アーレントは、「政治的、社会的、経済的な悲惨を人間に相応しい仕方で緩和することが不可能と見えるときには必ず生じてくる強力な誘惑」として、排除の暴力が絶滅の暴力へと接続していく回路に注意を喚起した。

「有用かつ従順」という正常性の尺度が過去のものとなったわけでもなく、功利主義的にのみ人間の価値を測る見方に終止符が打たれたわけでもない。後に触れるように、存在そのものの消去の危険に曝されている、あるいはかろうじてそれを免れている人びとは今なお数知れない。その意味で、「集合的なもの」＝「社会的なもの」に内在する排除の暴力を剔出するアーレントらの批判はなおも有効である。アーレントやフーコーの見方に一定の修正が必要だとすれば、それは、現代の排除が「社会的なもの」の統合が強化されるにともなって惹き起こされているのではなく、「社会的なもの」の後退に並行して生じているということである。アーレントやフーコーの批判は、主として、「行為」や「自由の実践」を抑圧するような集合的な統治の過剰、人びとの根底的な差異を正常とされる幅に圧縮する集合的アイデンティティの過剰に向けられていた。おそらく、二〇世紀の最後の四半世紀の前と後を分ける一つの規準は、同化、画一化、平準化、同調圧力といった社会のコンフォーミズムの機制に照準する批判の有効性が相対的に失われ、差異化や多様化という逆の動きのなかに分断化や排除の機制がどのように組み込まれているかをとらえる視点が不可欠になったということである。「国民社会」(E・バリバール)という不可分であるはずの空間が分割可能になってきたのであり、それは、差異化と並行する隔離・分断を理解する新しいパースペクティヴを要求する。社会という集合的な空間に現在生じている大きな変容を手短かにまとめてみよう。

第一に、国民をユニットとする集合的なセキュリティは、雇用保障においても社会保障においても後退している。生活保障は脱-社会化し、むしろ個人が自己責任において獲得すべきものとみなされつつある。生権力は、国民という集合的身体に一様に向けられるのではなく、社会層に応じてはっきりと差別化され、とりわけ最底辺からは人びとを積極的に「生きさせる」力そのものが解除されつつある。第二に、統治のあり方も脱-集合化しつつある。正常な型に順応する従順さではなく、新しい事柄を始めるイニシアティヴが称揚され、それとともに自らを能動的に差異化=差別化していくことが求められる。能動的な自己統治にもとづく生活の自立が強調され、集合的、一元的な統治の過剰によるパターナリズムの増大という批判はその有効性を失いつつある(パターナリズムはむしろ人びとに自己統治を促すという、より間接的、多元的な形態をとりはじめている）。第三に、「社会」という観念はもはや自明なものではない。一体のものとみなされてきた「われわれ」の空間に亀裂が走り、住民＝人口の分断が事実上承認されていく。自らを、また互いを一つに統合された「国民社会」の一員とみなす集合的な表象は、少なからぬ人びとにとってもはやリアルなものではなくなっている。人びとが生きる空間は、国民社会に収斂するものではなくなると同時に、他方では互いに接触を失い隔離の様相を深めつつある。

三　集合的セキュリティの後退

集合的な生活保障は、一九世紀末以降、「社会保険」(social insurance) の制度化とともに国民全体を包含するものに発展してきた。それは、見知らぬ人びとの間に非人称の強制的な連帯を形成し、それを維持するシステムとして存続してきた。この制度を根幹において支えるのは、成員が互いのリスクを引き受け、リスクに対処するための保障のコストを分かち合うという「リスクの社会化」の考え方である。そして、それが説得力をもつためには、誰もが皆同じような種類のリスクにほぼ等しく曝されているという想定が成り立つ必要がある。リスクはランダムで予見不可能であるという想定がある程度維持されるかぎりで、リスクの集合化という連帯の仕組みは安定したものでありうる。

社会保険という「未知による連帯」[19]は、今日、重大な挑戦を受けはじめている。というのは、ランダムかつ予見不可能というリスクを互いに等しいものと思わせる条件がまさに失われようとしているからである。たとえば、P・ロザンヴァロンが注目する遺伝子診断の技術の発達は、人びとの将来を覆ってきた「無知のヴェール」を引き裂き、それぞれの個人が生来かかえるリスクの違いを明るみにだす。リスクが差異化され、細分化されていくならば、それを集合化する理由は乏しくなり、リスクの非対称性についての情報の増大は、「より個人主義的でより決定論的な社会の見方」[20]を導いていく。

高リスクと見られる人びとにとっては、私的な保険市場が「逆選択」(高リスクをかかえる人びとが保険契約に集中する行動)を回避しようとする以上、もっぱら公的な社会保険のみが拠り所となっていく。他方、低リスクであることを確信する人びとにとっては、社会保険の集合的な枠組みにとどまる積極的な理由は見出しがたくなる。「合理的なエゴイスト」として判断し、行動するかぎり、社会保険から離脱し、自らの属する「リスク階級」に見合った私的な保険を購入する方がより有利になるからである。[21]リスクの脱‐社会化は、公的な生活保障にたよらざるをえない人びとと、それをむしろ不合理な負担と考える人びとを分けていく。たしかに、公的な保障は維持されていくだろうが、[22]それは人びとの退出行動を抑制するために、さらに切り詰められていくはずである。

近年繰り返されてきた社会保障制度の「改革」には、社会保障から垂直的な次元での連帯が失われる傾向が看取される。社会保障制度に対するマジョリティの支持を繋ぎとめておくために――あるいは福祉に依存する人びとへの「逆向き」のルサンチマンを緩和するために――資源が底辺層から引き上げられ、それがより上位の層に振り向けられていく傾向である。(23) 生活保障がそれを最も必要とする人びとからしだいに奪われてきているという事実は、生権力が住民＝人口全体の包摂・増強という基本ラインから逸れてきていることを示している。

このように社会保障の領域には、断層化、分断化と呼ぶべき変化が生じているが、同じような変化を雇用保障の領域にも見ることができる。雇用リストラの増大や正規雇用の非正規雇用への切り替えは、「社会的なもの」と「経済的なもの」が相互を支え合うという、ケインズ主義的な福祉国家の枠組みの崩壊を示している。マクロな次元において「社会的なもの」と「経済的なもの」とが相互に離反し、前者が後者にとっての重荷――労働市場の柔軟化と構造的な競争力の育成を阻害するもの――とみなされている事情についてはすでに多くの指摘があり、(24) あらためて立ち入る必要はないだろう。ここではよりミクロな次元における両者の乖離に言及するにとどめたい。

これまで企業には生活保障の機能が組み込まれてきた。たとえば終身雇用や年功序列といった雇用慣行にしても、経済効率のみから判断すれば不効率あるいは不要とされる人びとを排除せず、労働市場そのものの不安定性を緩和するという役割をある程度果たしてきた。現在の企業行動に見られるのは、そうしたセキュリティの機能を完全に外部化し、自らを「経済的なもの」に純化しようとする強い傾向である。労働市場から締めだされる人びとに対しては社会的なセイフティ・ネットを用意しようという議論は、たしかに弱肉強食の競争を説く者たちの道徳的な「言い訳」にすぎないわけではないかもしれない。セイフティ・ネットは、たんなる事後的な救済の装置ではなく、労働市場への復帰を可能にする再挑戦のための装置(「スプリング・ボード」)として語られることもある。しかし、現在のセイフティ・ネット論は、「社会的なもの」の外部化を助長し、労働市場からの排除を正当化する作用をもっている。(25) 最低限の生活保障が社会的に用意されるならば、企業としては制約のない解雇の自由を手にすることができるからである。セイフティ・ネット論の多くは、労働市場の柔軟化、雇用の流動化という言説と実質的に手を携えながら、雇用の保障ではなく、解雇の自由のための論拠を提供している。

このような「社会的なもの」の外部化は、正規雇用を非正規雇用に切り替えようとする動きにも看取される。正規雇用と非正規雇用との間には理不尽というべき所得格差が存在するが、もちろん両者の格差はそれにとどまらない。非正規の雇用が不安定なのは、それが雇用保障や社会保障のみならず、技量や熟練を蓄積しうる条件をも欠くからである。二つの労働市場は明確な「分離均衡」の状態にあり、一方の労働市場には明確な「低技能・低賃金均衡」の特徴が見られる。[26]労働市場のいっそうの柔軟化を唱える人びとのなかには、ヨーロッパと較べた場合のアメリカの失業率の低さを評価する向きもあるが、それは、低技能・低賃金の周辺的な労働力の増大、貧困線以下で生計を立てざるをえないワーキング・プアの増加という代価をもってあがなわれたものにすぎない。

雇用の安定性の崩壊によって惹き起こされる不安は、正規雇用の領域にももちろん及んでおり、中心的な労働市場にもインセキュリティ(解雇への不安)が組み込まれていると見るべきだろう。「不安定就労は新しいタイプの支配様式の一環です。労働者に従順を強い、搾取を受け容れさせることを目的に全体的・恒常的な不安感を土台とする支配様式です。その結果において初期の野放しの資本主義に似てはいますが、このまったく新しいタイプの支配様式の特徴を表現するために、ある発言者が「弾力的搾取」(flexploitation)という造語を使いました。言い得て妙な表現だと思います。これが表現している現実は不安感の合理的な醸成です[27]」。目下安定した職に就いているとみなされる人びとも、「就労可能性」(employability)をつねに確保することなしには、こうした不安感を払拭することはできない。これから述べるように、それは自己の生を絶えず能動的な状態へと追い込んでいく「自己のテクノロジー」を要求するだろう。

四　能動的な自己統治

「社会的なもの」の統治は、これまで集合的で一元的なモードによって特徴づけられるものだった。それは、国民国家の全域にわたって数々の規制をはりめぐらし、集権的なプログラムを課すような統治のあり方である。アーレントやフーコーらの批判は、そうした社会体における統治の過剰が自由の縮減と依存の増大を惹き起こすことに向けられていた。個人の能動的・自発的な行為が抑圧されるというこうした批判は、現在の統治には、少なくとも直接には当たらなくなってきている。N・ローズが『自由という権力』(一九九九年)において興味深く描きだしているように、現在の統治は、個人の「自己統治」(self-government)を積極的に促し、それを活用するモード――統治を統治するというモード――へと転じてきているからである。自己統治を促す統治は、個人の能動性・自発性に対しても、また諸個人の差異化・多様化に対しても敵対的ではないように見える。

新たな統治を特徴づけるのは、何よりもまず個人の能動性(activity)の重視である。個人は、自発的に選択をおこない、その結果に対し自ら責任を引き受ける、自由な選択と自己責任の行為主体として描かれる。それは、すでに確立された規範に自らを順応させるような従順な主体の像とはたしかに異なっている。自己統治の主体は、一時的に有用な人材にとどまってはならず、自己という「人的資本」を自らの手で弛みなく開発していく、そうした継続的な意欲の担い手でなければならない。そしてそのためには、すでに獲得されている安全性の外にでて、新しいことを始めるというリスクを引き受けねばならない。自己統治の行為主体には「起業家的精神」が要求されるのである。それは、変化を拒み他を後追いするような精神ではなく、変化を恐れずむしろそれを先取りし、新規に事柄を開始する精神である。新しい始まりやイニシアティヴの強調という点から見れば、それがアーレントのいう行為《アクション》の特徴をそなえていることは否定できない[28]。

こうした自己の生の組織化、秩序化がどのような問題を含んでいるかについてはしばらく措くとして、能動的な自己統治が強調される文脈は、先に述べたセキュリティの脱‐集合化、脱‐社会化という文脈に重なっている。つまり、能動的でなければ十全な生活保障を構築することはできない、新しいリスクを絶えず引き受けていくことなしにはセキュリティは得られないという文脈である。それは、充足が否定されているという点で、「死ぬまで止むことのない力につぐ力の追求」というホッブズが描いた自然状態における人間の行動様式を思い起こさせる(ホッブズによれば、「力」とは精確には他者のもつ力に対する「力の超過」にほかならない)。

こうした文脈に沿う仕方で、A・ギデンズは次のように語っている。「経済的な生計の資を直接支給することではなく、あらゆる場面で人的資本に投資することが統治にとっての指針である。私たちは福祉国家に代えて、活力のある福祉社会のコンテクストで作用する社会的な投資国家(social investment state)を据える」[29]。ギデンズにおいて「社会的な投資国家」を福祉国家から分ける規準は、受動性・依存性に対置される能動性・自立性の涵養であり、それにはリスクを積極的に引き受けていく態度の促進――「リスクのポジティヴでダイナミックな側面を活用すること」――も含まれる。「第三の道」の主唱者が語る新たな国家像にしたがえば、見返りが期待できる「社会的投資」の対象たりえない(と判断される)人びとには、制度的なスティグマが貼り付けられることになるだろう。

能動的に行為しなければならない、あらゆる依存性に対して距離をとらねばならないという統治の命法は、失業者に対する処遇の変化により明確に看取することができる。英米圏における近年の失業者対策の特徴は、「能動性テスト」(activity test)を活用するシステムにある[30]。そこでは、失業給付は、無条件の社会的権利ではもはやなく、能動的な「求職者」(job-seeker)であることを実際のパフォーマンスによって証すかぎりで得られる条件つきの手当に変わっている。それは、市民の「権利」ではなく政府と求職者との間の「契約」にもとづくものに実質的に変化しているのである(その背景には、「権利言語」の「インフレ」に福祉国家の財政赤字と依存文化の原因を帰す見方がある)。

失業者に対する統治は、もはや失業者とその家族の生活を一時的に保護することを目的とするだけではない。それは、「失業者が労働市場に戻るのを妨げ、彼らを社会的なネットワークや社会的な責務から疎外している障害を表わすような彼ら自身の態度、感情、振舞い、性向に働きかける」[31]。失業者は、自らを改善し、自己統治の主体となる用意があるかどうかを「能動性テスト」によって試されるのである。

失業者のみならず一般に福祉給付を受ける人びと、つまり、依存のリスクが高いとみなされる人びとに対する統治も、教育的な特徴を色濃く帯びつつある。失業者を労働市場に連れ戻すための福祉政策は「ワークフェア」(workfare) ないし「勤労に向けての福祉」(welfare-to-work) と呼ばれるが、同じように、要扶養児童家族扶助(AFDC)の受給者に子どもを学校に通わせることを義務づける"learnfare"、さらには、離婚を抑制するために婚姻の維持に報奨金を与える"wedfare"などが制度化されているところすら存在する[32]。自己統治を積極的に促す統治は、その能力において劣るとみなされる人びとに対しては、生活習慣/生き方に深く介入する後見的な権力としての相貌をはっきりと見せるわけである。

能動性を涵養することを通じて、失業者に労働市場への復帰を促し、依存状態の再生産を阻止しようとすることそれ自体は間違ってはいないかもしれない。自尊の感情、孤立や孤独の回避などの点から見れば、「労働を通じた包摂」の方が所得保障を通じた包摂より望ましいといえるのかもしれない。[33] しかし、「能動性テスト」には大きく次の二つの問題がある。第一に、それは周辺的な労働市場に人びとを送りだす役割を果たすということ、第二に、このテストは能動的たろうとしない、あるいは能動的たりえない人びとを有徴化し、「余計者」のカテゴリーをいわば制度的につくりだすということである。

労働市場によって定義される「有用性」はスパンの短いものであり、ワークフェアにもとづく労働政策が用意する訓練・再訓練の機会は、それとは別様の「有用性」を探り、それを身につけるだけの余裕を求職者に与えるものではない。求職者はほぼ同じような尺度で有用かどうかを測られるのであり、再訓練をステップ・アップの機会にすることができる者の数は限られている。「能動性テスト」は、多くの人びと、とりわけ可塑性において劣る人びとを、高度なスキルを要しない周辺的・補完的な労働市場へと振り分ける機能を実質的に果たす。このテストは、加えて、自己統治の意欲や能力に欠けるとみなされる人びとをふるい落とす効果ももっている。再就職のための機会がある程度提供されているとすれば、その機会をも活かすことのできない人びとは、今度は文字通りの余計者として――もはや「労働予備軍」としてではなく――カテゴリー化されることになるだろう。重要なのは、余計者として排除されることが、このシステムでは他ならぬ当人の自己責任に帰されるという点である。彼らが、労働市場に再び参入しえないのは、もっぱら彼ら自身の個人的な資質や性向のせいであると解釈される。長期的な失業の問題は、こうした解釈のコードを通じて、「社会問題」であることをやめ脱‐政治化される。それは、自己統治の能動的な行為主体たりえないことが招いた個人的な不幸であり、不正義を問うべき要素はいささかもない、と。

先に述べたように、能動的な自己統治は、新しい始まり(beginning)および差異化(distinction)という――アーレントが政治的行為の時間的・空間的な特質として挙げた――特徴をそなえている。そして実際、新規に事柄を始め、自らを積極的に他者から差異化することはすでに人びとが一般に身につけるべきエートスとして語られてもいる。そうした自己統治のあり方に、感情の抑制など「存在の美学」が含む幾つかの要素を読み込むことすらあながち不当ではないだろう。ネオ・リベラリズムの称揚する自己統治とアーレントやフーコーの「自己への配慮」との距離は一見そう遠くないかのようにも見える。しかし、アーレントやフーコーの重視する政治的自由に結びつく回路はこの種の自己統治に見出されうるだろうか。自己統治の活性化によって新しい関係が人びとの間に創出されたり、既存の権力関係が「支配の状態」へと固定化することが妨げられることはない。自己の秩序はたしかに新しい変化に即応できるよう柔軟に保たれるかもしれないが、それが、根底的なところでの価値の変容に開かれることはないだろう。自己統治の主体には、アーレントやフーコーが「自己への配慮」にとって決定的な要素として強調した思考——フーコーの言葉を引けば「自らの行動から自らを引き離し、その行動を対象として立て、それを問題として反省する動き」「自らが為す事柄についての自由」[34]——は欠落している。というよりも、自らが受け容れてきた価値への疑いや抵抗を惹き起こすような思考の動きを周到に回避しようとする、そうした別様の「自己への配慮」がおこなわれていると見るべきかもしれない。この自己統治にあっては、自己の秩序と社会の秩序、自己の価値編成と社会の価値編成との間に大きなズレを生じさせてはならないのである。

M・ディーンによれば、「統治の統治」は、互いに異なりながらも密接に結びつく二つのテクノロジーに依拠している。一つは、行為や参加の能力を高める「行為主体のテクノロジー」であり、もう一つは、そうした能力を測定可能なもの、比較可能なものにする「パフォーマンスのテクノロジー」である[35]。能動的な行為主体は、さまざまな——自己評価を含む——評価システム(audit-system)にその成果を捕捉され、その査定に服するという側面をもっている。フーコーが、規律権力の要諦として示した、「個々人が掌握される当の関係を個人の内的な機構が生みだす仕掛け」[36]は、自己統治の主体にもほぼ完全に当てはまるだろう。彼/彼女は、どれほど自己への配慮をおこなっているかを、いかに自らの生活習慣/生き方に気を配っているかを、他者の評価に向けて提示しなければならない。一見能動的に見える生は、他者の評価に自らを曝しつづける、傷つきやすい受動的な生――「過剰露出され、剝き出しになった生」[37]――でもある。

能動的な行為主体は、新しい変化に即応できるよう、自己の秩序を柔軟なものにとどめておくことを要求されるが、重要なのは、そうした速度と柔軟性が必要になるような自己統治はもはや社会のすべてのメンバーには要求されない、という点である。自らを有効な「人的資本」として証しえない人びとは、規律的な統治の埒外に放逐される。「隈無く生命を取り込む」こと、あらゆる個体の生命を社会体のなかに包摂し、配置することはもはや生権力にとっての「最高の機能」ではないからである[38]。

五　社会的排除とアンダークラス

「能動性テスト」に落伍する人びとは、おそらく彼／彼女たちを再訓練し、社会に復帰させようとする後見的・教育的な圧力に曝されることもなくなるだろう。彼／彼女たちは、どのように表象され、いかなる処遇を受けることになるのだろうか。先に挙げた「アンダークラス」「Ｂチーム」「三分の一社会」といった言葉は、彼らが通常の社会のサーキットの外に追放されていることを示唆している。労働市場からの排除は、経済的排除のみならず、政治的排除を含む生のすべての次元にわたる排除をともなう。身許（住所）を証明しうるかぎり、たしかに彼らは最低限の生活保障、つまり労働市場の周辺部で働く人びとのインセンティヴを損なわない程度に抑えられた保障を与えられるかもしれない。しかし、そうした境遇が社会状態に近いか自然状態に近いかは微妙なところである。排除された人びとの境遇が他の社会層とどのように異なるかを三点にわたって指摘してみたい。

まず確認できるのは、彼／彼女たちは、訓練や矯正がほどこされるべき個々の行為主体とはみなされないということである。社会への復帰を妨げている諸々の原因を除き去る試みはもはや無益である――能動性の欠如はすでに証明済み――とされるからである。彼らは、一人ひとりの個人としてよりも、ある集団に属するものとして一括して表象される。とは言っても、彼ら自身の間に、共通のアイデンティティや相互を繋ぐ連帯のメディアがあるわけでは必ずしもない。階級をはじめ、人種、ジェンダー、セクシュアリティ、障碍などに拠る社会集団と「アンダークラス」との間に重要な相違があるとすれば、それは、彼らの境遇の原因を何らかの共通の制度的・文化的な抑圧に求めることを著しく困難にする脈絡が存在するということである。それは、社会から排除された人びとはその排除に対して自ら責任を負っているとする言説の受容であり、彼らは、自らと社会との間の深刻な不適合《ミス・マッチ》は自らの境遇のもたらす帰結ではなくその原因であるという見方を内面化することを余儀なくされる。彼らがもつのは自尊の感情を損なうそれぞれの「敗北」の歴史であり、それは、彼らを、社会的連帯ではなく孤立、孤独へと方向づける。

第二に、互いに孤立しているにもかかわらず、彼らは、外部からは一体のものとして表象される。それが、経済的に「余計」であるという刻印のみならず道徳的な特徴を色濃く帯びたものであることに留意したい。この場合の「道徳」は、日々の生活をどう組織するかにかかわる。つまり、清潔である、時間を守ることができる、アルコールに依存していない、麻薬その他の薬物に染まっていない等々によって、「社会生活をまともに送れる」(civil)か「否」(uncivil)かを判断する規範である。そうした日常的な徳性をそなえているかどうかの判断が強化されるとき、それにそぐわない振舞いや生活習慣には、非秩序、さらには反秩序の傾向すら読み取られることになる。

それゆえ第三に、彼ら(少なくともその一部)は、社会秩序に対する潜在的な脅威としても取り扱われることになる。貧困であることは暗黙のうちに「準犯罪的」(quasi-criminal)であることと結び合わされ、「貧困に対する警察的・刑務所的対応」(P・ブルデュー)を招いていく。彼らは、社会秩序、公序良俗、公共の安寧等々をそれから防衛しなければならない「秩序の他者」として表象される。つまり、社会防衛上のリスクとして眺められ、リスク管理――いまやできるだけ低コストでその危険性を制御することが求められる――の対象とされるのである(リスク管理によって十分に対処可能であるという点で、彼らは実際には社会秩序にとっての敵ではない。彼らは、対抗関係から実質的に除外されているにもかかわらず秩序への脅威として過剰に表象されるのである）。

アメリカ合衆国では、現在、フィラデルフィアに匹敵する人口（約一六〇万人）が刑に服している。近年の刑務所が、フーコーが『監視することと処罰すること』（一九七五年）で描いたような規律権力の典型的な施設ではなくなり、無規律でアナーキーな空間に変化してきているという事実が広く知られるようになってきた。刑務所は、すでに規律の施設ではなくなっているとすれば、いかなる機能を果たしているのだろうか。この問いに対して、Th・ダンは次のような示唆を二〇世紀の実例から引きだしている。「強制収容所、近代の流刑植民地、四囲を厳しく監視されるゲットー、アパルトヘイト下の「自治区」、そしてあるカテゴリーの人びとの組織的な破壊、通常の言葉で言いかえればジェノサイド」[39]。刑務所は、社会復帰を促すための場所ではもはやなく、逆に、社会から放逐された人びとを収容する隔離の空間、もっと言えば「棄民」の場所に転じている。M・デイヴィスは、ある人びとが日々を生きる空間そのものが隔離の対象、「封じ込め」の対象となっているロサンゼルスの現実を描き[40]、N・シェッパー＝ヒューズとD・ホフマンは、ブラジルの都市の路上に生きる子どもたちが治安権力（「死の部隊」）による「浄化」の対象となっている現実をやはり痛切な筆致で告発している[41]。「労働予備軍」ならぬ「犯罪予備軍」として表象される人びとは、居るべき「場所」に彼らをとどまらせる、あるいは人の眼に映らないところに排斥する治安権力の対象となり、全体主義や冷戦の用語をもって記述されているのである。

六　生活空間の隔離

こうした社会的排除は、人種、宗教、言語等を異にする人びとの出会いを可能にする場所として描かれてきた都市空間の根底的な変容をはっきりと示している。都市に固有のものとして語られてきた異種混淆的な公共性は大幅に失われ、都市はむしろ住民を互いに隔てるセグメントの空間へと変わりつつある。ここで留意したいのは、そうした生の空間の隔たりは、縮められるべきものとしてではなく、さらにできるだけ拡張されるべきものとして考えられているという点である。異質なものが互いに交渉し合うことのないよう積極的に距離を設定する思想は、少なくともアメリカやヨーロッパの大都市では、現実の住環境にまで浸透している。そこでは、隔離は象徴的な次元にわたると同時に、実際に、触知できる物質的な性格を帯び始めている。(42)

そうした「居住地の隔離」において、一方の極に位置するのがいわゆる「ゲイティド・コミュニティ」、つまりさまざまなセキュリティの装置やサーヴィスによって物的な安全性を確保しようとする居住地である。それは、すでに一部の特権的な富裕層だけのものではなくなり、そこに住む人びとの数はアメリカで四〇〇万から八〇〇万にのぼると推計されている。[43] プロパティ（生命・健康・自由・財産）の保全にとって公的権力はけっして十分ではないという見方が拡がり、そうした判断が、セキュリティ・サーヴィスを供給する「私的な保護結社・会社」（R・ノージック）を台頭させているわけである。

こうした生活空間の隔離は、アーレントの言葉を援用すれば、「世界疎外」（world alienation）――共通世界の喪失によって惹き起こされる自己自身への疎外――によって特徴づけられるかもしれない。人びとは安全を得るために自らの生活を囲い込むが、そうした自己排除の行動によって、自らの生を私的なものに封じ込めていく。新しいもの、予期せぬもの、異他的なもの、要するに「自らのものではないもの」との交渉を可能にする公共的空間は、自らを他に対して曝していく行為、自らの安全装置を部分的に解除する行為によって形成され、維持される。他からのアクセスを拒み、他者との接触を可能なかぎり絶とうとする行動は、物理的にも精神的にも安全柵で囲われた私的な空間――他者の存在を奪われた空間――を増殖させることになる。住む場所も、働く場所も、買い物をする場所も、子どもたちの通う学校も、その他生活のあらゆるシーンを異にするとき、私たちは、自らの視界に入ることのない他者の存在を文字通り無視し、彼／彼女らが直面している問題から眼を背けることができる。生活空間の「浄化」が「見棄てられた境遇」をつくりだしていくのである。

こうした生活空間の隔離・分断に照らして考えるとき、アソシエーションやコミュニティへの能動的な関与や参加を強調することはどのような意味をもつだろうか。N・ローズの分析によれば近年のイギリスでは、人びとが帰属感をいだく空間が、「社会」という抽象的で非人称のものから、より具体的で人称的な関係性をもった「コミュニティ」へと移ってきている。[44]この場合のコミュニティには、家族や近隣・地域の集団だけではなく、職場、宗教、ライフスタイル、価値観や信条をともにするアソシエーションも含まれる。人びとが、それぞれ複数のコミュニティに多元的に関わりながら自らの生を豊かにしていくという姿は、国民国家におけるより一元的なアイデンティティの構造と対比すればはるかに望ましいようにも思える。市民が自らにとってより身近な空間に関心をもち、そこに活発にコミットするという傾向は、市民社会論者や共同体論者の多くにとってはその主張に沿う歓迎すべき事態だろう。「自己統治」＝「自治」は、ネオ・リベラリズムのみならず、M・サンデルら共同体主義者にとってもキー・タームの一つであり、市民社会の活力が、自治的なコミュニティやアソシエーションの多元的な形成を通じて増大していくことは、いずれの思想にとっても望ましい事柄である。

だが、そうしたコミュニティの活性化は生活空間の隔離と必ずしも矛盾する動きではない。差異化や多元化が分断化や階層化として生じるという事態は、自治的な空間の形成にも看取することができる。結社やコミュニティでの活動が(準)公共的な経験を可能にするとはかぎらず、アソシエーションに積極的に参加する私生活主義(associational privatism)も散見される。[45] 現実の他者との対話の積み重ねを通じて、自己への反省と社会への批判をともに可能にする視点を獲得していくという討議デモクラシーのプログラムは、生の空間の隔離・分断という条件のもとでは有効には作動しない。[46] 市民社会には、人びとの生きる空間をはっきりと分け隔てる亀裂が走っており、そうした生の隔離と言説空間の分断が(マスメディアの媒介する)メタ・トピカルな公共性によって架橋される保証があるわけでもない。市民社会のさまざまなアソシエーションや公共圏の間に調和的な関係を想定しえないのはもとよりとして、それらの間につねに対抗的な関係があるかのように語ることもできない。市民的公共性を、あたかもあらゆる——さまざまな対抗的公共圏を含む——言説空間が相互に関係づけられる「インター・パブリックス」として描くことにも留保が必要である。

人びとが生きる空間は物理的にも精神的にも隔離の様相を呈し、社会統合の基盤は眼に見えて脆いものになっている。集合的アイデンティティの希薄化は、一方では、国民共同体の再-想像を妨げる条件でもあるが、他方では、国民国家と歴史的に結びついてきた集合的セキュリティを不安定にする要因でもある。見知らぬ者たちの間の連帯、非人称の社会的連帯は、国民社会という一つに統合された、分割不可能な空間を想定してきた。それは、成員の間で資源の強制的な移転がおこなわれる再分配の空間でもあり、実際、これまでの社会正義論は、再分配の規準をめぐって立場を異にする場合も、この社会的空間を安定したものとして想定する点では一致してきた。それは、見知らぬ他者を「われわれの一員」とみなす機制がはたらくことを暗黙の前提としてきたのである。だが、すでに触れたように、そうした機制は大きく損なわれている。一方では、国民国家にはもはや生活保障を求めない人びとが現われ、他方では、公的保障に頼らざるをえない人びとがあからさまなルサンチマンに曝されるようになっている(47)。

このような社会統合の綻びに対して当然のように提起される対応の一つは、国民統合を再び強化することである。国民の再統合を求める言説は、必ずしもエスニシティにもとづくナショナリズムを志向するわけではない。そうした言説に問題があるとすれば、それは、差異化・多元化を分断化・断片化と性急に重ね合わせた上で——「共通善」の破壊、「国益」の破壊、社会的「連帯」の破壊等々——集合的アイデンティティを再生すればそうした分断は克服されうるかのように語る点にある。たとえば、社会保険を維持しうる条件が失われつつあることを重視するP・ロザンヴァロンは、保険方式の限界を税方式によって克服しようとするが、それを支えるのはやはり国民の再生である(48)。R・ローティもまた、所得再分配のユニットの再建を国民的アイデンティティの強化という方向に沿って考える。彼によれば、社会正義——所得や富の格差の是正——への関心の衰退は、多文化主義などもっぱら差異の承認を説く知的傾向(「文化左翼」)によって助長されてきたものであり、分断化としての差異化を乗り越えるためには社会の再統合を可能にする「国民の誇り《ナショナル・プライド》」が不可欠になる(49)。

こうした立論は、しかしながら、再分配の空間を国民共同体と等置し、それを排他的に閉じるという問題を反復せざるをえず、定住外国人など「国民の他者」として定義される人びとをあらためて周辺化する危険性をはらんでいる。そして、集合的アイデンティティの強化によって再分配やセキュリティの枠組みを支え直そうとするプロジェクトが、実際に功を奏するとも限らない。というのも、国民的アイデンティティの強さは必ずしも社会保障への持続的なコミットメントをもたらさないからである(50)。集合的な生活保障は強固な集合的アイデンティティの裏付けを不可欠のものとして要求するという想定そのものが問い返される必要があるだろう。

七　自由の社会的条件

公共性の社会的次元、つまり人びとの生活保障にかかわる次元が、この間どのような方向に変化しているかを見てきた。社会保障はさらに最低限のもの——ディーセント・ミニマムという尺度からすれば最低限以下のもの——に向かって切り詰められ、生活保障は階層化の方向で差別化されようとしている。最底辺層は社会保障というよりも社会防衛という治安の観点から眺められるようになり、他方、最も安定しているはずの人びとも能動的な不安の状態に自らを追い込むほかはなくなっている。人びとの生活はすべての階層にわたって不安定化し、転落への恐れは深く浸透している。[51]

最後に少し考えてみたいのは、社会保障の理由とは何かという問いである。その理由を一義的なものに求める必要はないだろう。ここではそうした複数の理由の一つ、すなわち、社会保障は、人びとの生活とその見通しを保障することを通じてその自由な生き方を可能にするという側面に光を当ててみたい。

社会保障が果たす役割の一つは、退出(exit)の自由を実効的なものにすることによって、人びとが生存のために自らの意に反した選択を迫られるような状態に陥るのを防ぐことにある。家族や会社等の中間集団は、それに属する人びとの自由を拘束する桎梏と化す場合がままあるが、その際、退出の自由を最終的に保障するのは社会国家である(市場が退出の自由、移動の自由を与えるのは就労可能性をそなえた者に対してだけである)。社会国家の意義は、人びとが生存のために誰かの意思に服さざるをえないような人称的な依存関係を廃棄し、その非人称の連帯を通じて、成員が間接的に相互の自由をサポートしあうところにある。社会権は、この文脈では、自由の実効的な享受を促すための権利として理解することができる。現実の社会国家は、たしかに、社会権を享受する人びとの自尊の感情をしばしば損ない、中間集団の共同体的な拘束を逃れた人びとを今度は国家による後見的な干渉のもとに置いたかもしれない。社会国家が与える生存のレヴェルは、そもそも、退出の自由を実質的に保障するだけの水準にまで達しなかったかもしれない。しかし、生存への不安を利用するような雇用の形態が常態化しつつある現状では、社会保障が可能とする「生活への権利」をあらためて擁護することはきわめて重要であろう。

第二に、社会保障は、生活とその見通しを保障することによって、人びとの生が生存維持にのみ繋ぎとめられるのを阻むことができる。それがもたらすのは、自己統治の主体たりえているかどうか、社会的投資に値するかどうかによって人が測られるのではない空間、つまり功利主義的な規準が失効する空間である。たしかにある限定された領域において、人間の活動が有用性の尺度で測られることそれ自体は不当ではない。しかし、経済的に見て不要であるということはその人が「余計者」であることを意味しない。

社会保障は、市場における競争の「敗者」を事後的に救済するための制度として理解されるべきではないだろう。それは、事前の資源の分配を通じて生の見通しの改善をはかることによって、他から生き方を指図されるのではない自律的な生を促していくための制度である。言いかえれば、社会保障は、人びとを有用か否かで測る市場を補完する制度ではなく、それとは独立した仕方で人びとの生活を保障することによって、市場の「需要」に拘束されないような生き方をも可能にしていくシステムとしてとらえられるべきである。

アーレントやフーコーは、集合的な生活保障が個々の生に及ぼす抑圧的な効果を問題化したが、その枠組みそのものを批判したわけではなかった。むしろ、「自由」あるいは「自由の実践」を「解放」(liberation)――この場合とくに生の必要からの解放――から区別しようとするアーレントらの議論に見出すことができるのは、他者からの差異化は生存や生活の次元で発揮されるべきではないという思想である。[52] 生き方が集合的な生権力によって深く拘束されるならば、それはたしかに自由な生ではない。しかし、生きていくことができるかどうかという不安(cura＝care)につねに曝されつづけるのなら、その生もやはり自由ではない。そうした生存への気遣いから互いを解放することによって互いの自由を可能にすること、それが社会保障の理由の一つである。解放は自動的に自由をもたらすわけではなく、これもアーレントやフーコーが強調したように、自由は自由の実践によってのみ保障されうる。だが、自由は解放――生存への不安のなさ(se-cura)――なしにはありえないということもまた真実である。

公共性の政治的次元は、他者が他のようにあり、また他のようにあろうとする自由を肯定し、それを鼓舞することによって成り立つ。そして、そうした自由は、公共性の社会的次元における生活保障が安定したものであることによって支えられる。社会保障をさらに切り詰めていくことによって、私たちは、自由をもっぱら生命および所有の安全と解するような状態に再び立ち戻ることになるのだろうか。[53]

第六章　社会的連帯の理由

一　社会の持続可能性と連帯

近年、社会保障制度の「持続可能性」が人びとの関心をあつめるようになった。その背景には、受給水準の引き下げ、受給開始年齢の繰り下げ、自己負担分の引き上げなどこの間の一連の制度改革が逆に制度への不信を惹き起こしてきたのではないかという一定の反省を認めることができるかもしれない。しかし、財源と給付の財政的均衡を確立することがかりに可能だとしても、制度の持続可能性が社会そのものの持続可能性に資するものであるかどうかが問われなくてはならないだろう。個人別の衡平性(保険料の拠出と受給額の釣り合い)や世代間の公平性といった諸問題がかりにクリアされるとしても、そのことによって、もともと貧弱な日本の社会保障制度が、生涯全体にわたる「生の見通し」(life-prospect)を人びとに与えるだけの内実をそなえうるようになるわけではない。社会階層間の格差がさらに拡大し、それにともなって憤懣やルサンチマンが社会に堆積していくならば、社会それ自体の持続可能性は早晩失われるほかないだろう。

一九八〇年代後半以降の日本社会において所得格差が確実に拡がってきていることは、ジニ係数等の指標によっても否定できない事実であり、二〇〇〇年代に入ってから、日本の相対的貧困率は一五パーセントの辺りで推移している。とりわけ眼を惹くのは、「ワーキング・プア」と呼ばれる社会層、つまり勤労世帯でありながらも可処分所得が生活保護世帯のそれ以下であると推定される世帯数の急激な増加である。ワーキング・プアの増加は、社会保障が後退する近年の日本社会において雇用保障や所得保障もひどく損なわれつつあること、言いかえれば、再分配のみならず当初分配(国家による再分配に先立つ市場を通じた分配)においても多くの人びとから生活の安定した基盤が失われつつある現実を示している。その背景に、非正規雇用の急速な拡大および正規雇用と非正規雇用の間の所得格差の拡大があることは言うまでもないだろう。

社会保障という再分配の制度における「持続可能性」をはかることは、このような貧困層の増加や貧富の格差の拡大という現実に対してどのような効果をもちうるだろうか。この間の社会保障制度改革におけるもう一つのキー・ワードを用いるなら、当初分配において「自立」のための生活基盤それ自体が破壊されつつある実態がどれほど直視されているだろうか。生き延びるために不当な低賃金で働かざるをえず、働いてもなお生活の「自立」が危ういものでしかないとすれば、彼/彼女たちの労働にはすでに「徴用」

としての性格が刻印されていると言うべきなのかもしれない。

G・W・F・ヘーゲルは、一九世紀前半に、「欲求の体系」(市場システム)としての市民社会はそれだけでは持続可能ではないという見方を示した。とくに注目したいのは、ヘーゲルが、市民社会の持続不可能性の理由を、貧富の分極化——富と貧困それぞれにおける「過剰」——という観点のみならず、社会にとって破壊的な情念の産出・堆積という観点からもとらえていたということである。

「市民社会は、富の過剰にもかかわらず、十分には豊かではない、つまり、それはその固有の資産＝能力において、貧困の過剰と窮民の出現を妨げるほどに十分なものをそなえていない(1)」。「富の過剰」とは、「過度に巨大な富の少数者の手中への集中」という事態を指し、「窮民」(Pöbel)とは、客観的な面での窮乏とともに主観的な面での社会への敵意——「富める者や社会や政府などに対する内心の叛逆」——によって定義される社会層を指す。「窮民」が社会への不信と敵意をいだくのは、自らの労働によって生計を立てるための基盤、すなわち「自立」の条件が彼らには如何ともしがたい諸々の「偶然性」によって剝奪されるからである。「貧困の状態は、諸個人に市民社会の欲求をもつことを許しながら……他方では逆に、諸個人から、社会の一切の便益を、技倆や教養によって生計を立てる能力一般……を多かれ少なかれ奪ってしまう(2)」。しかも、諸個人が排他的に自ら自身を目的とする市民社会においては、そのような他者の窮状への安定した対応は望むべくもない。そもそもこの社会は、「主観的目的や道徳的意見という悟性が自らの不満や道徳的鬱憤を吐露する領域」でもある。(3)

ヘーゲルを引いたのは、現代の日本社会が、それが宿しはじめている自己破壊的な諸要素(情念)において、彼が「自然状態の残滓をなおもひきずっている」と描いた市民社会からさほど隔たったところに位置しているようには思えないからである。もし、ワーキング・プアの窮状がこのまま放置されるならば、彼/彼女たちが社会に対して「内心の叛逆」をいだくことは無理からぬことであるし、自らも過重労働等の負荷をおっている中流下層のうちに蓄積される「不満」や「道徳的鬱憤」は、強者ではなく弱者を標的とする回路になだれこんでいくかもしれない。実際、ヨーロッパでは、移民をスケープゴートにして社会保障の再建を訴える勢力が、生活の先行きにおびえる中流下層の支持をあつめているし、また、アメリカ合衆国では、一九九〇年代半ばに"Welfare Queen"に対する"White Angry Men"の敵意の組織化が効を奏したことも与って、貧困層に対する福祉は、その「自立」に向けての支援というよりもむしろ懲罰的な色合いを濃くしている。ヘーゲルに先立ってJ＝J・ルソーがすでに見抜いていたように、強者ではなく弱者へと向きを転じたルサンチマンは、階層分化が固定した社会システムを再生産する機能をもっている。(4)

たしかに、自己破壊的な諸要素を生みだしながらも、社会が自らをなんとか維持していく途もないわけではない。一つは、社会秩序に敵対するようなリスキーな諸要素を治安管理という意味でのセキュリティによって管理していく途であり、もう一つは、「国民性」(nationality)という集合的アイデンティティへの求心力を強めることによって、「われわれ」国民の連帯を再建し、それをより強固なものにしていく途である。[5]このいずれかの途、ないしはそれらを組み合わせた途が社会に持続可能性をもたらしうるかどうかについては、他の社会の経験をも踏まえつつ、冷静な検討が加えられるべきだろう。

社会の持続可能性ないしは安定性は、J・ロールズの表現を用いるなら、そのすべての成員がそれを「公正な社会的協働」のシステムとして、言いかえれば、誰かが一方的な犠牲を強いられることのない、「相互性」(reciprocity)をそなえたシステムとみなしうるか否かにかかっている。[6]ロールズ自身が掲げる「正義の二原理」、とりわけその「格差原理」がそうした「相互性」の要請を最もよく充たすものであるかどうかは措くとして、最低賃金を低い水準に据え置いたまま、最高経営責任者に一般の労働者の所得を数百倍も上回るほどのそれを与えるような当初分配や、「自立支援」という名のもとに自己負担を導入することによって、不利な境遇にある人びとの周辺化をさらに助長するような社会保障がおよそそのような「相互性」の契機を欠落させていることに疑問の余地はないだろう。私たちがともに生きる社会を持続可能なものにしていくためには、経済的な相互便益という意味での「相互性」をある程度は重視しながらも、同時に、狭義の相互貢献の意味に尽きない「相互性」――私たちが互いに享受しうる価値は利益には汲み尽くされない――のあり方を探っていく必要があるように思われる(7)。

本章の課題は、人びとが互いの生活を相互に保障するために形成する社会的連帯(social solidarity)の理由とは何かをあらためて問い直すことにある。社会保障制度が持続可能なものであるためには、それを支える社会的連帯という動機づけに関わる基盤も持続可能な、安定したものでなければならない。ある社会の成員は、どのような理由から、そうした連帯にコミットしつづけることができるのだろうか。そもそも、人びとは、どのような理由からお互いの生活を支え合おうとするのだろうか。連帯の源泉は、先に触れたように、リスクを回避するという個人の合理的な利害計算ないしは国民《ネイション》の凝集性に求められるほかないのだろうか。ここでは、まず、社会的連帯とはどのような連帯か、それは、相互の生活を保障し合うためにどのような価値の再分配を行うのかを明らかにしたうえで、その理由を検討することにしよう。

二　社会的連帯とその現状

社会的連帯という言葉が通常用いられるとき、それは次元を異にする二つの連帯のあり方を指している。一つは、人びとが、互いの具体的な生を支え合う自発的な連帯であり、これは多くの場合人称的な関係性として形成される。もう一つは、非人称の連帯であり、これは見知らぬ人びとの間に成立し、社会保障制度によって媒介されるものである。

ヨーロッパでは、一九世紀の最後の四半世紀以降、国民国家をユニットとする社会保険の制度がしだいに形成される。[8] 社会保険という制度は、非人称の社会的連帯の一つの典型的なかたちを示している。そこには、保険料を拠出するという各人の行動を通じて、労災や疾病といったリスクに直面した人びとの生活を物質的に支援する連帯が人びとの間に形成される。人びとが自ら連帯の意識をもつことがないとしても、社会保険という制度を介して非人称の連帯が結果として成立するわけである。実際、連帯ないし社会的連帯という言葉が規範的な意味において用いられるようになったのは、職域毎に分立する仕方で形づくられてきた保険の制度を社会全体を包含するものに拡張しようとする思想と実践が力を獲得する歴史的文脈においてであった。[9]

人称的な連帯は、特定の具体的な人びとの間にネットワークとして形成されるものであり、それが可能にする生活保障は社会の全域には及ばない。それは、制度化されていないがゆえに生活保障としては不安定であり、加えて、誰が支援し、その支援を誰が受けているのかが見えやすいという難点もある。これに対して、非人称の社会的連帯は、社会の全域をカヴァーしうるものであり、それが非人称であるがゆえに、生活保障を得るために特定の誰かの意思に依存せざるをえないという生の自律にとって否定的な効果を避けることができる。この連帯が自発的ではなく強制的な性質を帯びているのは、それが社会保険料の拠出や納税という義務を人びとに課すからである。

社会的連帯の理由が問われなければならないのは、資源の強制的な移転をともなう非人称の連帯についてであるが、このことは、もちろん、人びとの生活保障にとって人称的な連帯が重要ではないということを意味しない。人びとが自発的に形成するアソシエーションが非人称の連帯のもちえない数々のメリットをもちうること、それが、非人称の連帯の限界ゆえに無視・黙殺されようとしているさまざまな生活の窮状に注意を喚起し、実際にそうした境遇にある人びとへの支援を行いうることは言うまでもない。制度化された生活保障は、人びとの生活の必要のすべてに対応しうるものではなく、その必要に応じようとすれば具体的なネットワーキングとしての連帯が不可欠となる局面は数多く存在する。とはいえ、資源の移転という点において、人称的な連帯は、非人称の連帯にもとづく公共的な支援を必要としている以上、重要なのは、二つの連帯のあるべき関係とそうでない関係を問うことであり、それらを相互に排他的な関係に置くことではない。

一九世紀の最後の四半世紀からしだいに制度化され、二〇世紀中葉にはいったん社会国家ないしは福祉国家の安定した制度として確立されるに至った非人称の社会的連帯は、二〇世紀の最後の四半世紀以降その安定性を失いはじめ、相互の生活保障という実質において著しく後退しつつある。その事情を非人称の連帯の人称化および社会の脱‐統合化という視点から概観しておきたい。

非人称の社会的連帯は次の二つの条件を充たす必要がある。第一に、すでに述べたように、それによって生活保障を得る人びとは特定の誰かの意思に依存しているのではないという意識をもちうるのでなければならない。第二に、この連帯に資源を提供している人びとも、特定の誰かのコストを負担しているのではないという意識をもちうる必要がある。そうでなければ、特定の誰かのために自分は犠牲を強いられているというネガティヴな感情が醸成されることになる。[11] 非人称であるべき連帯が、その非人称性を失い、特定のカテゴリーに属する人びとが連帯の一方的な受益者として名指されつつあるのが今日の実情である。社会的連帯の「犠牲者」として自らを描こうとする人びとの「逆向き」のルサンチマンが黒人に向けられてきたように、移民もまた、ショーヴィニズムに向けて人びとの不安と憤懣を動員するための格好の標的になりつつある。[12]

こうした非人称の連帯の「人称化」は、高齢者や「敗者」として描かれる人びとをも社会的連帯の一方的な受益者という負のカテゴリーに押し込めつつある。ある人びとのために自分は犠牲になっているという感情は、そのような人びとを社会的連帯から排除しようとする動向を惹起する場合もあるが、逆に、自ら自身を社会的連帯から「排除」

しようとする行動をとらせることもある。実際、社会保険の領域では、制度から退出しようとする行動が眼につくようになっているが、そうした退出の行動は、社会的連帯を不安定にするだけでなく、それをさらに否定的なものとみなす態度を助長していく。というのも、社会保障という公共的な領域は、生活保障を自らの手で構築することのできない弱者によって占拠されていると考えられるようになるからである。

社会的連帯から離脱しようとする行動が増えている背景には、国民国家そのものが信頼にたる生活保障のユニットとはみなされなくなってきている、というより大きな変化もある。N・エリアスの言葉を用いるなら、国民国家は、国民にとって長らく「サヴァイヴァル・ユニット」(最も信頼すべき生の拠りどころ)として受けとめられ、そのことがまた国民の統合を促してきた。[13] とりわけ、第一次大戦以降、社会権＝社会的市民権(social citizenship)が確立されるようになると、国民国家は、社会権の享受が国民の統合にとって不可欠であるだけでなく、その中心的な機能を果たす社会国家――E・バリバールのいう「国民社会国家」[14]――としての性格を強めてきた。

しかし、この四半世紀の間に、グローバル化の進展、冷戦の終焉、人口構成の変化などの諸要因が相俟って「国民社会国家」の統合の基盤を動揺させ、そのことが翻って国家をもはや「サヴァイヴァル・ユニット」とはみなさない行動を惹き起こしている。社会保障という意味でのセキュリティの後退と治安管理という意味でのセキュリティの上昇は明らかに並行しており、安全性は、相互の生活を保障しあうことから「法と秩序」の名のもとにリスクを管理する方向へと大きく傾きつつある。社会的連帯は、もはや社会の統合には安定した基盤を見出しがたくなり、国民国家というユニットは、あたかも一つの不可分の実在であるかのように表象されえたかつての条件を失いつつある。

非人称の社会的連帯は、ネットワーキングとしての人称的な連帯とは異なり、一定の制度的な境界をもたざるをえず、その境界は、権利(社会保障を享受する権利)と義務(社会保険料の拠出・納税の義務)をもつ成員資格によって画されざるをえない。いま、この成員資格の問題を考えるうえで重要なのは、二〇世紀後半から、社会的連帯の範囲は、多くの国々において、制度上は国民の範囲をすでに超えているという事実である。難民条約の批准(一九八一年)を大きな転機として、ようやく日本においても社会権は国籍をもたない市民によっても享受されるようになった。在日韓国・朝鮮人などの永住市民は、社会権に関するかぎり日本国民とほぼ同一の権利をもちうるようになり、一定の合法的な居住者も、生活保護を受給する資格は欠くものの、労働力参加と結びついたそれ以外の社会権を手にするにいたっている。(15)

社会的連帯は国民(国籍保有者)の枠をすでに超えており、しかもそのことが、少なくともこれまでのところは強い異論に曝されることなく受けいれられてきた。たしかに、移民が現に享受している社会権を剥奪し、連帯の範囲をあらためて国民の範囲に制限しようとする思潮や運動も散見されるが、それはまだ社会権の成員資格に関する実質上のコンセンサス――国民であること《ナショナリティ》ではなく、市民であること《シティズンシップ》を成員資格とする――を覆しうるだけの力を獲得するにはいたっていない。

いま確認したように、社会的連帯は、「国民の他者」としての市民にも実質的に及んでいる。市民としての法的地位《シティズンシップ》を永住民《デニズン》のみならず一定年数以上の居住者にも拡げるならば、その連帯の幅はさらに広範なものとなるだろう。このように社会的連帯が国民と非国民の境界をすでに横断しているということの意義を真剣に受けとめるなら、「国民」をどう定義するのであれ、社会的連帯を再び国民の間に限定しようとする議論がもつ問題性は明らかだろう。国民がエトノス(民族)ではなくデモス(政治的市民権の担い手)に準拠して定義される場合にも、新たに参入してくる人びとは既存の国民の連帯に潜在的脅威を及ぼすリスク要因として警戒されることになるだろう。

制度をともなう社会的連帯はつねにメンバーシップによって画される境界線をもたざるをえないが、重要なのは、内部の連帯を強化するためにその境界線を前もって固定することではなく、目下その境界線によって排除されている人びとの必要や権利要求に曝されながら、現在の社会的連帯の範囲が正当化されうるものであるかどうかを問い返し、それを通じて、境界線の内側にどのような実質的な排除が生じているかをも併せて問題化していくことである。社会的連帯は、すでに特権を享受している者たちの内向きの連帯であってはならないだろう。

三　社会的連帯による生活保障

社会的連帯とは、社会保障の制度を通じて相互の生活を保障することに持続的にコミットしあう人びとの関係性である。その場合、互いの生活を保障するということはより具体的に互いの生の何を保障することを意味するのだろうか。

この連帯は、資源の強制的な移転をともなうものであり、人びとがそれぞれ異なった仕方で追求する何らかの「善の構想」を実現するために、そうした社会的資源を用いることはできない。人びとが実現しようとする諸価値は多元的に分化しており、それらは互いに対立、競合し合う関係にあることも稀ではない。価値観の多元性という条件のもとでは、いずれか特定の価値の追求を公的に支援しようとするならば、それは他の諸価値を追求する人びとに抑圧的な効果を及ぼさざるをえない。

社会的連帯は、各人がそれぞれどのような「善の構想」を追求しようとするのであれ、それなくしてはそうした「善の構想」の追求がそもそも不可能となるような一群の基本的な価値を互いの生において実現しようとするものである。言いかえれば、それが実現しようとする価値は、どのような生を生きようとするのであれ、誰もが達成しえてしかるべき(とみなされる)一群の基本的な価値である。そうした価値は、これまでもさまざまな仕方で表現されてきた。J・ロールズの「社会的基本財」(social primary goods)、R・ドゥオーキンの「資源」(resource)、A・センの「基本的ケイパビリティ」(basic capability)、井上達夫の「公共的価値」などがそうである[16]。これらの論者に共通しているのは、人びとの生にとって重要な価値を、非共約的な価値(「善の構想」)と共約的な価値(どのような生を生きるのであれ誰もが必要とする価値)の二つの次元に分節化し、社会的資源の(強制的な)再分配が正当化されうるのは、共約的であると定義された価値を実現するためだけであるとしている、ということである。社会的連帯は、各人各様の――共通の尺度によって比較不可能な――「善の構想」の実現ではなく、各人の生き方を支える公共的な諸価値の実現にコミットする連帯である。

社会的連帯にもとづく生活保障にとって重要なのは、各人が具体的にどのような生活状態を享受しえているかという観点である。それは、人びとの生のマテリアル(実質的＝物質的)な次元に注目し、自由や機会を実効的に享受しうるための条件が人びとの生活に現にそなわっているかどうかを問う。物質的次元に関わる生活状態の評価という点において最も有益な示唆を与えてくれるのは、A・センの「福祉」(well-being)の観念である。

センは、人びとの生活状態を評価する際、各人が主観的に感じる「効用」(utility)や各人が客観的に所有する「財」(goods)や「資源」(resource)に情報を求めるのは不適切であることをたびたび強調してきた。効用アプローチには、客観的に見れば劣悪な境遇にありながらも主観的には強い効用がいだかれる場合があるといった数々の難点があり、他方、財(資源)アプローチには、客観的に財を所有しているということは、その財が実際に本人の望む「状態や行動」(beings and doings)に転換されることを必ずしも保証しないという問題がある。このアプローチは、財の利用能力が人びとの間で非対称的であるという事実を不問に付しているのである。センによれば、人びとの生がどのような状態にあるかを評価するうえで最も適切な情報は、人びとが自らの財を用いて実際にどのような機能(functionings)——望ましい「状態や行動」はこのように言いかえられる——を達成しうるか、ということに関するものである。人びとの生活状態を適切に評価するためには、各人がどのように感じているか、各人がどれだけ持っているのかとは異なった見方、つまり各人が何をなしうる状態にあるかという視点が必要である。センは、ある人が達成しうる諸機能の集合をケイパビリティと呼ぶ(ケイパビリティそれ自体は、非共約的な諸機能を含んでおり、それが含む共約的な機能、つまり誰もが達成しえてしかるべき諸機能の集合が基本的ケイパビリティと呼ばれる)[17]。ケイパビリティは人が実際に達成しうる事柄の範囲、つまりその人が享受しうる「実質的自由」を表わしており、人びとの「福祉」は、基本的とされる諸機能がどの程度達成されうる状態にあるか——

「福祉を達成する自由」が享受される度合い――によって測られる。

生活保障の適切なあり方をケイパビリティ・アプローチに沿って考察することのメリットは次の点にある。まず、それは、誰からいかなる生活保障が奪われているかを比較的容易に特定しうる。このアプローチによれば、貧困(poverty)とは所得の水準を指すのではなく、いずれかの点において基本的な機能を達成する自由が剥奪されている状態(deprivation)としてとらえられる。[18] たとえば、自分で移動することができるということはその一つとみなすことができるが、この機能は、所得の多寡にかかわらず車社会に住む高齢者からは奪われている。このアプローチは、人びとがそれぞれ、どのような機能において剥奪を被っているか、逆にどのような機能においては社会的支援を必要としていないのかを明らかにすることができ、人びとの生活全体を保護の対象とするようなパターナリスティックな干渉を抑止することができる。

第二に、このアプローチは、剥奪としての貧困がいかなる要因によって惹き起こされているかをより明確に特定することができる。人びとがどれだけ「福祉」を達成しうるかは、それぞれの人に個別的に関わる諸事情――能力の適性や障碍・疾病など――のみならず、その人がどのような社会的集団に属しているか、その集団が社会全体における諸権力の布置においていかなる位置を占めているかという事情によっても左右される。[19] 人種、民族、カースト、宗教、性別、性的指向、年齢などによる抑圧や差別が社会秩序のあり方を深く規定しているところでは、剝奪がどのような集合的要因から生じているかを理解することは決定的に重要である。というのも、社会的な抑圧や差別に起因する剝奪は資源を移転するだけでは対応しがたい性質をもつからである。

第三に、このアプローチは、剝奪に曝されている人びとを、配慮や支援を要する存在者としてだけではなく、同時に自らの生活状態を自ら評価し、その改善をはかっていく政治的な行為者としても理解することができる。[20] 何が基本的ケイパビリティであるかを自ら解釈し、それを定義、再定義する政治的な意見‐意思形成の過程に参加しうるということは、人びとが政治的に見て依存の状態に置かれつづけることなく、生活保障がどのような点で欠けており、それを得るためにはどのような資源が必要かを自ら探求しながら、その境遇を自ら改善していくための条件である。

人びとが自らの「福祉」のありようを評価しうるためには、家族や社会のあり方を規定している権力関係を認識し、それを批判的に問い返しうるだけの最低限の政治的力量が必要になる。とりわけ「適応的選好形成」(adaptive preference formation〔劣悪な境遇に順応する仕方で願望そのものが萎縮する事態〕)を余儀なくされている人びとにとっては、自らの生のあり方を批判的に評価しうる視点の獲得が不可欠であり、そのためには、自らの境遇をより広い視野から再‐評価しうる機会をもちうるのでなければならない。そうした機会は、他者との継続的なコミュニケーションのなかではじめて開かれうるものであり、孤立ないし孤独(「コミュニティの生活に参加できないこと」)を基本的ケイパビリティの剥奪の一つとしてとらえるセンの見方は重要である。

センによれば、何が社会的に実現されるべき基本的ケイパビリティであるかは、それぞれの社会における公共の論議を通じて定義され、再定義されるべき事柄である。それが、ある特定の社会において正常とされる尺度に沿って定義され、それが他にも受け容れられるべき普遍的価値として提示されるならば、それに対してはエスノセントリズムという批判がたしかに成立するだろう。[21] もし「人間に相応しい」とされる一群の価値が他から一方的に示されるならば、そうしたレヴェルにいまだ達していないとみなされる人びとは屈辱を被るだろうし、そもそもそうした普遍的価値なるものはいかなる生のあり方が正常(文明的)であるかについての特定の文化の判断を纏いすぎている。

「福祉」を評価する基準の検討がそれぞれの社会に委ねられるべき事柄であるとすれば、その基準はその社会に広く浸透している支配的な価値観の影響を深く被り、その社会の文化的ヘゲモニーによって規定されてしまうのではないか、という疑問が逆に提起されるかもしれない。しかし、何が生活保障にとって不可欠な価値であるかを定義するうえで重要なのは、それぞれの社会に生きる人びとが、そこに現に妥当している支配的な価値観を批判的に問い返し、それに修正を迫る実効的な政治的自由をもちえているかどうか、ということである。そうした価値が、政治的自由を可能にする公共の論議を経て定義されるならば、その定義は、もとより暫定的にではあれ、正統なものとみなされうる。

四　社会的連帯の理由

さて、私たちが、非人称の社会的連帯を形成し、維持しようとする理由とは何だろうか。互いの生活を保障し、その「福祉」を達成するために、一定の資源を他者に移転することを自ら承認しうる理由とは何だろうか。以下、「生のリスク(risk)」「生の偶然性(contingency)」「生の脆弱さ(vulnerability)」「生の複数性(plurality)」という四つの理由を順次検討することにしたい。

もちろん、これら四つによって社会的連帯の理由のすべてが汲み尽くされるわけではない。実際に社会保障が制度化され、社会国家(福祉国家)が形成されてきた歴史的な経緯を振り返るなら、国民一人ひとりの生命を増強しながら、それを国力――とりわけ戦力や生産力――の増強に向けて動員すること、国民統合に向けての「生の動員(mobilization)」が社会的連帯の主要な理由であったと見るべきだろう。実際、社会保障制度は、対内的には、社会主義の台頭を抑えるべく階級対立を緩和し、対外的には、他国との戦争に向けて国民一般の力を動員しようとする統治の関心に沿って導入され、それが飛躍的に拡充したのは、戦間期における動員体制のもとであった。戦後もその体制は維持され、社会保障制度は、経済成長を推進すべき健全な労働力を確保するための装置としても位置づけられてきた。(22)

とはいえ、このような国民の「生の動員」を理由とする社会的連帯のもとで、あらゆる成員の生活保障がはかられてきたわけではない。むしろ、社会体(国民の集合的身体)の安全と健康を脅かしたり、「人的資源」として活用できないと判断される人びとは、国民の統合から排除され、むしろ、その存在そのものが排除の対象となる場合さえあった(たとえば障碍者に対する同意のない不妊手術の実施など)。この種の国民的連帯においていてたしかに一定の生活保障がなされたとしても、そこには、社会的な「救済」に値する者とそれに値しない者との区別が厳にはたらいていたのであり、戦力あるいは生産力といった尺度に照らして有用か否かに関わりなく、あらゆる成員が生活保障を奪われないための社会的連帯が自覚的に追求されてきたわけではなかった。

㈠生のリスク(risk)

社会的連帯の理由の一つは、人びとが自らの生のリスクに合理的に対処しようとするところに求められる。自らが将来直面するかもしれないさまざまなリスクに対しては、多くの場合、自ら自身や家族の力だけでは対処することはできない。将来における自らの生活保障を十全なものとするためには、リスクに対処するための資源を集合化する必要がある。リスクを理由とする連帯は、人びとがもっぱら自らの生に合理的に配慮することによって結果的にもたらされる連帯であり、他者の生に配慮することはこの連帯にとっては不可欠の条件ではない。

リスクを理由とする連帯は社会保険として制度化され、人びとの生活を保障するうえで大きな役割を果たしてきたが、それが立脚してきた想定は現在大きく揺らいでいる。人びとはほぼ同じような確率で生のリスクに曝されているという「リスクの対称性」とでもいうべき想定が、主に遺伝子科学／バイオ・テクノロジーの進展や経済的格差の拡大という条件のもとで、かつてもちえた説得力を失ってきているからである。[23]たとえば、近い将来に普及が予想される遺伝子検査は、人びとの生にランダムにふりかかるリスクという考え方をしだいにくつがえしていくかもしれない。その診断によって、重度の病気や高齢期の心身の障碍に直面するリスクが低いという情報を得た人びとは、リスクが高いと判断された人びとのコストを負担することを、その合理的な利害計算によって避けようとするはずである。また、出生前診断の技術の発達とその普及は、障碍を予見しえたにもかかわらず出産を選択した人を、回避しえたリスクをあえて避けなかった人、つまり自らすすんでリスクをとった人としてみなすようになるかもしれない。

もちろん、リスクに対処するコストの分散という社会保険の論理が全面的に失効するわけではない。むしろ、R・ドゥオーキンが主張するように、市場における「保険のディレンマ」——高リスクとされた人びとによる「逆選択」と保険会社による「選択」が惹き起こすディレンマ——は、健康保険や生命保険の社会化を支持する根拠になるだろう。(24) その場合には、しかしながら、社会保険は、もはや諸個人の合理的な利害計算に訴えるものではなくなり、後述する「生の偶然性」を理由とする連帯のかたちに実質的には変化していることになる。というのも、その場合には、自己の生への配慮だけではなく、(より高いリスクをかかえる)他者の生への配慮も求められることになるからである。いずれにしても、自己と他者の生(の行方)を区別する情報——遺伝のみならず生活習慣等に関する情報も含む——の増大は、人びとを社会的連帯へと導いてきたある種の「無知のヴェール」を引き裂くことになる。リスクを理由とする連帯が、社会全域にわたる——社会層を異にする者の間の垂直的な連帯を含む——包括性をもちえなくなってきていることは、自らの生活保障を社会的連帯を介してではなく、私的に——同じ「リスク階級」に属するとされる人びとの部分的な連帯を含む——獲得しようとする行動が拡がりつつあることからも明らかである。(25)

社会保険制度には、貢献(社会保険料の拠出)と受給(年金や医療サーヴィス等の享受)とを結びつけることによって合理的な個人を社会的連帯に向けて動機づけることができるというメリットがあり、この利点を放棄することはたしかに賢明ではないだろう。しかし、この制度は、その貢献原理ゆえの弱点——実際に貢献することのできない人びと(社会保険料を拠出できない人びと)を二級成員とみなす視点——を含んでおり、社会保障制度全体に占めるその位置は相対化されていく必要があるように思われる。

(二)生の偶然性(contingency)

社会的連帯の第二の理由として挙げることができるのは、生の偶然性である。偶然性はリスクと混同されがちであるが、両者には次のような違いがある。リスクは、将来において一定の蓋然性をもって人びとの生を脅かす危険であり、リスクへの基本的な対処の仕方は、リスクをできるだけ回避し、それに直面した場合の自らのコストの軽減をはかるというものである。生のリスクは自己中心的な対応を想定しているが、対照的に、自他の生の偶然性に対する認識は自己の脱 - 中心化を求める。

私たちの現在の生は、無数の偶然性の複合とその累積のうえに成り立っている。どのような時代に、どのような社会に、いかなる才能をもって生まれたのか。どのような社会的集団(人種・性別・宗教等の違いによって定義される)のなかで育ったのか。どのような資源(資産・所得のみならず文化資本や社会関係資本をも含む)をもった家庭に生を享け、育ったのか。予測不可能な災害や事故に見舞われることはなかったか……。私たちの生は、自ら選びようのない、自らの力ではいかんともしがたい諸事情によってすでに幾重にも規定されている。このような諸々の偶然性において恵まれた人びとが、その有利な立場を利用して獲得した財＝資源を排他的に自らのものとすることは道徳的に見て正当化されうるだろうか。

J・ロールズは、この問いに対して、偶然性に恵まれた者が、自らの有利な立場から直ちに利益を引きだすことは正当化できないと答えた。彼によれば、正義にかなった社会とは、さまざまな偶然性が成員すべてにとって利益となるように制度が編成された社会である。「正義の二原理」のうち第一原理(平等な自由の原理)は、形式的な機会の平等を確立することを通じて、人びとの能力以外の偶然性(人種・性別等々)に対応しうるが、それでもなお残る偶然性の効果をロールズは次のように描いている。

自然的自由の体系においては、当初の分配は才能に開かれた地位という考え方に暗黙に含まれている取り決めによって規制される。この取り決めは、(第一原理が特定する)平等な自由および自由な経済市場を前提としている。これは、誰もがあらゆる有利な社会的地位に近づく同じ法的権利をもつという点で形式的意味での機会の平等を要求する。しかし、社会的条件の平等または類似性を維持する努力は……〔ほとんど〕払われることがないので、任意の期間についての資産の当初の分配は、自然的・社会的偶然性(natural and social contingencies)によって大きな影響を被る。たとえば、現在の所得と富の分配は、それに先行する自然的資産、つまり生来の才能や能力(natural talents and abilities)が伸ばされたり成果をまたずに放置されたり、それを生かすのに社会環境や事故・幸運などの偶然性が時の経過につれて良くも悪くも作用したことによる自然的資産の効果の積み重ねとしてある。……自然的自由の体系の最も明白な不正義は、それが道徳的観点から見てひどく恣意的なこれらの要素によって、分配上の取り分が不当に左右されることを許容する点にある。[26]

第二原理のうち、「公正な機会の平等」は、生まれ育った家庭環境をはじめとする社会的な偶然性の効果を、そして「格差原理」は、「生来の才能や能力」という自然的な偶然性の効果に対処するものである。[27] ロールズにおいては、社会的連帯は、そうした偶然性を、「最も不利な立場にある人びと」の「生の見通し《ライフ・プロスペクト》」を最大限改善していくのに資するよう制度をアレンジするというかたちをとる。これは、偶然性を理由とする連帯の一つを示しているが、ドゥオーキンやセンのアプローチにも同様の考え方を見ることができるだろう。

ドゥオーキンは、人びとが自ら選択したのではない事柄、したがって個人的な責任を問いえない事柄を「いかんともしがたい不運」(brute bad luck)という言葉で表現し、そうした不運を被った人に適切な補償がおこなわれるかどうかを正義にかなった社会の尺度として示している。彼によれば、社会における資源の分配は、人びとの「選択」(choice)には敏感に反応し、その「偶然」(chance)には反応しない仕方で行われるべきである。というのも、「選択」は人びとの責任を問いうる事柄であるのに対して、「偶然」はその責任を問うことのできない事柄だからである。(28) センもまた、偶然性の効果を重視する思想家の一人である。彼は、個人間の条件の相違——「健康状態、年齢、風土の状態、地域差、労働条件、気質、体格の違い」が挙げられる——が、財や資源が機能へと転換される際に大きく作用することを指摘するだけでなく、人種やカーストやジェンダーなど人びとの属する社会的集団の違いがまた彼女たちが達成しうる機能に深い影響を及ぼすことにも注意を喚起している。先に言及した基本的ケイパビリティの平等という考え方は、誰もが達成しえてしかるべき事柄を達成しうる自由——「福祉の自由」——がこうした偶然性ゆえに剝奪されることを不正義とみる視点を示している。

偶然性を理由とする連帯の問題の一つは、私たちの生のどこまでが偶然性によって規定されているとみなしうるかという点にかかわる。実際、どこまでが個人の責任を問いえない偶然の範囲に属し、どこからが個人の責任を問いうる選択の範囲に属するかを区別することは容易なことではない(先に触れた遺伝子科学・工学の進展によっても偶然と選択との境界は大きく変化せざるをえない)。偶然性(運‐不運)を社会的連帯の理由とみなす人びとの間でも、たとえば、偶然性の作用する範囲をできるだけひろく取ろうとするG・A・コーエンと、個人の選択をより重視しようとするドゥオーキンとの間にはなおも大きな開きがある。(29)

社会的連帯は資源の強制的な再分配をともなうものであり、何をもって個人に帰責しえない偶然性として定義するかは避けることのできない問題である。偶然性とそうでないものを分ける境界線は、外部観察者によって定められるべきものではなく、これまで偶然性としては描かれてこなかった事柄を偶然性として描き直そうとする個々の異議申し立てを検討していくなかで、絶えず引き直されていくべきものである。日本における介護保険の制度化はそのような異議申し立ての積み重ねによってはじめて可能となったものであり、そこには、ケアを必要とする他者との関係を私的なものとしてではなく公共的(社会的)なものとしてとらえ返す視点の形成とその広範な受容を見出すことができる。

偶然性を理由とする連帯にとっては、自らの生が幾重もの偶然性のうえに成り立っているという事実を省みる機会がひらかれている必要がある。生の偶然性に対する認識は、「あの人の立場に自分がいたとしたら自らの境遇をどのように受けとめるだろう」という抗事実的な視点の移動を媒介としている。社会の分断が深まり、人びとが日々生きる空間が相互に隔てられていくなら、それは、現実のコミュニケーションを阻害するだけでなく、そのような視点の移動をも困難なものとしてしまうだろう。生活空間の隔離は、自らが生きている空間への関心の限定を惹き起こし、自らとは異なった生の境遇を視野から締めだし、そうした境遇に生きる人びとをむしろ固定的な表象をもって眺める条件となるからである。[30]

(三)生の脆弱さ(vulnerability)

社会的連帯の第三の理由として考えられるのは、私たちが身体を生きる存在者(embodied beings)であるがゆえの生の損なわれやすさ(脆弱さ)である。人はつねに自立した存在でありつづけることはできず、誰しもが、少なくとも生のいくつかの局面——生・育・老・病・死など——においては具体的な他者への依存を避けることはできない。各人の生は本質的に有限なもの、損なわれやすいものであり、人は具体的な他者によるケアの恩恵を被ることによってはじめて自らの生を維持することができる。

すでに述べたように、生の有限性、脆弱さから生じる必要を個人や家族が私的に充たすことは、もはやほとんどの場合不可能である。ケアを必要とする者に具体的に応じる者を社会的に支援する制度に媒介された関係が形成されることによってはじめて、人びとは、特定の他者の意思に左右されることなく、自らを保っていくことができる。非人称の社会的連帯は、その意味で、互いの生が損なわれやすく脆いものであることに対する相互の承認に立脚している。J・ハーバーマスは、制度化された社会的な相互依存が、損なわれやすい生を現実には損なわれることがないよう相互に維持していくための条件であるという認識を次のように記している。

自律は、むしろ、生きている有限な者たちのきわめて危うい特性のことであって、こうして有限な人間は、身体の損なわれやすさ(Vulnerabilität)と社会的な相互依存性を念頭におくことでのみ、およそ「強さ」とでもいうものを獲得できる。もしもこのことが道徳の「根拠」であるとするならば、それによって道徳の「限界」も説明できるものとなる。道徳に関する規則を必要とし、またそうした規則をもつことができるのは、ありうべき間人格的関係と相互行為の宇宙である。正統に規則化された相互承認関係のネットワークのなかでのみ、人間は人格的アイデンティティを発展させ、それを――同時にその身体のインテグリティとともに――維持することが可能なのである。(31)

この理解によれば、相互承認にもとづく制度化された社会的連帯こそが、そもそも完全に自立することのできない、有限で、脆弱な生の必要に応じることができる。ここで留意したいのは、人びとの生が損なわれやすいものであり、誰もが他者への依存、社会への依存を必要としていることの承認は、「人間本性」(human nature)に根ざすものではないということである。人間本性そのもののうちに、他者の生が損なわれることを避けようとする機制が組み込まれていないことは、人は他者に対する差別や暴力からも快を引きだしてきたし、いまなおそうであるという数多の経験から明らかであろう。ある種の生の状態を人が受くべきではないものとして描く記述が繰り返され、積み重ねられているからこそ、私たちはそれを避けられるべき事態として受けとめることが可能となっているのである。R・ローティは、社会的連帯の理由をそのように歴史的に形成されてきた受苦への感性に求めている。

私のいうユートピアにおいては、人間の連帯は「偏見」を拭い去ったり、これまで隠されていた深みにまで潜り込んだりして認識されるべき事実ではなく、むしろ、達成されるべき一つの目標だ、とみなされることになる。この目標は探求によってではなく想像力によって、つまり見知らぬ人びとを苦しみに悩む仲間(fellow sufferers)とみなすことを可能にする想像力によって、達成されるべきである。連帯は反省によって発見されるのではなく、創造されるのだ。私たちが、遠く隔たったところにいる他者が被る苦痛や屈辱に対して、その個々の細部にまで自らの感性を拡張することによって、連帯は創造される。(32)

ローティが参照するJ・シュクラーは、人間の身体が被りうる「残酷さ」(cruelty)や「辱め」(humiliation)を人間にとっての「最高悪」(summum malum)としてとらえ、それを避けようとするところに社会的連帯の理由を見出していると言えるだろう。[33] 社会的連帯は、誰もが「共通悪」として認めうる事柄を回避していくことに探られるわけである。しかし、身体を生きる人間にとって何が避けられるべき状態として認識されるかは、人間本性にではなく、生の損なわれやすさに対する相互承認の反復のありよう、したがって政治文化のあり方に依存している。何をもって回避されるべき「共通悪」としてとらえるかは、しばしばそう考えられるほど自明なものではなく、やはり言説の反復に依存しているのである。

(四)生の複数性(plurality)

社会的連帯の第四の理由は、適切な生活保障は人びとがより自由に自らの生を生きることを促し、多様な生き方を導くというものである。生活保障を欠く場合、あるいはそれが十分ではない場合、人びとの関心やエネルギーは生き延びること、何とか生計を立てていくことに集中せざるをえない。一日の大半を水を汲み、生きる糧を得るために費やさざるをえない子どもたちは読み書きや計算の力を身につけることはできず、そのことは彼女たちの実質的自由(生き方の幅)を著しく制約するだろう。また、ケアが私事化されている条件のもとで、介護や育児のために余力を奪われる人びとも、やはり自ら自身の生を生きる機会を大幅に失わざるをえないだろう。

一般的に見て、生活保障の欠如は多様な生き方を促さない。将来の生活が危ぶまれる場合には、労働市場によって当面評価されそうもない価値をあえて追求していくという生き方は抑制されざるをえないだろう。生活保障がひとえに労働市場での就労にかかっているとすれば、その需要に自らの生き方を順応させ、「就労可能性《エムプロイアビリティ》」を維持していくことに関心と活力を注ぎ込まざるをえまい。リベラリズムは、他者が他のようにあり、他のようにあろうとすることを相互に尊重しようとする思想であるが、そのような自由な生き方は、人びとが将来への根本的な不安からある程度解き放たれることなしにはほぼ不可能である。リベラリズムが多元的なものとみなす「善の構想」が、現実にはさほどの差異に彩られているように見えないのも、多くの人びとが、社会の支配的な価値を受容したうえで能動的に生きるほかない状況にあるからである。その意味で、生活保障が確かなものであるという「生の見通し《ライフ・プロスペクト》」が得られることは、人びとが順応的ではない生き方を試みるための条件となる。(34)

人びとの自由な生き方を促すことは、私たちは、自らとは異なった価値を生きる他者の存在を必要としているという視点からも連帯の理由としてとらえることができる。この見方によれば、異質な他者と共生することの意味は、寛容をもって互いの共存をはかることには尽きない。それは、人びとが自らとは異なった価値を生きる他者に現実に出会い、自らがけっして実現しえない価値に触れることを可能にすることにもある。

H・アーレントは、世界が質的に異なった生のあり方から構成されていることを「複数性」(plurality)という言葉で表現し、公共的空間をそうした差異の享受が可能となる空間として描いた(35)。それは、人びとが、それぞれの言葉や行為において、互いに他者の前に現われることを可能にする空間である。複数性が人びとの共生にとって本質的であるのは、一人ひとりがユニークな存在者だからである。ユニークであるとは、しばしばそう解されるように、特異であるということを必ずしも意味しない。それが意味しているのは、それぞれの生が「他ならぬ」ということ、他と入れ替え不可能であるということである。

たしかに、私たちは、あらゆる他者の現われを享受しうるわけではなく、現実に享受しうる生の複数性はその意味で無限ではない。しかしながら、自らには現われることがないものが、他の誰かにはかけがえのないものとして現われるかもしれないということを私たちは理解することができる。私に開かれる世界がすべてではないということを認め、私にとっての人称的な関係性を超えた他者の生活保障を支持することができる。生の複数性を擁護し、あらゆる生を他にかけがえのないものとして尊重することと、各人はあらゆる差異の現われを享受しうるわけではないということは矛盾しない。生の複数性を理由とする連帯は、一人ひとりがその生を生きることなく終わることに抵抗しようとするのであり、誰もが私たちの間に現われることを可能にし、それを積極的に促すような生活保障を支持する。

以上、私たちが相互の生活条件を保障しあうための社会的連帯の理由として、四つのものを概観してきた。どの理由を重視するかによって、社会的連帯が実現すべき生活保障のあり方には自ずと違いがでてくるが、その詳細に立ち入る必要はないだろう。ここではむしろ、社会的連帯を支持する理由は単数のものである必要はないということ、そして四つの理由は相互に排斥し合うものではないということを確認するにとどめる。

社会保障の再建を訴える近年の議論には、A・センのいう「合理的エゴイスト」に向けて社会保険制度のメリットをあらためて説くか、もしくは、彼ら／彼女たちに国民的連帯への自覚的な参画を求めるかのいずれかの傾向が看取される。つまり、個人の生の内部で「所得再分配」を行うこと——若年期や健康時に蓄積した資源をもって高齢期や病気のリスクに対処すること——がいかに合理的な行動であるかをあらためて説得するか、国民共同体の一員であるという意識が共有されることによってはじめて社会保障制度を持続可能なものとしていくことができるのであり、個々人の自己への配慮が結果的に社会的連帯をもたらすという楽観を維持することはもはや不可能であると論じるか、のいずれかの傾向である。

これに対して本章で試みたのは、人びとが暗黙のうちにはすでにコミットしてきた複数の連帯の理由にあらためて光を当てることだった。リスクを理由とする連帯は、先に挙げた難点はあるものの、貢献に応じた受給によって合理的な個人を社会保障制度の維持に向けて動機づけることができるというメリットをなおもそなえている。それを、社会保障制度の一部——たとえば年金制度の二階建て部分——を支える理由として活用していくことは十分に可能である。とはいえ、それのみでは、事前の資源再分配を通じて人びとの自由な生き方を促していく機会を開くことはできない。そのためには、生の複数性(多元化)を理由とする連帯が必要であろう。また、貢献原理の限界を補うためには、貢献する機会を現実に得ることのできない人びとの生の偶然性への対応が求められる。人は制度を通じて相互に依存しあうことなしには自らの生を維持しがたい有限で、脆弱な存在者であるということの再認識は、現行の社会保障制度が依拠している「就労自立」による生活保障を基本とする考え方を相対化するだろう。社会国家の再建のために国民の再統合を性急に求める前に、私たちがすでに支持している連帯の理由を再構成し、明示的なものにしていくことが必要であるように思われる。

第七章　親密圏のポリティックス

一　親密圏の再‐記述

J・ハーバーマスは、『公共性の構造転換』(第一版、一九六二年)において、親密圏を近代の小家族にほぼ重なるものとして描いた。ハーバーマスは、この書で、啓蒙期の近代に成立した市民的公共性がその後空洞化していく様を描きだした。後期近代における社会構造の転換にともない、国家と社会の分離という条件が失われることによって、公開性のヴェクトルが批判的なものから操作的なものに転じていくという経緯がそこでは周到に論じられている。その一方で、ハーバーマスが「市民家族」(die bürgerliche Familie)——自由意志による両性の結合、愛の共同性による関係の持続、権威から離れた教養形成を柱とする——と呼ぶ小家族の変容については、それが圧倒的な社会的影響力に直接曝されるなかでもっぱら消費機能のみをもつユニットへと収縮し、教養／教育の機能を大幅に失っていくという事情が指摘されるにとどまっている。そうした親密圏の変容は、「二人の男女の持続的な愛の共同性」にはほとんど触れないものであるかのように扱われている。(1) 愛を媒体とする両性(とその子ども)の共同体という親密圏の像は、一九九〇年に付された「新版序言」でも見直されることはなかった。そこでは、市民的公共性の存立にとって女性の排除が本質的な意味をもっていたことが、フェミニズム理論による批判の一定の受容に立って反省的にとらえ返されてはいるものの、そうした市民的公共性の「他者」たる女性の構築と「市民家族」のあり方とがどのように結びついていたかについてはなおも不問に付されている。

ハーバーマスにも見られる親密圏と私的な小家族を等号で結ぶこうした言説に、同性愛者らにも結婚に準じた法的地位を拡げたフランスの「パクス」の制度に批判的に言及する、J・バトラーの次の文章を対置してみたい。そうすることによって、親密性を男女の婚姻関係を柱とする家族規範によって再び規定し直そうとする言説と、親密性をそうした拘束から解き、愛/性愛を家族という制度から切り離そうとする言説との、現在におけるヴェクトルの違いを際立たせることができるだろう。

結婚によって保障されるある種の権利や資格を、その制度への参入を求めることで勝ち取ろうとする企ては、オルタナティヴな方策、つまりまさにそういう権利や資格を結婚制度から切り離すのを求めることを考慮していない。次のように問うこともできるだろう。どのような形の同一化(identification)があるために、結婚したいと思うようになるのか。また、どのような形の同一化がそれとは逆のことを思わせるのか。……前者の場合は、レズビアンやゲイは結婚制度に同一化し、そうすることによって——その延長として——結婚制度のなかにいる異性愛者と共通の共同体に同一化する機会を望んでいるというものである。しかし、この場合、そうした人びとは誰との連帯を破棄していくことになるのだろうか(2)。

つづけてバトラーは、「反復すべきものは「結婚」ではなくセクシュアリティであり、親密な連合や交換の諸形態(forms of intimate alliance and exchange)である……。パフォーマティヴィティの観点からの希望としては、家族言説がその記述範囲の限界をついに明らかにして、それが人間の性的な生を編成している数多くの実践／慣行の一つにすぎないことが公共的に認められることである」と自らの立場を明示している(3)。親密な関係——バトラーの場合も性的な関係がその軸になっている——は、家族規範の設定する境域を脱して多様に展開されるべきだという観点からすれば、結婚という制度の存続そのものが問い返される必要があるのである。

親密圏は、リベラリズムをはじめとする近代の政治思想の伝統において、長らく前‐政治的ないしは非‐政治的な空間として扱われてきた。この伝統のもとでは、「愛の共同体」とされる空間に伏在するさまざまな抗争は政治的なものとはみなされず、公共的な不正義としてとらえうる問題も繰り返し私的な不運へと追い返されてきた。親密圏を脱政治化しようとする思想の伝統を根底から問題化したのが、「個人的なことは政治的である」という標語を掲げた第二波のフェミニズムである。この挑戦に触発されて、それまで愛と調和の空間として執拗に描かれてきた親密圏が、深刻な権力関係を宿していること、それがとりわけ家事労働やケア・ワークの負担をめぐってきわめて非対称的な分配を男女の間にもたらしてきたこと、そして、そうしたミクロな権力関係が、労働市場における差別的処遇を典型とする社会全体に深く浸透した性差別の機制と連動していることが鋭くかつ広範に問い返されるようになってきた。この間のフェミニズムはまた、公と私を分ける境界線はけっして自明なものではなく、あらかじめ公共的とされている事柄について論じあうのが公共の議論ではないという知見をもひらいてきた。

言うまでもなく、女性と男性の非対称性を構築している知／権力を批判的に問い返すことは依然として重要な課題であるが、親密圏の政治は、近代家父長制にもとづく社会秩序／家族秩序への批判、社会や家族内における両性の平等の徹底化という文脈には還元されない。それは、たとえば先に引いたバトラーの議論にも見られるように、男性中心主義に対する批判のみならず、ごく限られた性愛のあり方——男女の間の生涯にわたる単婚——のみを正統なものとして扱ってきた異性愛主義に対する批判へと及び、これまで近代の「市民家族」の基盤をなしてきた結婚という制度そのものをも問題化しつつある。どのような形態であれ(かりに非異性愛者のそれが含まれるにしても)、結婚は、限られた性愛のかたちを正当化し、それに種々の特権・特典を与える制度である——言いかえれば、特権・特典を誘因として正常とされる親密圏のあり方を特定のものに限定する制度である——ことに変わりはない。近代の社会秩序は、その根幹の一つをなす家族秩序に制度的な限定を加えることを通じて、人びとの生——「ヰタ・セクスアリス」を当然含むがそれだけではない——のいわば無限の質的な異なりを狭隘な幅のなかに圧縮してきたと言える。

親密圏の政治は、ジェンダー、セクシュアリティの問題(および両者が複合した問題)と分かちがたく結びついているが、それは性をめぐる生の側面にのみかかわるわけではない。具体的な他者の生／生命への配慮は、必ずしも性や血の結びつきによらない配慮やケアの関係性を人びとの間につくりだしている。近年、互いの生を支援し合うキンシップ(kinship)は、グループ・ホームや自助集団などに見られるように、家族という枠を超えてさまざまなかたちをとりはじめている。それらは、心身の病いや傷、老い、障碍、依存症、DVや児童虐待など、それぞれの仕方で生の困難をかかえる人びとやその周囲に形成されつつある。このように親密圏の新しい諸形態が現につくりだされつつあるということが、ここで家族という支配的なメタファーから距離をとる一つの理由でもある。たしかに、家族という言葉をできるだけ多義的に用いるという行き方もないわけではない。(4) しかし、「正常化」——したがってまた「異常化」——の制約を纏い過ぎたこの言葉の使用からあえて離れてみるという行き方もある。家族という言葉を——これまでとの差異を幾分かは生み出しながら——反復することが少なくとも当面は可能だとしても、この言葉はすでに、単身者にとっての親密な関係、単婚に閉じない性的な関係、あるいはまた小家族に加えて人びとがもちうる配慮／ケアの関係などを描くのに相応しい言葉ではなくなっている。「市民家族」としての家族は親密圏の標準としてではなく、あくまでもそれがとりうる一つの形態としてさらに相対化されていくはずである。

親密圏の政治は、親密圏の存在だけではなく、その欠如や剝奪にもかかわる。親密な他者を失うことによって、あるいは身近な他者との間から配慮／ケアの関係が失われることによって、孤独な境遇へと追い込まれる人びとが増えてきている。誤解を避けるために言えば、一人で生活をしているということはただちに孤独であるということを意味しない。逆に、家族や家庭と呼ばれる場所に現に生きながらも、親密な他者を欠くということもごくありふれた現象である。自らに配慮や関心を寄せてくれる他者をもちうるか否かは、とりわけ雇用保障や社会保障の著しい後退を背景とするとき、まさに生死にかかわるヴァイタルな意味をもっている。親密圏は、生の歓びや生の意味にかかわるだけでなく、生活条件の保障をめぐる政治とも不可分の関係にある。

ここでは、親密圏(intimate sphere)をごくゆるやかに定義し、その輪郭をあらかじめ素描しておくことにしたい。親密圏は、さしあたり、具体的な他者の生への配慮／関心を媒体とするある程度持続的な関係であると定義することができる。まず、具体的な他者とは、一般的な他者とは異なって人称性を帯びた他者であり、そうした他者との関係は「他ならぬ」という代替不可能性を幾分かは含んでいる。次いで、生への配慮／関心が人びとの関係を繋ぐということは、具体的な他者のほとんどは、身体性＝物質性をもった存在者(embodied beings)であり、私たちはそうした他者との間身体的な関係性を生きることによって、その生の必要や欲望や困難に否応なく曝されることになる。セクシュアリティはもちろん親密圏の最も重要な側面の一つをなすが、そのすべてをなすわけではない。生・育・老・病・死といった局面においてとりわけそうであるように、私たちはつねに自立的な存在者として生きているわけではない。むしろ、私たちの生は身体を通じて互いに曝され、互いに含みあっているのであり、依存性こそ私たちの生の基本的な条件である。

親密圏が私たちの生の物質性に深くかかわっていると強調することは、それが生をめぐるケアの自己完結したユニットであるべきだという主張を導かない。近代の小家族はケアの負担を過重に背負い込まされてきたが、たとえばM・A・ファインマンらが指摘するように、親密圏のあり方を再考する際にそうした「ケアの私事化」という歴史的な趨勢を動かしがたいものとみなす必要はない(5)。親密圏における生のケアは、そもそも、社会における生活保障をめぐる諸々の制度やネットワークから離れては不可能なものであり、重要なのは、そうした制度やネットワークによるどのような支援がケアを受ける者/ケアを提供する者たちにとって抑圧的ではないかを探ることにある。

親密圏の関係がある程度持続的なものであるというのは、それが他者への愛着や被縛性から完全には自由ではありえないということを意味している。親密圏の生は、一定の時間の継続のなかにあり、それに固有の歴史と記憶をともなっている。そのひとの精神的生活において、最も近しい他者が死者であることもあるのはそのためだろう。親密圏は、退出の自由の制度的な保障を求めるけれども、そこには、他者との間に親密な関係を築くことによってその関係に被縛されていくという側面が必ず含まれている。M・ウォルツァーが、家族を「非自発的なアソシエーション」(involuntary association)の一つとして描くように(6)、親密圏は自発性・能動性の契機のみから成り立つわけではなく関係における受動性をもまた重要な契機としている。そうした関係の受動性・受容性を引き受けながらいかに自律的に生きうるかという問いは、少なくとも親密圏にあっては避けることのできない問いでもある。

二　親密圏と場所の剝奪

　二〇世紀は戦争の世紀であるとともに難民の世紀であると言われてきた。その様相には今世紀に入っても変化はなく、むしろ「場所なき人びと」(displaced persons) の数は増加の一途を辿っているとさえ言える。内戦や軍事侵攻によって国の内外への移動を強いられる人びとだけではない。生存維持経済の破壊によって労働力移動の半ば強制的な流れのなかに組み込まれる人びと。「労働市場の柔軟化」によってそれまでの生活基盤を失わざるをえない人びと、グローバル化への反応のなかで人種主義やショーヴィニズムの暴力に曝される移民たち……。それまでの生活の場を追われ、安全性から放逐される人びとは膨大な数にのぼっている。ある人びとの存在そのものをその場から取り除くことによって問題の解決をはかることを「場所の剝奪」(displacement) と呼ぶとすれば、それによって人びとは、住みなれた場所で、親しい人びとの間で暮らすことがかなわなくなる。それは、移動を強いられる人びとの生から安全を奪うだけではない。安全性の喪失は、当然のことながら、親しい他者を奪われることによってその場に取り残される人びとにも及ぶ。それまでの生活の場所は、たとえば親を失った年少の子どもたちにとっては、もはや安心して暮らすことのできる空間ではなくなる。「ストリート・チルドレン」と呼ばれる、何の保護もなく打ち棄てられた子どもたちは、自分たちで生き延びていくために自前の「親密圏」をつくるかもしれないが、それすらも凄まじい暴力の脅威に曝されている(7)。

この数十年にわたる世界規模での秩序の再編において、一方では治安管理の追求が昂進し、他方では、生存そのものを脅かされる境遇が急速に拡がっている。生の安全とその危険は、この再編過程のなかで、きわめて非対称的に配分＝配置されつつあるように見える。一方のいわゆる「自由と安全」の追求が他方からますます「自由と安全」を奪う仕方で、そしてそこに堆積する不安と不満がさらに一方を「自由と安全」のとめどない追求に駆り立てていくような仕方で秩序の再編はおこなわれている。いずれにしても、親しい人びとの間で安心して暮らすことができるということはもはや自明ではなく、世界の一部におけるかぎられた特権になりつつあると言っても過言ではないだろう。

以下では、親密圏がはらむ政治を、その内部における男女の権力関係――およびそれを通じた社会全体にわたる「ジェンダー秩序(8)」――に対する批判に限定せず、生の安全／安心が、今日の秩序再編にあって誰からどのように奪われようとしているのかという問いに結びつけて考えたいと思う。あるひとから生きる場所を剝奪することは、とりもなおさず、そのひとにとって他に代えがたい「間」(in-between)を奪うことを意味している。そうした「人びとの間」は家族には限定されない。すでに述べたように、家族はたしかに親密圏の一つではあるが、あくまでもそれがとりうるさまざまな形の一つにすぎず、また、現実の家族が互いの生に対する配慮／関心を媒体として結びついているともかぎらないからである。

三　社会的なものと親密圏

親密圏は、その内部においてばかりでなく、「社会的なもの」(the social)からの距離においても、ある種の「安全性の空間」として位置づけられてきた。[9] 親密圏は、一方では社会的なものとは異なった空間として描かれながら、他方では同時に、そのなかにしっかりと組み込まれてきた。近代社会は、親密圏のとりうる形態の一つ――異性愛の男女とその子どもからなる小家族――を正統／正常なものとして認めてきた。家族が、「生命の再生産」の領域として位置づけられ、労働力の再生産および種の再生産の機能を担わされてきた経緯についてはすでに十分に論じられており、ここでは繰り返さない。[10] 家族は、成員の生／生命をいかに増強するかという生権力の関心に沿って整序され、J・ドンズロらが指摘するように、実際、さまざまな側面において生権力の介入を被ってきた。[11] 親密圏における生命／種の再生産は、一方で国民という集合的身体の健康と増殖につかえるものでなければならず、また他方で、労働力を再生産するための「シャドウ・ワーク」は、資本制経済にとっての「光明」でありつづけるように配置されてきた(再生産コストの不払い労働への転化等々)[12]。女性が従属的かつ補完的な位置を割り振られてきたのと正確に符合して、親密圏は、社会にとってまことに「有用かつ従順」な地位をあてがわれてきたのである。しかし、このことは親密圏が社会的なものに全面的に包摂されるものとみなされてきたということを意味しない。親密圏は、「生命の再生産」としての社会的プロセスに深く組み込まれながら、同時にそれとは異なった空間としても描かれてきたのである。

親密圏のもう一つの描き方は、社会のなかで否応なく失われる諸価値が回復される空間、社会の「現実原則」が中断される空間、苛酷な競争から解放された安らぎの空間等々というものである。親密圏が抗争のない、安心できる空間であるかぎりで、ひとは市場社会における熾烈な競争に耐え抜くことができる、ともされる。親密圏は、社会に対する補完的・治癒的な機能を果たすために、社会とは異なった特性を与えられるわけである。家庭は、しばしば「男の城」(man's castle)と呼び慣わされてきたが、この表現は、社会に対する親密圏の道具的な地位を言い当てている。それは、社会の主体たる男性にとっては、そこに退却し、そこから再び出撃すべき拠点であり、「本来の」場所ではなかった。他方、社会の主体とはみなされない者にとっては、親密圏は、他者の心身を癒し、他者の生産力を回復させるための場所であり、しかもそこからの退路が実質的に塞がれているがゆえに、しばしば他者の「抑圧委譲」に耐えることを強いられる場所でもあった。社会の主体たちは二つの場所を往復するのに対して、そうでない者たちは、実際にはリスキーなただ一つの場所しかもちえない。近代のリベラルな家族秩序において、すでに安全性と危険性とはきわめて非対称的に配分＝配置されている。

親密圏は、具体的な他者との間に形成され、維持される間身体的な関係性であり、その具体性は身体性＝物質性から切り離しがたい。親密圏の身体性＝物質性は、けっして一義的なものではありえないにもかかわらず、これまではもっぱら男女の性愛に関係づけられてきた。社会の「現実原則」との質的な違いは、もっぱら異性愛の「快楽原則」のうちに求められてきたわけである。この性愛の関係性が――少なくとも一方の当事者にとって――安らぎに充ちたものであるためには、それは争いを免れていなければならない。その関係が抗争を免れつづけるようにしてきたのは、対等な者たちのエロスではなく、セクシズムのイデオロギーの作用であった。婚姻という形態に制度化された「正しい」性愛が、種（集合的な身体）の再生産の枠組みに組み入れられてきた経緯についても、あらためて指摘するには及ばないだろう。親密圏の性愛が社会にとって無害な――それればかりか有益な――ものであるかぎり、親密圏と社会との間に設定されたズレは、抗争を惹き起こすものではなく、前者が後者の欠落を代償的に補完するものにとどまる。(13)

親密圏は、社会の外部に位置するわけではなく、そこで用いられる言語は、社会が正常なものと認める価値の支配を免れえない。とりわけ、小家族内の子どもにとっては、「愛」を語る親の言語は、しばしば正常化する権力を自らの心身のとらえ方に伝えてくる強力な媒体でもある。このように見るなら、親密圏において、生命の再生産と正常性の再生産は矛盾なく接合し、それが幾分かははらむはずの「社会的なもの」からのズレは、その正常な作動の幅のなかに回収される程度のものでしかないと結論づけたくもなる。しかしながら、このような見方は、親密圏の半面——社会的なものに対する従属と補完——をやや硬直的にとらえているにすぎず、もう一つの側面——社会的なものからの離反とそれへの抵抗——を視野に入れたものであるとは言えない。

親密圏を近代の小家族と等置する多くの論者とは異なって、H・アーレントは、『人間の条件』(一九五八年)において、近代の親密圏を「社会的なもの」を補完する相においてではなく、それに抵抗する相においてとらえた。「親密性の最初の明晰な探求者であり、ある程度までその理論家でさえあったのは、J＝J・ルソーである。……彼がその発見に達したのは、国家の抑圧に対する反抗を通してではない。むしろ、人間の心を耐え難いほど歪め、それまでは特別に保護を要しなかった人間の内奥の領域に侵入してくる社会に対する反抗を通してであった(14)」。

アーレントは、「コンフォーミズム」の社会的圧力に対する抵抗のうちに親密な関係が形成される機縁を認めた。そのかぎりで彼女は、生を正常化する「社会的なもの」の権力に服さない価値が保持されうる領域として親密圏を理解しようとしたと解することができるだろう。しかしながら、その親密圏に、彼女は、「社会的なもの」の自己再生産《オートマティズム》を遮るだけの政治的抵抗のポテンシャルを認めなかった。親密性は、社会的なものの圧制からのいわば主観的な亡命にとどまり、その反抗的態度がいかにラディカルであろうと「社会的なもの」の制覇を覆しうるだけの力をもたない。アーレントの議論でも、親密圏には論争や抗争を避けようとする非政治性の特徴が割り振られることになった。

アーレントは、人びとが自らの意見や行為において他者の耳目にふれることのできる空間を「現われの空間」と呼んだ。彼女の設定する二分法にもとづくかぎり、親密圏を特徴づける「内密性」や「内的行為」は、誰に対しても開かれた公共的空間への現われからは厳密に区別される。そこに一定の対話が成立するとしても、それは、距離を失う危険性、そして異質なものを排する危険性を免れえない。たしかに、親密圏は誰に対しても開かれているという十分な公開性の条件を欠いている。しかし、アーレントがそう考えるのとは異なり、公共的な領域の「光輝」のみが人びとの言葉や行為における現われを可能にする唯一の条件ではない。むしろ、すべてを限無く照らす光ではなく、一定の翳りがかえって人びとの現われを可能にするという局面があることに注目したい。親密圏は完全な「暗闇」(obscurity)――社会的黙殺や歴史的忘却――を妨げる条件となることがある。

親密圏には、「貢献」や「功績」といった社会でのパフォーマンスに沿ってひとを評価する側面ももちろんあるが、そうした評価がすべてを被い尽くすわけではない。親密圏は、一人ひとりの他者の生への関心／配慮を関係の媒体とするかぎり、社会的なものの介入をある程度まで遮り、正常なものとして社会的に承認されていない生のあり方や生の経験が肯定されうる余地をつくりだす。それは、実際、「異常」「異端」とされるような価値が生き延びることのできる空間としても機能してきた。「まとも」とはみなされない愛／性愛のさまざまなかたち、一般には奇異なものとして受けとられるような教義や共生の理念をもつ宗派やコンミューンなどが存続してきたのは、特定の人びとの間のかぎられた圏域においてであった。統合失調症などの病いをかかえている人びと、犯罪の被害者やその近親者、単身家庭の男性たち、顔に傷痕や病痕などをもつ人びと、公害や薬害を被った者たち、さまざまな依存症に悩む人びと、あるいはかつての戦争や植民地支配の犠牲者たち……。[15] 親密圏は、歴史のなかで忘却され、闇のなかに押し込められようとしている生の経験、社会から遠ざけられ、黙殺されようとする生のリアリティに一定の光を当ててきた。それは、さまざまな仕方で、社会には場所をもつことのできない生に、あるいはまた支配的な価値とは別様の価値を構想し、追求しようとする行為に、その空間を与えてきた。

言葉を交わすまでもなく気持ちが通じるような内密性の領域として親密圏を描くやり

方は、それがある人びとにとって唯一の「現われの空間」でもあることを正当に評価することができない。複数性という政治的生活の条件は親密圏の条件でもある。親密圏がいわば「現われがたいものの現われ」を可能にするのは、それが、一般のアクセスを遮ることによって現われようとする者たちに安全性の感覚を与えることができるからである。そうした「相対的な安全性」(G・アンサルドゥーア)は、自らがかかえる問題や苦難を個人的な不幸や不運として私化する解釈に抗して、それらを共通のもの——ほかのひとにも通じるもの——としてとらえ返すことを可能にする。親密圏への現われを通じて、それまで個人的な不幸や不運として甘受してきた事柄を公共的な不正義としてとらえ返す途がひらかれることもある。とりわけ、社会的な圏域から場所を剝奪され、自らを「敗者」として描くことを余儀なくされる——劣位性としての差異を割り振られる——人びとにとっては、自らの存在が否定されない関係性をもちうること、自分がそこに居ることが受容されるという経験をもちうることは文字通りヴァイタルな意味をもっている。

生権力は、有用と目される人びとを積極的に生かす権力であって、そうでない人びとに社会的な生を自動的に与えるわけではない。社会的な評価と監査のネットワークは、私たちの生を幾重にも覆っている。もとより、社会が評価しうるのは生のごく限られた側面にすぎないが、その限られた側面の否定をあたかも存在そのものの否定であるかのように受けとめさせる解釈コードは以前にもまして強力に作用している。社会が求めるものとのたまさかの不適合はしばしば自らの本質的な欠陥へと翻訳され、自ら自身を責める苛酷な態度を人びとに取らせる。社会的な承認の剝奪を自己蔑視、自己否定へと繋げていくこのような呪縛は、自分自身の力だけでは解きがたいものである。というのも、承認の毀損によって自尊の感情が深く傷つけられているとすれば、自分が自分を受け容れ、自らをあらためて肯定することはけっして容易ではないからである。アーレントが指摘するように、孤独というのは自らを見棄てることを可能にする条件でもある。(16)

私たちは誰しも、具体的な他者による受容や承認を繰り返し経験するなかで、自ら自身を肯定していくことができる。親密圏は、単なる事後的なセイフティ・ネットではなく、また、単に日々の生存への不安を緩和し、癒しを与える緩衝装置でもない。それは、人が現在の社会的評価に過剰に曝されることを防ぎ、引き続き有用でありうるか否かといった評価から少なくとも部分的にその力を奪う。親密圏の他者は、社会的な承認とは異なった承認を、社会的な否認に抗しながら、人びとの生に与えることができる。その承認は、人間の生は脆弱であり、損なわれやすいという認識とも結びついているだろう。無視されていない、排斥されていない、見棄てられていないという基本的な受容の経験は、人びとの「間」にあるという感覚や自尊の感情を回復させ、社会が否定するかもしれない生の存続を可能にすることもある。(17)

四　親密圏の危機

親密圏の危機がいわゆる「家族の危機」を意味するにとどまるとすれば、それはさして深刻な問題ではないかもしれない。しかも、いわれるところの危機が、親密圏の新たな形成をともなっているとすれば、それはむしろ歓迎すべき事態かもしれない。家父長制や異性愛主義という近代の家族秩序を支えてきた根強いイデオロギーが退潮しつつあることを示している、と解釈することもできるからである。実際、すでに触れたように、異性愛ではないカップルにも婚姻という法的なカテゴリーが認められたり、そもそも婚姻や血縁にはよらない家族がさまざまに形成されつつある。[18] それでもなお「家族の危機」を真剣に受けとめるべきだとすれば、その重要なポイントは、安全な空間という家族の「神話」がはっきりと崩れ、少なくともその一部がきわめて危険な空間であるという実態が露わになったことにある。「家庭内暴力」(Domestic Violence)、「児童虐待」(Child Abuse)といった数々の言葉が示すように、家族がそのなかに暴力の要素を宿し、しかもそれを増殖させつつある事態が明るみに出てきた。

争いを免れた平和な空間という家族イメージは、女性の男性に対する「自然的従属性」という近代家父長制の想定に依拠してきた。近代の政治思想において、家族が市民社会(社会状態＝法状態)の外部に――つまり自然状態として――位置づけられながらも、それがなおも絶えざる闘争の状態(戦争状態)として描かれなかったのは、W・ブラウンが論じるように、男性に対する女性の従属が自然なものであるという本質主義的な想定がとられたからである。「もし家族が、自然状態と同じように、「自然な状態」であり、それ自身国家の監督と法の監視の圏外にあるとしたら、なぜそこで万人の万人に対する闘争が現出しないのだろうか。その答えは親和性や愛情のなかにはない。……家族には自然な一体性や平和があるというリベラルたちの考えは、それが、自然状態の根本条件、つまり欲望の平等や欲望を実現する能力の平等を欠いているという想定に依拠している[19]。男性に対抗しうるだけの「力の平等」が女性には否定されることによって、法以前の自然状態は戦争状態に陥らずにすむのである。引き続きW・ブラウンの表現を用いるなら、近代家族は、対等な者たちの間の「契約」(contract)――相互を等しく拘束する法を措定する行為――ではなく、劣位の者が優位の者に与える(しばしば暗黙の)「同意」(consent)によって構成され、維持される秩序である[20]。女性は、「性的契約」(C・ペイトマン)によって市民社会の政治的領域から排除されるだけでなく、家族のなかでも男性と対等の政治的存在者であることを否定されてきたのである。

家族が凄惨な暴力の空間になっていることを説明する理由の一つは、こうした「自然的従属性」の想定が揺らぎ、「愛の共同体」に横たわる権力関係に人びとの眼が向きはじめたことに求められよう。言うまでもなく、権力関係の問題化それ自体が自動的に暴力を惹き起こすわけではない。DVなどの暴力は、家族の秩序を脱‐自然化し、政治化しようとする動きが、失われようとする「ジェンダー秩序」を回復しようとする反動によって力ずくで抑え込まれるところ——力を否認されつつある者が自らの力を無理やり確認しようとするところ——に生じている。

家族の空間を脱‐暴力化しつつ同時にそれを政治化する途は、たしかにそこに自由と正義を核心とする市民社会の原理を導入する以外にはないだろう[21]。親密圏の脱‐暴力化を「家族の絆」(family value)の再生に求めるなら、それは、家族から抗争そのものを消去しようとする抑圧的なイデオロギーを以前にもまして強化せざるをえない。家族を政治化していくために必要なのは、抗争そのものを取り除くことではなく、それを非暴力的な仕方で継続することである。心身に加えられる暴力を刑事罰の対象にしたり、社会保険制度(医療保険や年金保険)を世帯単位のものから個人単位のものに改めることは、半ば「法外」の領域でありつづけてきた家族に市民社会の原理を導入する重要な方策ではある。とはいえ、家族における自由の享受を保障するうえで最も実効性があるのは、家族から退出する自由が形式的(法的)にも、そして実質的(経済的)にも保障されることである。退出の自由をもたない発言の自由は著しく制約されざるをえない[22]。退出の自由が発言の自由を支える政治的な条件であるということは、家族のみならず準‐閉鎖的な空間である親密圏一般についても当てはまる。

暴力化（自然状態化）としての「家族の危機」は、家族をあらためて「法状態」へと変えていくことによってかなりの程度克服することができるだろう。ここで注目したいのは、親密圏の危機のそれとは異なった様相である。その一つは、すでに触れたように、膨大な人びとが親密圏そのものを失う危険に曝されているということである。M・フーコーが描いた生権力には、人びとの生／生命に介入し、それを積極的に増強するという側面のほかにもう一つの側面があった。それは、生権力を解除し、人びとを「死へと廃棄する」という側面、この四半世紀の秩序の再編のなかで際立ってきた側面である。親密圏の危機は、ある人びとを他から孤立した境遇、孤独な境遇へと見棄てるという生権力のモードが上昇してきたことと密接に関連している。

社会保障の制度——国民社会を単位とする非人称の生活保障のシステム——が整備されていないところ、あるいはそれにもとづく生活保障が著しく後退しつつある条件のもとで、自らの生に関心／配慮を与えてくれる親密圏の具体的な他者を失うことは、生のさまざまなリスクにほぼ無防備に曝されることを意味する。国民社会国家（E・バリバール）がその成員の生の存続を基本的に保障する「サヴァイヴァル・ユニット」（N・エリアス）としての機能を明らかに弱める——あるいはそのような機能をもつことを断念する——につれ、エスニックな集団や多国籍企業などが生き残りを可能にする単位としてあらためて発見されつつあるが、そうしたユニットの組み換えによって生の保障からの排除に根本的な歯止めがかかるとは思われない。棄民の現状を告発するいくつかの報告が伝えるように、「見棄てられた境遇」は、原因はさまざまであるとしても——致命的な伝染病の放置、強いられた出稼ぎ、泥沼の内戦等々——親密圏の剝奪、そしてそのことによる実質的なケアの喪失と不可分の仕方で惹き起こされている。親密圏の危機を問題にするなら、何より関心が向けられるべきは、生命／生活の保障を、フォーマル、インフォーマルの両次元において失いつつある人びとの実情である。

親密圏の危機のもう一つの様相は、それが前述した「社会的なもの」との距離を失いつつあるということである。そうした距離を失うとき、人びとは支配的な価値とは異なった価値の介在を失い、よりストレートに社会的評価に曝されるようになる。たしかに、親密圏が「安心できる隠れ家」という特性を失ったという見方はなんら新しいものではない。マスメディアは、社会の有無を言わせぬ影響力がプライヴァシーの圏域に注ぎ込む落下口として機能しているといった指摘は、これまで幾度も繰り返されてきた。親密圏の「相対的な自律性」の喪失に見られる従来にない特徴は次の点にある。つまり、情報通信技術の発展を背景に、一方で、人びとの行動を追跡し、その形跡を細部にわたって辿ることのできる監視の条件が整い、他方で、人びとは日々能動的に行動することによって自らについての情報を社会に譲り渡さざるをえなくなってきたということである。

プライヴァシーは、自らの生に固有な事柄に対する他からの同意なきアクセスを拒むところに成立するが、それを私的に構築する条件はほぼ失われてしまった、と見ても間違いではないだろう。

自らの生活や行動が過剰に開示されてしまう環境は、ある種の現われを阻み害する。親密圏は「社会的なもの」に対する一定の距離を維持することにより、社会が正常とは認めない事柄に存在と活動の余地を与えるが、社会の監視を遮る空間を維持しようとしたり、それを新たに形成しようとする動きは、不穏なもの、秩序を攪乱するものとして警戒されることになる。これが杞憂ではないことは、ある種の宗派、コンミューン、運動体などが実際に反社会的・準犯罪的な集団と目され、治安管理の対象となっていることからもわかる。親密圏は社会のあり方を問い返す対抗的な公共圏として機能することもしばしばあるが(23)、社会的なものからの距離の縮小や喪失は、そうした対抗を無害なものにとどめていくおそれがある。親密圏への現われが、過剰な公開性をともなっているとしたら、現われを自己抑制しなければならなくなる場合も少なくない。たしかに社会を一つに統合するような大きな物語の支配を私たちは免れたかもしれないが、そうした脱-中心化は、正常とされるものとは異なった価値に対する許容度を高めたわけでは必ずしもない。むしろ、さまざまな価値観の共存という多文化的な状況のもとで、他の価値との差異を実体化し、それを交渉不可能なギャップとみなす傾向が強まっているように思える。

五　親密圏の政治

本章では、親密圏を、具体的な他者の生への配慮／関心を媒体とするある程度持続する関係として描いてきた。私たちは、一般的な他者との間では、互いの生き方を尊重しながら、それぞれがいだく価値観の違いが惹き起こす問題を最小のものにとどめるルールを設定しようとする。(24) そこでは、互いの生き方の違いに無関心であることはリベラルな徳性ですらありうる。これに対して、具体的な他者との間では、互いの生――それぞれの善の構想の追求にかかわる生き方を含む――が、ある程度まで干渉し合うことは避けがたい。私たちは、さまざまな間人格的な関係を生きているが、そうした関係のすべてが親密圏と呼ばれうるわけではない。親密圏の特性をより明確にするために、それを他の中間集団と比較してみよう。

まず、親密圏は、市民社会を構成する中間集団とは異なった特徴をそなえている。第一に、親密圏はアソシエーションのように対等な者たちの間に形成されるわけでは必ずしもない。親密圏を特徴づけるのは、その非対称的な関係性であり、しばしばそれは、自らの必要や意思をはっきりと表現することのできない他者との関係をふくむ場合がある。もっとも、関係が非対称的であることは人びとの間に相互性がないことを意味するわけではなく、最低限の相互性は親密圏を存続させる条件でもある。第二に、アソシエーションと比較した場合、親密圏の諸関係は一定の被縛性を帯びている。すでに触れたように、親密圏から退出する自由は制度的に保障されなければならないが、そこでの関係性は身体の接触や感情の呼応、相互の発話への応答によってしだいに形成されるものであり、そのような呼応や応答の積み重ねは互いの関係を容易には解消しがたいものにする。(25) この被縛性は、親密圏は間身体的な関係性であり、アソシエーションとは異なって、一人ひとりの生の物質性を重く受けとめざるをえないという点にもかかわっている。

親密圏における身体性＝物質性はこれまでもっぱら性愛の次元に還元され、それのみが過度に強調されてきた。しかし、それは、性愛のみならず、人びとの生のあらゆる側面にかかわっている。具体的な他者との関係——身体を通じて他者に曝されてしまう関係——を日々生きようとすれば、その他者の生の困難、しばしば差し迫った必要や欲求に曝されるのを避けることはできない。困難に曝されるということはまた、自らが一方的に制御することのできない他者の感情に曝されるということでもある。その感情を少なくとも幾分かは受けとめ、それに反応を返すという呼応が繰り返されるなかではじめて、親密圏は互いの現われをひきだすことのできる空間になっていく。他者との関係における自発性と能動性が強調されるアソシエーションとは異なって、親密圏を特徴づけるのは、具体的な他者の生とのかかわりにおけるこうした受動性・受容性の経験である。

親密圏はまた、コミュニタリアンのいう共同体ともいくつかの決定的な点で異なっている。共同体が共通善を追求する、価値観において等質な集団を指すとすれば、親密圏は、さまざまな点でより複雑で、異種混交的である。そこには、「われわれ」として括ることができるような等質性は見出しがたい。親密圏は、公共圏と同じように、人びとの「間」に成立する関係性であり、そこに生じる価値の葛藤やディレンマそのものを排するものではない。そこから排されるべきは、むしろ何らかの価値の強要による抗争の解消の方である。親密圏が新たにつくりだされ、相互の交渉が重なり、互いの経験が照らし合わされるなかで「共通の経験」や「共通の価値」とでも言うべきものが形成されるとしても、それらは互いの違いをそこに還元しうる何かではない。

親密圏は、共同体から逸れるような仕方で、あるいは諸々の共同体を横断するような仕方でも形成されうるものであり、共同体のなかにすっぽりと包摂されるような小共同体ではない。実際、親密圏は既存のさまざまな境界——国境、宗教、民族といったそれ——を超えた、脱-領域的な「近接」(proximity)として形成される場合があることを、私たちは、たとえば医療や飲用水など生活の安全にかかわるNGO等の活動を通して知っている。そのような具体的な近さや親密性の形成は、むしろ、多分に抽象的な「われわれ」——たとえば国民の共同体——の再-領域化に対しても抵抗するだろう。人びとが生きる空間を「文明」や「生き方の違い」などの多分に観念的な指標によって截然と切り離そうとする思潮が力を得ているなかで、共同体型ではない親密圏の形成は「近さ」を再編するという政治的な意味を帯びつつある。

B・ホニッグ[26]が強調するように、たしかに「ホームのような場所はない(There is no place like a home)」。持続する愛を媒体とする、争う者のいない空間を求めることは、たしかに危険な夢想でしかないだろう。そうした空間は、親密性を、抗争の芽を摘み、異他的なものを追放する他者の排除によって定義しようとするだろう。しかしながら、親密圏を、距離の欠落、過度の近しさ、それゆえ複数性や自由が廃棄される場所として描く半ば定型化した批判を繰り返すだけなら、親密圏における経験がもちうる意義をとらえそこなうことになる。

親密圏が、一方において差異とディレンマにつねに貫かれているということと、それが他方で、そこにいる人びとに一定の安全性(の感覚)を与え、生の拠りどころになるということは矛盾しない。それは、一体性の空間ではなく、複数の人びとの「間」であり、そこには言葉や行為における現われとそれに対する一定の応答がある。自らが応答されうる状態にありうるということは、親密圏を成り立たせる最も重要な条件である。そこでの応答は、人びとの身体性＝物質性から切り離されたものではありえず、他者の生の必要や困難への受け身の対応という要素をうちに含んでいる。そうした受動性／受容性の経験は、生の困難の原因を他者自身の本質的な欠陥や欠落に帰して関係を断ち切るのでないかぎり、社会の秩序や自己の秩序を現在編成している価値のあり方に対する疑問や問題化へと繋がることもある。

発達著しい情報通信技術は、私たちの生を社会や他者の監視に曝す条件だけでなく、物理的には遠く隔たった他者との間に「近さ」をつくりだす環境をもたらした。私たちは、そうしたテクノロジーを介して、ある人びとの生の苦難、その具体的な姿に不意に曝されることがある。暴力を加える側が苦難の具体的な姿を隠そうとする「暴力の衛生化」につとめ、あるいは、人びとの注意が他者のかかえる苦難に惹きつけられないようにアテンションを配置しようとするのは、そうした新たな「近さ」の創出が何をもたらしうるかを承知しているからでもある。夥しい人びとが、親密圏を失う、あるいはそれを再形成しがたい孤立した境遇へと放逐され、新たにインセキュリティという負の価値を配分されつつあるなかで、そうした近さや親密性は、社会や自己の秩序を編成している価値を問い直し、生の空間の分断・隔離に抗する条件ともなるだろう。

Ⅳ

第八章　政治的責任の二つの位相

一　不正義の感覚

かつて「慰安婦」たることを強制された女性たちが公共の場に現われ、現在へと続く苦難を語りはじめたのは一九九一年であり、アジア・太平洋戦争の終結からすでに半世紀近くが経過していた。その間、おそらく彼女たちは、心身に加えられた傷をかりに言葉に表わすことができたとしても、それを聴きとってくれる人びとの存在を期待しえずに、その苦難の思いを固く封印しつづけるしかなかった。彼女たちは、他者の応答を期待することのできない「見棄てられた境遇」におかれてきたのである。さらにその間には、誰にもその苦しみを察知されることなくこの世を去っていった被害者たちも少なくない。この半世紀は、夥しい苦難を「暗闇」(H・アーレント)のうちに沈めてきた。

戦争責任を再考する際、元「慰安婦」をはじめとする戦争の被害者たちを「暗闇」に追いやってきた時間の経過は、実際に暴力が起こった半世紀前の時間にもまして重要である。忘却あるいは記憶の風化といった言葉でこの時間の経過を説明するのは、とても不適切であるように感じられる。というのも、忘却は、被害者の苦難を苦難としてかつて受けとめたことがあるということを前提としているからである。少なくとも、ある人びとの苦難は、忘却以前の問題として、一度も明確な「不正義」(injustice)として受けとめられずにきたのではないだろうか。あの「過去の一時期の不幸」のいう「不幸」(misfortune)なるものが、被害の当事者や遺族たちにとっては堪えがたい「不正義」であり、その苦しみが「過去の一時期」に属するものではなく、現在へと継続するものであることを受けとめるだけの感覚を私たちの多くは欠いてきたのではないだろうか。「暗闇」に沈んだ半世紀をもたらしたのは、アムネジア(健忘症)ではなく、被害者の声に耳を傾けようとする用意の欠如であり、忘却もしくは「忘却の忘却」ではなく、アテンションの端的な不在であるように思える。

J・シュクラーが指摘するように、「不正義の感覚」(sense of injustice)は「正義の感覚」(sense of justice)とは異なった方向性をもつ。[1]「正義の感覚」は、すでに確立され、現に妥当している規範に方向づけられた感覚であり、ある行為がそうした規範に照らして正しいか否かを問う。これに対して「不正義の感覚」は、現下の規範からすれば、当事者が甘受し堪えてしかるべき「不幸」や「不運」とみなされている事柄を「不正義」

として受けとめ直す感覚、言いかえれば不運と不正義との間に引かれてきた境界線を問い返す感覚である（したがって「正義の感覚」には優れながらも、「不正義の感覚」においてはまったく感受性を欠くという事態は十分にありうる）。従来の規範が明確な不正義として定義していない苦難は、「正義の感覚」を喚起しにくいがゆえに無視され、黙殺されやすい。それが察知されるためには、受け手の側に一定の能動的なアテンションが必要になる。そうしたアテンションが不在で、語り手の言葉を受けとめる用意がない場合には、語り手は「応答される可能性」を実質的に失わざるをえない。苦難が苦難として顕在化するためには、語り手だけではなく聴き手が必要なのである。「性的奴隷」とされた人びとの苦難に遅まきながら光が当たったのは、幸いにしてそうした聴き手たちが現われたからでもある。

言うまでもなく、私たちはあらゆる人びとのあらゆる苦しみを察知できるわけではない。「不正義の感覚」は、私たちの「アテンションの配分＝配置」(economy of attention)によって制約されている。(2) 私たちのアテンションにはつねに方向性があり、濃淡がある。しかし、侵略戦争や植民地支配の被害者の現われによって問われてきたのは、私たちの「アテンションのエコノミー」がいかに偏頗な仕方で編成されてきたか、「国民的アテンション」とでも言うべき特徴をいかに帯びているかということである。ようやく私たちは、それを問題化できる位置に立ちはじめたが、他方で、「国民的アテンション」を固守し、強化しようとする動きがあるのも事実である。国家間に締結された条約・協定等によって戦争責任の問題はすでに決着済みとする態度を頑なに崩さない政府によって。戦後補償について完全な「立法不作為」の状態にある国会によって。被害に関する「事実の認否」それ自体を回避しようとする裁判所によって。すでに現われた人びとと対話の関係に入ることを拒むのみならず、彼女／彼たちを再度傷つけ、新たな現われを封じようとする言説によって。いわゆる「自虐史観」の思潮によって。

本章の関心は、私たちの「アテンションのエコノミー」を問い質す声を受けとめながら、とりわけ戦後世代が負うべき政治的責任を、「集合的責任」(collective responsibility)および「普遍的責任」(universal responsibility)という二つの位相において再考することにある。戦争責任をめぐる近年の言説には、集合的責任を担う主体の形成を急務の課題とみなすあまり、「日本人」というナショナル・アイデンティティを強調する傾向が見受けられるが、そうした立場は、「国民的アテンション」の修正という他者からの求めに対して適切に応じうるだろうか。私たちには、国家の成員が負うべき責任のみならずメンバーシップに依拠しない責任への問いも同時に提起されてはいないだろうか。戦後世代にとっての集合的責任の理由を再検討したうえで、普遍的責任をもう一つの政治的責任としてとらえ返してみたいと思う。

二　集合的責任としての政治的責任

戦後世代が戦争責任を負うべきか否かが争点となるとき、しばしば免責の理由としてもちだされるのは、戦後世代(戦後に成年に達した世代を含む)にはいささかの加害責任もないという事実である。加害責任がないということは、しかしながら、集合的責任＝「政治的責任」を、刑法上罪が帰責される「刑事的責任」から区別するための条件の一つにほかならない(3)。「集合的責任には二つの条件がなければならない。〔第一に〕私は私が行っていないことに対して責任があると見なされなければならない。〔第二に〕私に責任がある理由は、私のどのような自発的行動によっても解消しえない仕方で、私がある集団(集合体)に成員として属していることでなければならない。……私たちは道徳的にであれ法的にであれ、彼らの犯罪行為についての罪はないし、彼らの行為を私たち自身の功績に帰すこともできない。私たちがこうした政治的な、厳密な意味での集合的責任を免れうるのは、当の共同体を離れることによってでしかない(4)」。戦時における殺戮やレイプなどの罪(Schuld)は法的に帰責可能なものとして、それを実際に行った個人についてのみ問われる事柄であり、戦後世代にこの意味での責任はない(5)。集合的責任は、まさしく「私たちが行っていない事柄に対する代理責任(vicarious responsibility)」として生じるのである。戦後世代が集合的責任を問われてしかるべき位置にあるとすれば、それは、どのような仕方での「集団への帰属」によってもたらされているのだろうか。

この問いを検討するにあたって、あらかじめ二つの点を確認しておきたい。一つは、日本国は、国際法上の帰責主体として、大日本帝国の名のもとになされた犯罪に対して法的責任を問われるということである。したがって、日本国に集合的(政治的)責任があるかどうかという問いは意味をなさない。日本国は大日本帝国の法的継承者であり、何よりも侵略戦争や植民地支配の暴力をこうむった被害者にとっては、日本国以外にはその責任を問うことのできる法的主体は存在しない。被害者からすれば、日本国と大日本帝国との間には革命による断絶があったとか、日本国憲法は大日本帝国憲法の改正という法的手続きを経て成立したなどという議論にはさほどの意味があるわけではない。

もう一つは、いまだ果たされていない日本国の戦争責任を問う権利は万人に開かれている、ということである。日本国の責任を問い質すとき、日本国民(国籍所有者)であるという資格はまったく不要だということをあえて確認するのは、自国の責任を問う権利を、あたかも成員のみが所有する排他的権利であるかのように考える議論がなおも見られるからである。私たちは、広島・長崎への原爆投下やベトナム戦争(ベトナムの人びとにとっての「アメリカ戦争」)について合衆国の責任を問うことができるし、東ティモール住民に対する組織的犯罪についてインドネシア政府にすみやかな真相の究明を求めることができる。あらゆる国家の責任を批判的に問う政治的行為は、政治的共同体ではなく、成員の資格には必ずしも依拠しない政治的公共圏においておこなわれるのであり、日本国を問責する権利は国民のみならず、あらゆる非‐国民にも開かれている。

もとより、日本国の法的責任を問ううえで、国籍をもつ人びと(政治的共同体の成員)とそうでない人びととは同一の立場にあるわけではない。その違いは次の二つの点にある。第一に、日本国民は、選挙権・被選挙権をはじめ国家の行動を規定する意思決定に直接影響力を行使しうる政治的な権利を享受している。第二に、日本国民は、被害者に対する補償責任を国家が果たす際、その費用を負担する義務を負うことになる(費用負担は、非‐国民である定住外国人にも及ぶが、彼/彼女たちからの政治的権利の剝奪は、それ自体、国民の集合的責任が問われる問題である)。

国家の法的責任ではなく国民の集合的(政治的)責任が問われるのは、日本国が、戦争責任は戦後の国家間条約・協定等によってすでに果たされているという立場を固守し、被害者個々人に対する公式の謝罪および/もしくは補償を拒否しているという条件においてである。日本国民は、政治的特権を有効に活用し、国家にその責任をとらせる努力を怠っているのではないか。むしろ補償にともなう負担責任(Haftung, liability)を免れようとしているのではないか。被害者が高齢になり、他界する人びとも多くなりつつある現状において、日本国民は結局集合的責任をうやむやにしたまま、時が過ぎ去るのを待っているのではないか……。こうした問責の声を耳にするとき、「われわれ日本人」を帰責主体として立ち上げなければならないといった主張が出てくるのは、たしかに理解できないことではない。戦後世代をはじめとして、国民の多くは集合的責任を自ら引き受ける国家市民(デモス)としての自覚に欠けている。この責任感の欠損は、「日本人」という集合的アイデンティティの感覚によって充塡する以外には埋めようがない。「日本という共同体」がいまや「責任感」の共同体(「罪責感」の共同体ではなく)として打ち立てられなければならない、と。(6)

すでに触れたように、集合的責任の条件の一つは、「私のどのような自発的行動によっても解消しえぬ仕方で、私がある集団(集合体)に成員として属していること」である。日本国民(デモス)としての帰属と「日本人」(エトノス)としての帰属とを性急に融合する前に、戦後世代はなぜ集合的責任を問われる位置にあるのかを検討し直す必要があるだろう。

三　政治文化の継承

加害責任のない世代も戦争責任を免れえないとする主張の多くは、戦後世代は先行する世代から「何か」を継承しているということを集合的責任の理由として挙げる。その

「何か」を本質主義的に解する立場については、立ち入って論じる必要はないだろう。私たちは、血＝「生理的遺産」(家永三郎)を継承したり、「日本語」など民族に固有の文化なるものを引き継いでいるがゆえに、集合的責任を負うべき位置にあるわけではない。血統や民族文化の継承という理由づけは、エトノスに固有の何らかの「本質」が世代を超えて実在していると仮想するものであり、そうした仮想された同一性を国民統合(あるいは国民としての自覚)の核に据えようとする立場にいきつかざるをえない。検討が必要なのは、戦後世代には「政治文化」が継承されているとする見方である。K・ヤスパースやJ・ハーバーマスは、「精神的条件」(geistige Bedingungen)、「生活形式」(Lebensformen)という言葉を用いながら、政治文化の継承を集合的責任の理由として挙げている。

ドイツ人の生の精神的な条件のうちにこのような体制を生ずべき可能性が備わっていたということに対して、私たちはみな共同の罪責(Mitschuld)を負っている。だからといって、「ドイツの思想世界」「過去のドイツ的な考え方」がとりも直さずナチズムの悪行の源泉だなどということを承認せねばならないということにはけっしてならない。けれども、それは、私たちの民族としての伝統のうちに、私たちの倫理的破滅(sittliches Verderben)となるような、すさまじくかつ危険な何かが潜んでいることを意味する。[7]

後から生まれた者であっても、あのことが可能となった生活形式のうちで生い育っているという単純な事実は依然として存在している。アウシュヴィッツを惹き起こした生のあり方と私たち自身の生が結びついているのは、偶然ゆえではない。この結びつきは内的なものである。私たちの生活形式は、私たちの両親や祖父母のそれとつながっている。家庭や地域での伝統、政治的な、さらには知的な伝統が解きほぐしがたく複雑に絡み合った網の目によってつながっている。要するに、歴史的環境によってつながっており、それによってこそ私たちは、自分たちが今日あるところの存在となっているのである。……こうした責任のなにがしかは、次の、そしてさらにその次の世代にも受け継がれていくものなのではなかろうか。[8]

ヤスパースやハーバーマスがとらえる政治文化は、ナチズムをもたらした、それゆえ繰り返し批判されるべきネガティヴな諸要素(たとえば人種主義)に照準したものであり、次世代に引き渡されていくべき「本質」ではない。つまり、エトノスの文化の確証ではなく、デモスの文化への反省が、いまだ果たされざる歴史的責任として提起されているのである。そうした反省が不徹底であるかぎり、後続する世代といえども「アウシュヴイッツを可能にした生活形式への歴史的責任」を自ら解除することはできない。

政治文化は私たちにとって「歴史的環境」として与えられており、私たちは意のままにその外に抜け出すことはできないという主張は、たしかに正当である。だが、先に触れた「アテンションの配分＝配置」という視点からすれば、ヤスパースやハーバーマスの議論にはなおも問題が含まれているように思える。というのも、「未完のプロジェクト」たる政治文化の反省が、国民自身の「内省」として可能となるかのように描かれているからである。私たちが自ら自身を点検し、その問題を剔出し、克服するという能動的な自己反省は、内向きのアテンションをもつ国民的主体のモノローグの構造を免れえているだろうか。私たちはすでに、国民という閉域のなかで、それはそれなりの仕方で真剣に取り組まれてきた政治文化の反省が、「アテンションのエコノミー」において重大な欠落を伴っていた経緯を振り返ることができる立場にいないだろうか。

戦後の日本社会にも、自らの政治文化へのラディカルな反省として遂行されるべき歴史的責任という観点がなかったわけではない。というよりも、戦後デモクラシーの思想は、まさにエートス(「精神的条件」「生活形式」)の次元に焦点を合わせながら、「超国家主義」を惹き起こした政治文化を真剣に反省しようとしてきたと言っても過言ではない。戦後いち早く、日本の政治文化を「無責任の体系」という言葉をもって特徴づけ、国家の権力行動を制御しうる力量をそなえた責任主体の形成を説いた丸山眞男の思想はその典型だろう。しかし、そうした自己反省は「国民的アテンション」そのものから批判的な距離をとることができただろうか。端的に疑問を挙げれば、丸山らによる反省は、「南京虐殺を可能としたような政治文化への歴史的責任」に背くような仕方で行われてきたのではないだろうか。というのも、丸山らの関心はいかに国民を能動的な責任主体へと形成しうるかという方向に著しく傾斜し、あらかじめ国民の定義から排除された人びと、とりわけ日本社会の内外に住む旧植民地の人びとにはまったくと言っていいほど関心が向けられなかったからである。これまでも指摘されているように、日本の脱‐植民地化は、丸山らによってはもはや課題としては存在しないかのように了解されていたのである。「国民の他者」として排除された人びととの間で――彼女／彼たちとの継続する対話のなかで――自らの政治文化を省みる公共的なパースペクティヴは形成されず、歴史的責任は、もっぱら「なりそこないの市民」(citoyen manqué)＝「なりそこないの国民」(nation manqué)がいかに自らを成熟した市民＝国民に向けて再形成していくかという課題として了解されてしまったのである。

国民たる「われわれ」が、「歴史を引き受ける主体」へと自らを陶冶する回路を前もって経なければ、アジアの被害者に対して一個の人格としてまともに向き合えないという主張が近年あらためて提起されている。[9] 日本の政治文化の特徴の一つを「人格分裂」(謝罪する自己とそれを打ち消す自己との併存)ととらえるこの議論は、歴史的責任への問いを、いかにして一個の人格として謝罪することのできる国民的主体が形成されうるかという問いに方向づける点で、丸山らと同型の問題を反復しているように思える。強調されるのは、責任主体に向けての能動的な自己形成であり、国民の他者との関係において、問いかけられ、呼びかけられる受動的な位相に自らをおくことは、歴史的責任を省みるうえで不可欠の事柄とは考えられていない。国民の他者への応答をあらかじめ排したところで形成される責任の主体は、その「アテンションのエコノミー」をどのように再編しうるのだろうか。私たちは、国民の他者とされた人びとへの注意が著しく希薄になり、植民地帝国の過去が死角となった、これまでの「内省」のあり方それ自体を批判すべき立場にたっているはずである。

四　「日本人」としての名指し

冷戦構造が崩壊し、戦争終結に続いてしかるべきだった脱‐植民地化の過程がはじまるとともに、私たちは、能動的な自己反省を遂行するのとは異なった、受動的なポジションに否応なく立たされるようになってきた。国民の他者によって実際に集合的責任を問責されたり、歴史認識を問われる機会は、今後さらに増えていくだろう。徐京植は、植民地支配や侵略戦争の被害者が私たちを「日本人」として名指すとき、そうした名指しを私たちは受け入れねばならないと強く主張する。

上野〔千鶴子〕氏は「国民」というのは「わたし」を作り上げているさまざまな関係性のひとつにすぎないとして「単一のカテゴリーの特権化や本質化」を拒絶すると述べている。上野氏と同じように、「日本人」というのは自分を構成する多面的なアイデンティティの一側面にすぎない、と多くの日本人がことさらに言う。そんなことは当然ではないか。私にとっても、「韓国人」というのは「私」の一側面にすぎない。だが、ある集団の他の集団に対する加害〔戦争〕責任が問題となっているこの場では、「あなた」という存在の、逃れようのない一側面こそが名指しを受けているのである。[10]

私が、他者から一方的に(私自身の行為や意見とは無関係に)、何者か(what)として集合的に定義されるとすれば、それは明らかに私に加えられる暴力である。権力関係において優位にある者が、劣位にある人びとを集合的に表象し、彼/彼女たちを一方的に定義づけるとすれば、それは徹底的に批判されてしかるべきである。にもかかわらず、他者による名指しを私が拒否することが、他者が私に加える以上の暴力を他者に対して遂行的に行使することにならざるをえない歴史的関係が、私を「日本人」と名指す他者との間には現に存在している。このような関係においては、他者による名指しを拒むことは、その他者と対話の関係に入ることの拒絶を意味し、翻ってそうしたコミュニケーションの拒絶は、私が「日本人」として集合的に定義されざるをえないような既存の関係を再生産する効果を生まずにはいないだろう。少なくとも関係の端緒の局面で、「他者が私をまなざすその位置において自らを語る必要がある」[11]のは、そうした位置から自らを解除するならば、そのことによって私は、私と彼女／彼との間に未決のものとして存在する「植民地主義的関係性」を自ら是認することになるからである。

　私たちと被害者との間にある関係の非対称性は、歴史性を抜きがたく帯びている。植民地支配の歴史、侵略戦争に際しての殺戮や収奪の歴史、自国の旧軍人や遺族には「軍人恩給」等かなり手厚い補償をしながら、「ロームシャ」、日本に連行され苛酷な条件下で労働を強制された人びと(たとえば花岡鉱山の人びと)には補償を拒んできた歴史、元「慰安婦」たちに国家補償を拒み続けている歴史……。こうした歴史は、現在における記憶＝想起や時間意識を非対称的に規定し、いわば記憶と忘却のエコノミーをそれぞれまったく異なった仕方で編成している。私たちにとっての過去は、彼／彼女たちにとっては持続する現在であるかもしれない。

　戦後世代が集合的責任を担うべき理由は、私たちが、数多くの不正義を刻んだ具体的な歴史的関係を先行する世代から継承し、私たち自身もそうした関係をすでに生きてしまっているという事実にあると思う。「私のどのような自発的行動によっても解消しえない」のは、国家への帰属それ自体ではなく、被害者との間にあるこうした関係のあり方にほかならない。私たちを「日本人」と呼ぶ際に他者がまなざしているのは、私たちの生のこうした歴史的位相なのである。私たちが、いかに自らを「非‐国民」として定義しようとも、そうした生の歴史的位相からは逃れようがない。戦後さまざまな事情から日本国籍を取得し、日本国民となった人びとが、集合的責任をめぐって私たちと同じ位置に立たないのは、彼女／彼らが私たちと同じ歴史的位相をもたないからである。集合的責任の理由は、国民として政治的その他の特権を享受しているということだけでは説明しえないように思える。

私たちは、たしかに「日本人」としての名指しを受け入れることからはじめ直さなければならないだろう(12)。とはいえ、ここでも「アテンションのエコノミー」という視点から、次の二つの点に留意しておく必要がある。第一に、他者による「日本人」としての名指しを受けとめることと、私たち自身が自らを「われわれ日本人」として積極的に定義し直すこととの間、「日本人として問責されること」と「日本人として責任をとる」こととの間には決定的な意味の違いがある。「日本人」としての自己定義は、集合的表象をあらためて打ち立てる方向性をもつが、「日本人」としての名指しを受け入れるべきなのは、そのように問いかける他者との間で再‐交渉の具体的なプロセスを開始したり、継続するためであって、加害者集団の抽象的アイデンティティをもって被害者集団に向き合うためではない。私たちに求められているのは、集合的表象の応酬に陥らないような、あるいはそれに抗することのできる間人格的な回路を具体的に創出することであって、他者による集合的な定義づけに抽象的な自己表象＝「われわれ」をもって応じることではない。

第二に、私たちと彼／彼女たちとの間の歴史的関係は圧倒的に非対称的であるけれども、その非対称性は相互性を阻むわけではない。一方が問う(告発する)側でありつづけ、他方が応える(謝罪する)側でありつづけるといった、それぞれの位置が固定した関係は、むしろコミュニケーションの破綻を導くだろう。コミュニケーションには対等な者どうしが合意を目指して論議を尽くすというモードだけではなく、「非対称的な相互性」というべきモードもある。[13] 歴史の出来事を違った仕方で経験しているという非対称性は、他者の立場にたつということが根本的に不可能であるという自覚、したがって最終的には「理解をあきらめる」(花崎皋平)用意を求めるけれども、そうした歴史的経験の違いは、双方の間に「公共の記憶」(public memory)を形成していくことを妨げるものではない。むしろ、それぞれの国民が自らの過去を排他的に所有するのではなく、「国民の歴史」を横断する歴史認識を形成していくためには、同じ出来事をまったく違った仕方で経験してきた他者との意見の交換こそが不可欠である。私たちと他者の記憶がそれぞれ脱-

領域化されるかどうかは、そうしたモードでのコミュニケーションがどれだけ深まるかにかかっているはずである。

五　普遍的責任としての政治的責任

集合的責任は限定された責任であり、過去に植民地支配や侵略戦争によって加害を及ぼしたところに責任の範囲は限られている。それは、ある特定の他者との間にある歴史的関係のゆえに、そうした他者によって問われる責任である。それでは、自らの属する国家がもたらしたのではない苦難や不正義については、政治的というべき責任はまったく生じないだろうか。明確な限定を欠いた責任の観念は、普遍主義的な当為にとどまらざるをえないだろうか。この問いを考えるうえで示唆的なのは、アーレントが、集合的責任から区別される「普遍的責任」(universal responsibility)に言及した次の文章である。

この何年もの間、私たちは、自分がドイツ人であることが恥ずかしいと語るドイツ人に出会ってきた。しばしば、私は、自分が人間であることが恥ずかしいと応じたいという思いにかられた。この原初的な恥の思いは、今日、さまざまな国籍にわたる多くの人間が互いに共有しているものであり、私たちの国際的な連帯の感覚にとって残された最後の拠り所である。……宗教的形態をとろうと人道的形態をとろうと、およそ人類(humanity)という理念は、誰しもすすんで引き受けようという気持ちにはなれない普遍的責任という責務を含んでいる……。一切の感傷を取り去るならば、人類という理念は、人間は人間によってなされたあらゆる罪に対して何らかの仕方で責任を負わねばならない、すべての国民は他のあらゆる国民によってなされた悪の責めを分かち合わなければならない、というきわめて重大な帰結をともなっている。人間であることに抱かれる恥の思い(shame at being a human being)は、この見方の純粋にパーソナルな、したがってなおも非政治的な表現である。(14)

「いまだなお適切な政治的表現を見出していない」普遍的責任は、にもかかわらず、二〇世紀の政治的条件を厳しく問う仕方で提示されていることに注意したい。つまり、それは無国籍者ら「場所なき者」と呼ばれた人びと、国民的アテンションの狭間に沈んだ人びとの経験から提起されているのである。アーレントが「人権」の無力を批判したのは、「人間の権利」を「国民の権利」に還元する国民国家システムのもとでは、国民のアテンションの外に締め出され、それゆえ応答の可能性を実質的に奪われる「暗闇」の領域が不断に産出されるからである。ナチが「最終的解決」を始めたのも、ユダヤ人の境遇に対する関心の不在が証明された——「全人間世界における「余計者」あるいは場所なき者であることが立証された」――後のことである。[15] そうした経緯を踏まえて、「いかなる人びとをも排除しない」人類の理念だけが、誰かがその苦難に対する注目を完全に失い、見棄てられた境遇のなかで心身に危害を加えられたり、存在そのものを消し去られないようにするための「唯一の保障」になる、とアーレントは明言するのである。

後年のアーレントは、全体主義の条件下でもなおも成立しうる「個人的責任」(personal responsibility)の可能性を思考(thinking)という精神の活動に探ることを主要な課題に据えていくが、普遍的責任という考えが放棄されてしまうわけではない(実際それは、『全体主義の起原』〔一九五一年〕を経て晩年の『カント政治哲学の講義』〔一九八二年〕まで維持されていると見ることができる)。一九六八年の論考「集合的責任」において、彼女は、「世界への配慮」(care for the world)あるいは「政治的考慮」(political consideration)という言葉を用いながら、普遍的責任の観念をあらためて提起している。「人間の行いをめぐる道徳的考慮(moral consideration)の中心には自己があり、人間の行いをめぐる政治的考慮の中心には世界がある。……世界において重要なのは、不正が存在しないということである。不正を被ることも不正を為すことも等しく悪である。不正を被るのが誰であるかは重要ではない。〔誰が被る不正であれ〕それを取り除くことがここでの義務である」。[16]

ここでもアーレントが批判しているのは、誰かの苦難、誰かに加えられた不正義に対する関心がまったく不在となるような「アテンションの配分＝配置」である。たとえ周囲の支配的な判断に抗してでも自ら自身が悪をなさないよう自己を条件づける、自己への配慮としての「個人的責任」や、自国による過去の犯罪に対して謝罪と補償を果たす「集合的責任」は、必ずしも「世界への配慮」をもたらすわけではない。普遍的責任は、「われわれの関知するところではない」という「暗闇」の領域を世界のなかにつくらないようにする配慮、誰をも見棄てられた境遇に放置することのないアテンションのあり方を求める。それは、誰もが――不正義を問うその主張に対して――応答されうる可能性を失わないようにする語の最も広い意味での政治的責任であり、集合的責任のようにメンバーシップには依拠しない。

「人間であることに抱かれる恥の思い」は、ドイツ人としてのあるいは日本人としての恥の思いとは違って、自国や自国民が惹き起こした加害に対してのみ抱かれるわけではない。それは、「同じ日本人として恥ずかしい」とは異なり、集合的責任を果たすことを通じて「国民的自負」を取り戻すといった回路には繋がらない。それが接続するのは、関心の範囲を前もってある境界のなかに閉ざす機制を問題化する回路である。戦争の被害者たちがこの間私たちに問いかけてきたのは、まだ果たされていない集合的責任の問題だけではない。「日本や韓国の若者たちに、日本が過去に行ったことを知ってほしい」という金学順《キムハクスン》の言葉は、集合的責任の次元を超えた呼びかけを発しているように思える。その呼びかけを受けとめるということは、応答を返されない境遇、応答を期待できない境遇、応答を自ら断念せざるをえない境遇——そうした境遇に誰かが放逐されているのではないかという先行的な不安を解除せずに、世界に配慮する用意を引き受けることだろう。普遍的責任は、私たちのアテンションを何らかの境界のなかに絞り込もうとする諸力に対してそのつど抵抗することを要求する。それは、私たちのアテンションをそのつど脱 - 領域化するという政治性を帯びざるをえないのである。

テッサ・モーリス゠スズキは、サーカスなどの「展示物」としてアメリカ各地を引き回された末に命を落としたアボリジニに哀悼を捧げる集いに出席した際の思いを次のように記している。

私が抱いた圧倒的な感情は、罪(guilt)の感情ではなく、巻き込まれているという連累(implication)の感情だった。言いかえれば、私たちが悲しむのは、展示に記録されている恐るべき出来事を私たちが惹き起こしたからではなく、ある意味でそうした出来事が私たちを惹き起こした(not because we had caused the harrowing events . . . , but rather because . . . those events had caused us)からだと思う。サーカスのポスターのおぞましいイメージや人間味のない描き方を眺めながら、私たちの多くは私たちをつくりあげてきたイメージや言葉をそこに認め、それらが今の私たちの生を形づくっていることを認めたのである。……哀悼や謝罪は、私たちが、私たち自身が生きている現在にまで生き延びている過去の暴力の亡霊と闘うプロセスの一部なのである。[17]

彼女が「連累」という観念によって示唆するのも、集合的責任とは異なった責任のあり方である。[18] 私たちの生は過去から現在へと引き渡されている数々の不正義の上に形づくられており、私たちは、記憶の有無にかかわらずそうした過去をすでに生きてしまっている。不正義の過去を知らないということが、あるいはまた特定の仕方でしか知らないということが、私たちの生、現在の「生活形式」をつくりあげ、私たちと他者との関係を歪んだ仕方で規定している。かろうじて言葉に表現され、私たちが察知することのできた苦難——すべての苦難が言葉になりうるわけではなく、すべての言葉が私たちの耳に届くわけではない——に応じることが必要なのは、誰かに暴力が加えられたことを察知しながら、その苦難を放置し、その犠牲者を黙殺するならば、私たちの政治文化、いや私たちの生そのものが過去から続く不正義の慣性へと引き戻されてしまうからである。誰かを苦難のうちに見棄てないという配慮は、あらかじめ設けられた境界内での自己反省ではありえない。「過去の暴力の亡霊」——人種主義、植民地主義、性差別といった亡霊――は、国民の境界を跨いで徘徊しており、集合的責任を成立させる加害者と国民との結びつきはここではほとんど妥当しない。加害者と被害者の境界は国民と国民の境界に一致するわけではなく、そもそも帰責主体を特定することの困難な苦難もいたるところに存在している。

アーレントの示唆に沿って普遍的責任を取り上げたのは、集合的責任から眼を逸らすためではない。自らを免責し、耳触りのよい「普遍主義」に逃れるためでもない。国家や企業による謝罪は果たされねばならず、しかもその謝罪は有意味なものでなければならない。「いかなる過去への謝罪も、傷つけられた者や遺族たちが、集団として、現在もなお苦しみ続けているかぎり意味をなさない」(19)。普遍的責任に注目したのは、集合的責任を引き受けることの緊要さを力説する言説の多くが、他者にではなく「われわれ」に方向づけられた関心をパフォーマティヴに再生産しているように思えるからである。おそらく「国民的自負」の集合的ナルシシズムほど、この間私たちに呼びかけられた声に背くものはないだろう。私たちに要請されているのは、「日本人」としての誇りを回復することではなく、「国民の他者」の苦難に背を向けないことである。過去の不正義に対する謝罪と補償が、一度限りの清算ではなく、現在へと続く不正義に対する注意深さに結びつくような、そうした責任の引き受け方が求められているように思う。少なくとも、謝罪の言葉も補償も受けることなくすでにこの世界を去っていった人びとには、それ以外の仕方では応じようがないのはたしかである。

犠牲への鎮魂歌は自らの耳に快適な歌としてではなく精魂込めた「他者の認識」として現われなければならない(20)。

第九章　丸山眞男における多元化のエートス

近年の研究は、丸山眞男の思想を戦後という時代の知の枠組みの典型として位置づけ、丸山に対する批判を通じてその問題性を浮かび上がらせつつある。なかでも、国民共同体としての戦後日本の再出発が植民地帝国の過去の忘却を代価とするものであったこと[1]、戦時動員の思想が十分な反省を経ないまま「戦後動員」の思想に連接していったこと[2]、丸山の戦後の言説が「批判的国民主義」という外枠をもっていたこと[3]、六〇年代以降の丸山が「日本批判」を意図しながらも自ら「日本的なもの」の虚像を制作するという陥穽にはまっていったこと[4]、そして丸山の日本批判のスタイルが日本と西洋の双方において均質な社会像をつくる「対‐形象化の図式」に規定されていることをそれぞれ指摘する議論は[5]、戦後の思想を振り返るとき、どのような認識と思考の様式が問い返されるべきかを明らかにしつつあると言える。

本章では、こうしたアプローチの有効性をふまえながらも、そこからは死角となる丸山の思想のアンビヴァレントな諸契機、とりわけ、一次元的で等質な社会および自己の像の制作という解釈に抵抗する多元化のモメントに光を当ててみたい。というのも、「思想が孕まれてくる過程でのアンビヴァレントな可能性」(6)に注目し、『日本政治思想史研究』(一九五二年)や「忠誠と反逆」(一九六〇年)、「闇斎と闇斎学派」(一九八〇年)などの論考において、ネガと目されている思想からポジの契機を析出するという鮮やかな手際を見せた丸山の思想は、それ自身、或る単一の視角から整理されてしまうことを拒むアンビヴァレンスを宿しているように思えるからである。本章は、まず社会および自己の多元化という問題設定に注目し、次いでパースペクティヴの複数性を排する思考様式への丸山の批判を跡づけたうえで、丸山の思想の多元化のモメントがどこでどのように制約されているかを検討し、最後に、デモクラシーの理論を展望するうえで示唆的と思われる二つの思想的契機――「経験の個体性」と「忠誠の相剋」――に言及することにしたい。

一　ナショナル・デモクラシーから結社形成的デモクラシーへ

「戦争直後の時代のあと、第二期が来るんです。レッドパージのころです。わたしはこんなに早く国内状況が変わるとは思わなかった」(7)。後年自ら振り返るように、朝鮮戦争が勃発しマッカーシィイズムが席捲した一九五〇年は、丸山の思想にとっても一つの転機となった。「平和問題懇談会」は、丸山が中心となってこの年に「三たび平和について」[8]を公表し単独講和論に異議を表明するが、それは、マッカーサーによる警察予備隊創設の指令、レッドパージ、戦犯追放の部分解除といった逆流のなかでのことであった。丸山はこの年の末に「社会の各層に共通する不安と恐怖の雰囲気」[9]に触れ、レッドパージが「民主的雰囲気」にもたらした負の影響に危惧を表明している。自由とデモクラシーを標榜する社会がほかならぬその名のもとで反対物に転化しつつある事態は、近代社会に内在する共約的な問題性を再考することを要求する。やはりこの年の座談会「被占領心理」で、丸山は、アメリカが「近代社会の持っている危機なり矛盾なりに対して盲目になりがち」である点を指摘しながら、今後の課題を「近代化と現代化（近代社会の批判）という問題を二つながら解決すること」（引用の傍点は丸山、以下同じ）としている[10]。前近代性＝封建性に起因するとされる日本社会の問題性を、西洋に等置された正常な近代の理想をもって批判するというアプローチの妥当性はすでにこの頃に疑われつつある。

　近代社会への批判は、たしかに、ナチズムが市民社会の内部から市民的中間層を担い手として現われてきたことを論証しようとした「政治学に於ける国家の概念」（一九三六年）に遡る。ただし、この論考は、「欲求の体系」としての市民社会は「外的国家」「強制国家」を必然的に随伴するというG・W・F・ヘーゲルの見方に依拠している。「個人主義的国家観」の「究極の発現形態」として位置づけられたファシズム国家観への批判も、否定性によって媒介された個と全体(国家)との相互浸透というヘーゲルの論理からのものであり、[11]後述する社会の多元化という視座からのものではない。丸山がその後、新しい政治的秩序を制作する「作為の論理」を際立たせる立場を経ながら、近代国民国家の創出というプロジェクトに向かったことは周知のとおりである。「一君万民」から「国民的連帯」へというアクセントの差を伴いながらも、国民共同体は成員一人ひとりによって能動的に担われねばならないという基調は、敗戦をはさんでも変わらない。明治前期のナショナリズムを再評価する「陸羯南」(一九四七年)の言葉を用いれば、今後遂行されるべき「民主主義革命」は、「正しい意味でのナショナリズム、正しい国民主義運動」と結合しなければならない。[12]この結合にとって何が障害となるかは、丸山が応召の朝に脱稿したという「国民主義の「前期的」形成」(一九四四年)によって明瞭に特定されている。すなわち、「仲介勢力の自立的存在が国家と国民の内面的結合の桎梏をなしている」[13]。この仲介勢力の自立的存在(「横の地方的割拠」と「縦の身分的隔離」)は、「国民を従前の国家的秩序に対する責任なき受動的依存状態から脱却せしめてその総力を政治的に動員するという課題」(引用の圏点は齋藤、以下同じ)を妨げる要因とみなされる。[14]国民の政治的動員を求める戦中期のこの見方は、戦後の民主革命のプロジェクトにとってもけっして疎遠なものではなかった。もとより「超国家主義の論理と心理」（一九四六年）が説く、価値に関する「私的自治」の原理の承認に立ったうえでのことではある――それが可能かどうかは措くとして、丸山は政治的動員を精神的動員から区別しようとする[15]――が、戦後初期に強調されるのは、政治的秩序から逃れようとする精神をそれに関与する能動的な精神に、遠心的な非政治的自由を求心的な政治的自由に転換していくことだった。[16]

ルソー＝ジャコバン型のデモクラシー[17]がもつ危険性――それは国民の均質化、政治権力の集権化を伴うだけでなく、国民共同体の表象を各成員に抱かしめる強力な「政治的心術」の装置を不可欠とするはずである――にもまして、超国家主義を支えた「家族＝郷党意識」が克服されずに残存していくかもしれないという強い懸念が、この時期の丸山には読みとれる。「日本におけるナショナリズム」「戦後日本のナショナリズムの一般的考察」（いずれも一九五一年）は、自らの危惧が現実のものになりつつあるという判断のもとに著わされている。一方では総動員体制の足枷となりながらも、他方では国体イデオロギーを底辺で支えた「地方的郷党的感情」。これが、そのイデオロギー的動員を解かれて社会の各所に還流している。「過去のナショナリズムの精神構造は消滅したり、質的に変化したというより、量的に分子化され、底辺にちりばめられて政治的表面から姿を没したという方がヨリ正確であろう」[18]。伝統的なナショナリズムの精神的復員というこの判断は、それが再動員されるとすれば「冷戦の世界戦力」の道具として利用される蓋然性が高いという見通しをもたらすとともに[19]、他方では、何らかの集合的アイデンティティに依拠するその後の抵抗運動を「土着的ナショナリズム」の発現形態とみなすバイアスをつくっていくことになる(この点については後述する)。

いずれにしても、一九四〇年代には、前近代的な割拠性としての多元性を克服し、個人と国民国家が夾雑物によって隔てられない透明な政治的共同体を創出しようとする意図が、普遍史的な発展段階論の想定とも相俟って[20]、ナショナリズムとデモクラシーを「国民主権」として総合するルソー＝ジャコバン型のデモクラシーの展望に焦点を結んでいたことは疑いない。そのかぎりで、丸山が求める国家市民(Staatsbürger)に向けての自己形成は、「国民とは国民たろうとするものである」[21]という論理において、国民共同体への能動的な自己動員を求める戦中期の思想と異質なものではない[22]。こうした展望にラディカルと言ってもよい修正が加えられるのは、一九五〇年代においてである[23]。それは、デモクラシーを国民国家という表象の空間との結びつきから解き、公共圏という言説の空間に接続する方向でなされていく。

マッカーシィ旋風に翻弄されたアメリカ社会に丸山が看取したのは、「操作的公共性」のもとでの精神的動員の現実である。「支配と服従」(一九五〇年)は、マスメディアのもつ一方の機能(公共性の拡張)に眼を配りつつも、「この物的＝精神的装置の果たすイデオロギー的役割」、すなわち支配関係を隠蔽しつつ「被治者の自発的服従を喚起する」機能に注意を促す。(24)これに続く一連の著作、『政治の世界』「ファシズムの諸問題」(とに一九五二年)、「ファシズムの現代的状況」(一九五三年)などでは、ウルトラ・ナショナリズムの特殊要因の解明というアプローチは後退し、代わって「行動様式」における「原子的大衆化」という趨勢への関心、(25)併せてそうしたマス＝アトム化がファシズムに親和する新しい条件なのではないかという問題意識が前面に浮上する。丸山がアソシエーションの多元的形成を民主化の鍵とみなすようになるのは、このような公共性の脱政治化への対抗という文脈においてである。

一九五〇年代の丸山が関心を寄せるのは、「公共の問題を討議する(26)」場としての、言いかえれば討議的公共圏としての自主的結社である。丸山の多元主義《プルーラリズム》は討議デモクラシーのラインに沿って現われるのである。このスタンスは、同時代のアメリカ政治学において一つの潮流をなした多元主義と比較すれば明瞭になる。J・シュンペーターやR・ダールらの関心は、多元的な利益集団が相互に形成する競争的均衡のシステムが特定の利益と結びついた政治権力の突出を抑止しうるという点にある。この多元主義がなおも「欲求の体系」としての市民社会への評価に依拠しているとすれば、丸山が展望しようとするのは、利益集団の多元性というよりも公共圏の多元性を条件とする、もう一つの市民社会(civil society)である。丸山の自主的結社がJ・ハーバーマスのいう「自律的公共圏」――政治システム、経済システム双方に対して相対的な自律性を維持する公共圏――に近いことは、彼が政党や企業に与えたネガティヴな評価にも窺われる。(27)文芸的公共圏への高い評価が示すように、(28)丸山が重視するのは、多元的な利益の自己主張というよりも、むしろ討議の過程そのものとそれがもたらす画一化、標準＝正常化の圧力に抗しうる批判のポテンシャルである。討議的公共圏として当時の丸山が最も現実的とみなしたのは労働組合である。その意義は「経済闘争」の拠点となるところにではなく、あらゆる主題をめぐる討議が「人間の規格品化、大量通信報道機関による知識の画一化、趣味・教養の抹消化の傾向と戦い、大衆の自主的な批判力と積極的な公共精神を不断に喚起するところ」に認められる。(29)丸山は、ユーゴスラヴィアなどの「労働者評議会」の構想にも言及しながら、自主的結社を「体制への不断の抵抗感覚」が培われる「抵抗源」としてすら位置づける。(30)

マスメディアの発達と人びとの脱政治化(「自由の私化」)が「イメージの政治」の作動する範囲を押し拡げつつあるという危惧と警戒(31)は、表象の自己増殖を妨げる対抗的条件として、公共圏における「言説の政治」の意義をクローズアップさせた。この結社形成的デモクラシー(associative democracy)の展望は後年まで維持されていくが、それが他方でどのような難点を含んでいるかについては立ち入らない。(32)ここでは、一次元的で求心性をもつ政治空間の創出という戦後初期のプロジェクトが、多元的で遠心性(体制への抵抗の契機)をもつ政治空間の形成へと変化したことを確認するにとどめ、中間団体をめぐるこうしたパースペクティヴの変容が、「日本の思想」(一九五七年)、「開国」(一九五九年)、「忠誠と反逆」(一九六〇年)といった丸山が「本業」と自認する思想史領域の作品においてどのように現われているか、そこで社会の多元化と自己の多元化がどのように描かれているか、という点に議論のフォーカスをしぼることにしたい。

二　「権力の偏重」と価値の多元化

「日本の思想」では、ハイスピードで遂行された日本の近代化(官僚制支配と上からの産業革命の貫徹)の要因の一つとして「自主的特権に依拠する封建的＝身分的中間勢力の抵抗の脆さ」が西洋との比較において挙げられ(33)、また「忠誠と反逆」においても、「徳川幕藩体制において、本来の封建的特質——武士階級だけでなく、寺院・商人・ギルド・邑村の郷紳等の多元的中間勢力の広汎な分散と独立性——がすでに弱体化していたことが、「身分」や「団体」の抵抗の伝統を底の浅いものとし、それだけ明治政府の一君万民的平均化が比較的容易に行われる基盤があったともいえるのではないか」と分析されている(34)。多元的中間勢力は、国民国家の創出に向けて解体されるべき桎梏としてではなく、むしろ、国家による社会の一元化、等質化に抵抗しうる基盤としてとらえ返されている。「中間勢力の自主性……の伝統が、近代日本においてなぜ自発的集団のなかに新しく生かされなかったのか」[35]という問いに、丸山の関心の変化がよく表われている。

右の引用には西洋と日本を対比する構図が再び現われているが、西洋と日本はもはや近代と前近代とに単純に割り振られてはいない。「アソシエーションの歴史的具体的内容やその階級的基盤は東洋と西洋とで全くちがう」[36]という言葉にも窺えるように、かつての普遍史的な(単線的)近代化論の発想は相対化されており、むしろ、程度の差こそあれ西洋と日本の近代化に共通する負の側面——集権化および均質化——を批判する視点が、近代化の現実の過程のうちで失われた諸契機に探られているのである。まず、自主的な中間団体のもつ意味、具体的には幕末から明治初期にかけての文芸的公共圏が宿した可能性に触れた一節を引こう。

> 明六社のような非政治的な目的をもった自主的結社が、まさにその立地から政治を含めた時代の重要な課題に対して、不断に批判して行く伝統が根付くところに、はじめて政治主義か文化主義かといった二者択一の思考習慣が打破され、非政治的領域から発する政治的発言という近代市民の日常的なモラルが育って行くことが期待される……。政治と異なった次元(宗教・学問・芸術・教育等々)に立って組織

化される自主的結社の伝統が定着しないところでは、一切の社会的結社は構造の上でも機能の上でも、政治団体をモデルとしてそれに無限に近づこうとする傾向がある。[37]

非国家的領域における自主的結社の多元的形成という未発の可能性が、「天皇制国家という一つの閉じた社会」への「集合的エネルギー」の動員という現実の歴史的近代と対比されていることは明らかである。[38]「忠誠と反逆」の問題関心の一つも、天皇制国家による忠誠の独占に対して向けられる。明治の半ばに噴出するかのように現われた「集団や組織は目的の多様性にもかかわらず、その内部の人間関係と組織法則が二つの「モデル」の結合――上からの官僚制の「下降」と下からの家および村共同体の「上昇」――によって成立していたという面では大同小異であり、極言すればそこにあったのはまさに大小無数の相似三角形の集積にほかならなかった。一君万民の天皇制的な集中は、まさに機能において多様な、しかし忠誠パターンにおいては著しく劃一的な、そうした社会的媒体の存在によって……進行したわけである[39]」。忠誠構造における画一性、同一化(identification)のパターンにおける一様性。これを問題化する視点は国民国家への求心的な忠誠を求めたかつてのそれからはかなり隔たっている。しかも興味深いのは、「国家と独立した社会の十全な発達[40]」を抗事実的に展望するとき、たんにアソシエーションの多元的形成が説かれるだけではないということである。丸山が示唆するのは、自己の多元化が可能となるような社会、すなわち「個人が各種の複数的な集団に同時に属し、したがって個人の忠誠が多様に分割されているような社会」、とりわけ「その中の多様な集団が拠って立つ価値原理や組織原則においてもプルーラルな」社会である。[41] 個人が諸々の集団に多元的にかかわること(affiliations)、しかも「価値原理や組織原則」において異質な関係性をもつことが、ここでは肯定的に描かれている。「忠誠と反逆」の丸山は、自律的な諸個人が形成するアソシエーションのモデルを越えて、多様な集団への多重帰属、複合的なアイデンティティのあり方に関心を寄せているのである。

ところで、丸山に社会と自己の多元化に向けての「転回」を促した思想的源泉は何だろうか。自主的結社に体現される「ノン・コンフォーミズムの伝統」[42]を想起させるH・ラスキもさることながら、一九五〇年代の半ばに傾倒したというA・トクヴィルが、集権化のもつ危険性に加え、大衆社会化が惹起する「民主的専制」やアソシエーション(「二次的権力」)の意義について丸山に豊かな示唆を与えたことは疑いない。[43] その影響を辿ることも興味を惹くが、ここでは、丸山の福沢解釈がどのようにこの「転回」に与っているかに考察を限定することにしたい。[44]

一九四七年の「福沢諭吉の哲学」は、数年前に著わされた「福沢に於ける秩序と人間」(一九四三年)とは、福沢解釈のスタンスが著しく異なっているように思われる。後者は、「これまで政治的秩序に対して単なる受動的服従以上のことを知らなかった国民大衆に対し、国家構成員としての主体的能動的地位を自覚せしめ〔る〕……という巨大な任務(45)」を担おうとした思想家として福沢を描く。対して「福沢諭吉の哲学」は、彼を「個人主義者たる国家主義者」とは異質な「市民社会の思想家(46)」として位置づけ直す。この論考によれば、福沢は、「権力の偏重」から「多元的「自由」」への移行、「中央権力への価値集中(国家)」から「諸社会力への価値分散(市民社会)」への移行を展望した思想家である(47)。丸山によれば、福沢のいう文明化とは、人間の交渉様式の多様化、パースペクティヴの多元化、社会的価値の分散化、そして政治権力の脱集中化が相乗的に出来する過程である。彼がとくに関心を寄せるのは、市民社会での価値の多元化が国家による価値源泉の独占(「権力の偏重」)を抑止あるいは解体するという福沢の見方である。

> 政治的権力者による価値規準の独占的所有が破れ、価値決定の源泉が多元的となるところ、そこに必ずや自由は発生する筈である。「単一の説を守れば、其節の性質は仮令ひ純情善良なるも、之に由て決して自由の気を生ず可らず。自由の気風は唯多事争論の間に在て存するものと知る可し」(概略、巻之二)。是と逆に一つの原理が、之と競争する他の原理の抵抗を受けることなく、無制限に自己を普遍化しうる場合には、価値がそこに向って集中し、人間精神がその絶対価値の方へ偏倚するから、

必然に「惑溺」現象が起り、社会的停滞と権力の偏重が支配する。[48]

複数の異質な価値、原理、立場が互いに抗争する「異説争論」。先に触れた社会の多元化という視点はここにも見られるが、それだけではない。丸山は、福沢の思想における「惑溺」と「権力の偏重」との関係を、内人格的(intra-personal)な次元での価値関心の集中と間人格的(inter-personal)な次元での権力の集中との内在的連関として解釈するのである。「社会関係の固定しているところほど権力が集中し、権力が集中するほど人々の思考判断の様式が凝固する。と同時にその逆の関係も成立つ[49]」。思考判断の様式の凝固化が権力の集中を招致するとすれば、多事争論のリベラルな政治文化(「自由の気風」)を活力あるものとして維持するためには、各人の精神的生活においての価値関心の脱集中化が不可欠となる。丸山が福沢から引きだす「判断の絶対主義は政治的絶対主義と相伴う」という思想には、すでに固定した価値(利害)関心を抱く諸個人をどのように調停するかに問題を絞るリベラリズムの立場を凌駕する視点さえ含まれている。この思想は、精神的生活における価値関心の脱集中化と政治的生活における脱集権化との間に分かちがたい関係を見出している。

「惑溺」の解釈についてはあらためて触れるとして、「権力の偏重」に後年の丸山が与えた興味深い解釈をつづけて見ておきたい。「福沢諭吉の哲学」は、「権力の偏重」をもっぱら政治権力の集中と解したが、『「文明論之概略」を読む』(一九八六年)はその別の含意に光を当てる。

「権力の偏重」を政治権力が一方に、つまり政府の側に偏重して人民の側が軽くなるというふうに解釈する人が多い。それも一種の権力の偏重ですが、それが全てではありません。彼が権力という場合、政治にも実業にも、学問や芸術にも、いろいろな権力があるわけです。それらの社会における諸権力のバランスがとれなくて、政治の権力に価値が偏重している。(50)

つまり、「権力の偏重」は、政治権力の領域内での均衡の喪失を意味するにとどまらず、多元的な「権力」の諸領域間におけるバランスの喪失を意味する。後者の意味での権力には、政治権力のみならず、富、名誉、知、美といったおよそ人びとによって欲求されるすべての価値が含まれる。こうした多元的な諸権力のいずれかに人びとの関心が排他的に傾くとき「権力の偏重」が生じるわけである。したがってこの解釈によれば、何であれ「単一な価値が他の価値を全部抑えて人間の精神がその一つの価値に向かって集中している社会(51)」が、最も権力の偏重した社会とみなされる。

何らかの価値領域における分配が、他の諸領域における分配をもほぼ自動的に決定するような社会。たとえば、経済における財の分配のあり方が、政治権力や教育機会や社会的尊敬などの諸領域におけるそれに直ちに連動するような社会。これは、『正義の諸領域』(一九八三年)におけるM・ウォルツァーの言葉を用いれば、いずれかの財が「支配財」(a dominant good)となり、その分配が他の諸々の財の分配を規定するような社会である。ウォルツァーは、「支配財」の存在を与件としつつ、その独占(monopoly)をできるだけ平等な分配に向けて打破していく「単純な平等」(simple equality)の戦略ではなく、「支配財」による他の財の服属化そのものを廃棄し、それぞれの異なった財がそれに(相対的に)自律的な価値規準によって分配されるような「複合的平等」(complex equality)の構想を描いている。[52] 丸山がもし権力の偏重なき社会を積極的に展望するとすれば、それがこの「複合的平等」の構想に近いものであろうという推測が成り立つ。政治権力の偏重としての「政治主義」については『「文明論之概略」を読む』も批判を加えているが、[53] すでに「政治権力の諸問題」(一九五七年)は、より一般的な視点から、「権力状況の動態を把握するためには、社会的諸価値の制度化された配分形態にだけ着目しないで、価値関心の方向と強度に基く潜勢力(power potential)を考察に入れる必要がある」ことを力説する。価値関心の集中は「支配財」をつくりだし、それをコントロールしうる者の手に権力を集中させるからである。[54]

三　正統的思考の問題化

マッカーシィイズムが、「一次元的社会」(社会のコンフォーミズム)の問題化に丸山を向かわせる転機となったことはすでに述べたが、この「異端」("Unamerican")狩りの運動は、もう一つの問題を丸山に提起した。同じくH・マルクーゼの言葉を使えば「一次元的思考」(思考のコンフォーミズム)の問題である。米ソの対立が深まれば深まるほど、両者は共通の体制、H・D・ラスウェルのいう「兵営国家」に近づくだけでなく(55)、いわゆる資本主義および社会主義のイデオロギーが思考様式としても共通のパターンをとるようになるというのが、「現代自由主義論」(一九四八年)に遡る丸山の認識であった(56)。一九五三年の鼎談「民主主義の名におけるファシズム」では、「忠誠審査」による異端の排除、その前提となる「正統的なものを予めきめてかかる考え方」の問題性に言及されるようになる(57)。

正統－異端の思考様式はしばしば教条主義の思考に等しいとみなされるが、この二つは必ずしも同一のものではない。理論そのものが一つの「現実」に転化し、今度はその「現実」によってもう一つの現実が裁断されるという「理論信仰」の倒錯は、たしかに丸山にとっても大きな問題関心であった。「認識と価値判断の「全体主義化」の傾向」(58)

は、マルクス主義のみならず反共自由主義者の思考様式にも共通するとの認識に立って書かれた「「スターリン批判」における政治の論理」(一九五六年)は、「「本質顕現」という思考様式」「基底体制還元主義」「歴史的単線主義」[59]といった一連の思考様式の克服がスターリン後の共産圏における「自由化」の最も困難な課題として残っていくだろうという見通しを述べたものである。ただし、この論考の主眼は、たんに「理論のフェティシズム」を批判する点にのみあるわけではない。梅本克己がこの論考に寄せたコメントは、丸山の批判が単一の真理に依拠する世界観そのものに向けられていることを正しく受けとめている。

丸山のマルクス主義批判は単にマルクス主義における教条主義批判ではない……。問題への接近経路の多元性を確保するため、ひとまず本質的基底部をカッコに入れるという操作だけにかぎれば、マルクス主義的捨象もその点では変わらない。しかし現実に対してはさまざまな見方が許容されるべきであり、それらの見方が一つの立場に統一されてしまうところには、必然的に理論の硬化が起こる、価値体系の専制が生まれるという〔丸山の〕見解は、単に方法論上の問題ではなく、本質論的な世界観の問題である。[60]

正統－異端の思考様式の最も根底にある問題は、丸山によれば、真理は単一であるという見方である。マルクス主義への違和の感覚をなぜいだきつづけたかを後に回顧した「思想史の方法を模索して」（一九七八年）は、それを端的に表現している。「およそ対象と認識との一義的な対応（真理の対応説）が大前提になっているところでは、同一対象にたいして異った角度からの多様な認識が客観的認識として同時に妥当する余地はありません。それら複数の認識のうち、どれかが「真」の認識であり、それ以外は虚偽意識ということになります。「真理は一つ」とされるからです」[61]。丸山は、真理性・真実性の複数性は永遠に廃棄されるべきではないとの立場から、真理の専制を拒否するのである[62]。東西両極における異端排除のテロリズムは、単一の真理が正統化されることのコロラリーにほかならない（丸山は、「すべてを黒と白にぬりわける」ような単純化や、「問題の一挙な解決の仕方に対してほとんど本能的に警戒、いな嫌悪を抱いていた」[63]E・H・ノーマンの精神をこのテロリズムに対置した）。

それでは、正統－異端の思考様式は日本の政治文化ではどのようなあり方をしているのか。真理の専制という見方はそこではどの程度意味をもつのか。「日本の思想」（一九五七年）のライト・モティーフはこの問いにあるように思われる。丸山の解答の一半は、日本の政治文化には諸思想を一義的に整序化する世界観的正統性はかつて存在したためしはなかった、というものである。その代わりに丸山が見出したのは、「あらゆる哲学・宗教・学問を――相互に原理的に矛盾するものまで――「無限抱擁」してこれを精神的経歴のなかに「平和共存」させる思想的「寛容」の伝統[64]」であった。この括弧つきの「寛容」は、しかしながら、けっして思想のラディカルな多元性をゆるしてきたわけではない、というのが丸山の示したもう一半の解答である。

丸山は、「思想と政治」(一九五七年)において、明治半ばの教育勅語の発布が、「国体的正統性[65]」の形成にとって決定的な意味をもったことを確認しながら、発布直後の内村鑑三事件が示すように、国体をめぐる論争が最初から「正統による異端糾問[66]」という対等性と相互性を欠く形式をとったことを重視する。異端糾問はその後、キリスト教と同様「世界経験の論理的および価値的な整序を内面的に強制する思想[67]」であるマルクス主義、さらにはリベラルな思想一般に「異端」の範囲を拡張し、丸山自身が拘留され特高にマークされる事態にまで及んでいく[68]。天皇制的正統性はたしかに思想を整序する原理としては作用しなかったけれども、「否定的な同質化(異端の排除)」という面では貫徹したというのが、丸山の認識である。天皇制的正統性は、「積極面は茫洋とした厚い雲層に幾重にもつつまれ、容易にその核心を露わさない」一方、「否定面においては――つまりひとたび反國體として断ぜられた内外の敵に対しては――きわめて明確峻烈な権力体として作用する」というのである[69]。

否定的同質化(異端の排除)による正統化という丸山の見方は、天皇制的正統性という文脈を超えて、他の社会にも共通する問題性を浮かび上がらせているように思われる。正統はそのつど異端を定義することによって定義される、正常なものの範囲は異常なものの放逐によってそのつど線引きされる、要するに、正統は異端を否認する実践によって反復的に構築されるという見方は、たとえばJ・バトラーが、ジェンダー／セックスをめぐる正常なもの＝規範的なものを主題として論じているように[70]、正統なものがあらかじめ確定されているという見方よりも、問題を解明する力に富んでいる。正統の構築は異端の産出・否認という反復実践に依存しているとすれば、天皇制的正統性への批判も、異端がどのように「正統を構築する外部」として産出されるかという次元に焦点をあわせたものとなるだろう(この点を丸山自身の議論に即して検討するためには、一九五〇年代末から断続的にもたれた「正統と異端」をめぐる研究会の記録の公表をまたねばならない)。

四　精神的雑居性と惑溺の間

論考「日本の思想」には、正統‐異端という問題系からは逸れるもう一つの大きな問題が提起されている。「日本人の精神状況に本来内在していた」という多分に本質主義的な表現によって指し示される「精神的雑居性」「雑居的無秩序性」[71]の問題である[72]。丸山はここで、精神的雑居性――異質な諸思想の相互外在的な併存――を、精神の動員に適合しやすい心性というアングルから問題化する。この視点は、すでに「近代の超克」の思潮を批判する戦中期の論考「麻生義輝『近世哲学史』を読む」(一九四二年)に現われている。

近代日本は一切のヨーロッパ精神を、物質文明を採用すると全く同じ様式で受取ったのである。受取られたものは受取る主体の内面に立ち入って内部から主体を変容する力をもたずに、単に主体に対して外から付加されるにとどまる。内面に沈澱しているものは依然それと並んでいわば無関係に存続する。時あってこの内面に潜むものが頭をもたげ、胴震いを一つすれば、付属物は忽ち振落されてしまうのである。(73)

精神的雑居性の問題は、(74)新しい思想との対決を経ることなしに、過去を「ズルズル潜入・堆積」させる点にある。それは、過去が「時あって突如として「思い出」として噴出する」(75)ことへの内的制御力の欠落、「転向」(転向として意識されない転向)に対する内的抵抗力の欠如という点で危険なのである。丸山の診断によれば、精神の動員に対して無抵抗な雑居性は、メディアの急速な発達に伴う文化的環境の変化によってますます助長される傾向にある。「知性のコマギレ化(76)」「精神的文化の無差別的享受性(77)」といった文化消費の趨勢は、精神の断片化、無秩序化に拍車をかけている、ととらえられるのである。

雑居性、無秩序性の思想的「伝統」と同時代の趨勢に、丸山は、自らの思想(価値・原理)を整合的に総合し、秩序化する精神を対置しているのだろうか。「日本の思想」がそれへの期待によって結ばれる「強靱な自己制御力を具した主体」[78]とは、相互に異質な諸思想を絶えず新たに統合へともたらす強力な精神的機軸をもつ主体のことをいうのだろうか。性急な判断を下す前に、同じ結びの箇所で、丸山が「価値関心の単純な集中による思惟の懶惰(福沢諭吉のいわゆる惑溺)」への批判を併せて示していることの意味を検討してみる必要があるだろう。

「福沢諭吉の哲学」(一九四七年)、「福沢諭吉について」(一九五八年)、「福沢諭吉の人と思想」(一九七一年)、『「文明論之概略」を読む』(一九八六年)、「福沢における「惑溺」」(一九八七年)といった諸論考や講演録を見ると、丸山が、自ら福沢の「中核的用語」[79]と呼ぶ「惑溺」の観念にどれほど関心を寄せていたかがわかる。この観念はかなり多義的に解されている。「あるものが、その働き如何にかかわらず、それ自身価値があると思い込む考え方」[80]、吟味にかけずにたやすく信じること("credulity")[81]という一般的な規定にはじまり、旧習に耽ること(indulgence)[83]、固定した価値規準への執着(insistence)[82]、手段的価値の自己目的化(fetishism)、「単なるオポチュニズム」[84]といった意味に及ぶ。本章の文脈でとくに注目したいのは、「集中化的思考様式[85]」、「そこに全部の精神が凝集してほかが見えなくなってしまう[86]」という「惑溺」の含意である(英語で表現すれば"single-mindedness"になるだろうか。福沢自身が「一心一向」という言葉をたびたび用いている)。「パースペクティヴの固定性[87]」という意味もさほど離れてはいないが、状況・目的に即応したパースペクティヴの流動性の欠如というよりも、価値関心が一方向に偏頗することによる価値の複数性の廃棄という意味合いを重視したい。

我々の精神は、やはり自分の嗜好とか好みとかで、一定の傾斜がついている。だから、放っておけばそっちのほうにスーッと流れてしまう。これが一つの惑溺の因になる。……したがって、自分の精神の内部に沈澱しているところの考え方と異質的なものに、いつも接触していようという心構えが、ここから生まれてくる。精神的な「開国」です。彼〔福沢〕の考え方によれば、どんなに良質な立場でも、同じ精神傾向とばかり話を繰り返していれば、自家中毒になる。だから、わざわざ自分の自然的な傾向性と反対のものに、不断に触れようとする。触れるというのは物理的接触ということだけを言っているのではない。精神内部の対話の問題として言っているわけです[88]。

見られるように、丸山は、周囲の磁場からの思考の独立にもまして、自ら自身の思考の磁場に抵抗する必要を強調する。「精神内部の対話」を「思考」(thinking)と呼んだのはH・アーレントであるが、精神的生活における価値の一元化を拒否することは丸山にとっても「思考」の必須条件である。価値の複数性の廃棄は、思考のイネルシアを惹起する。「思考の懶惰」への傾きを自ら妨げる必要は、「精神的ナルシシズムとの不断の戦い」(89)という言葉によっても強調される。丸山のいう「強靱な自己制御力」は、このように、一義的に統合される自己、堅固なアイデンティティへの傾きに対する抵抗力という意味を含んでいる。もとより、それは、諸価値の相互外在的併存としての雑居性にも向けられるが、この場合にも、それは、それら異質な諸価値の間にありうる対話的な抗争を維持する力というべきものであり、抗争をそのつど止揚《アウフヘーベン》するような弁証法的な総合とは質を異にするように思われる(90)。いずれにしても、自らの生を合理的に整序することがそれにとって障害と目される「異物」の排除を伴うとすれば、そうした生の秩序化を「惑溺」の一因とみなす丸山の思想が、「近代的主体性」の称揚といった単純なラベリングを拒むことはたしかである(大塚久雄と丸山眞男の思想をそれぞれ国民経済と国民国家を志向する「自己規律」というカテゴリーで繋ぐV・コシュマンの解釈も、画一的な人間類型に向けての集合的規律という考え方に対して丸山がとった距離を考慮していない点で、説得力があるとは言いがたい(91))。

精神的雑居性から価値の複数性を分かつのは、複数の価値に対する無差別性＝無関心(indifference)とそれらの差異への注意深い関心との相違である。問題は、そうした精神の生における複数性そのものが、或る既定の枠組みのうちに収まっていないかどうかという点にある。かりに、パースペクティヴの多元化の必要がどれほど自覚されるとしても、思考の振幅そのものが限定されたリアリティの内部で生じているとすれば、それも「惑溺」という批判を免れないだろう。

五　「土着主義」批判という陥穽

「知性の機能とは、つまるところ他者をあくまで他者としながら、しかも他者をその他在において理解することをおいてはありえない」[92]。これは、ファシズムにおけるフィルタリングの問題を論じた「現代における人間と政治」(一九六一年)を結ぶ言葉である。この論考は、ファシズムの操作的機能を「イメージの積極的な形成力」というよりもむしろ、「好ましからざる方向からの通信、つまり「雑音」の遮断」に見る[93]。グライヒシャルトゥングの成否は、マジョリティをマイノリティとのコミュニケーションから、正統を「異端との交通」からいかに切り離すかにかかっている。ファシズムは、正統、異端それぞれの「集中」によってリアリティの分断を目指すわけである。その際、「異なったイメージの交錯に曝された辺境地帯の住人」が、もし「異端との交通」を保持し、異端の発する声＝「反対通信」を中心部に送り込みつづけることができれば、それはファシズムの台頭を阻む力になるはずだ、というのが丸山の見方である。

境界に住むことの意味は、内側の住人と「実感」を頒ち合いながら、しかも不断に「外」との交通を保ち、内側のイメージの自己累積による固定化をたえず積極的につきくずすことにある。……もし懐疑というならば、それは現代における政治的判断を……イデオロギーの「大義名分」や自我の「常識」にあらかじめ一括して委ねるような懶惰な思考にたいする懐疑である。もし信条というならば、それは「あらゆる体制、あらゆる組織は辺境から中心部への、反対通信によるフィードバックがなければ腐敗する」という信条である。(94)

中心へのフィードバックがなされうるためには、「辺境地帯の住人」が、そもそも反対通信を受信でき̇る̇のでなければならない。そしてそのためには、そうしたマージナル・パーソンたちが自らの受信装置、自らの解釈コードを不断に問い直すことが必要となる。というのも、「他者をその他在にお̇い̇て̇理解する」という姿勢は、他者の反対通信を自らの既成の解釈コードで処理するのではなく、逆に、そのコードの作動を一旦停止し、それがどのような他者の、どのような声を受信し、また受信していないかへの「懐疑」を求めるからである。そうした問題化がなされない場合には、フィードバックされうるのはせいぜいのところ、異端ならぬマージナル・パーソン自身の「反対通信」にすぎない。中心部への批判的言説は、しばしばある人びとの発話(対抗的言説)を封じたまま、もう一つの支配的な言説となることもある。時代の支配的言説に抗する「言説の政治」を自覚し、それを実際に駆使してみせた丸山は、反対通信を受信する自らの位置への疑いにおいて十分であっただろうか。

丸山が、その視圏の外に多くの他者を締めだしていたことは、すでに指摘されている。とりわけ、「植民地帝国の記憶の忘却(95)」は、「内国植民地」への対応や「国民」の定義——それは「今や始めて自由なる主体となった日本国民」を同時に「国民」として定義されなかった人びとにとっての「暴君《タイラント》」とした——といった丸山自身にとってのアクチュアルな問題を含むだけに、「歴史的限界」をいうことによって不問に付されてよい問題とは思わない。のみならず、それは、丸山自身が主題としてきた「視座構造」「思惟様式」のあり方そのものに深く関わる問題でもある。丸山が沖縄に触れたエッセイ「点の軌跡」(一九六三年)を手がかりにこの問題の一端を考えてみたい。

これは、同年「ぶどうの会」によって上演された『沖縄』の「観劇所感」として発表されたものである。木下順二のこの作品は、敗戦から一五年、安保の年の「沖縄本島から西南数百キロの小さな島」を舞台としている。島の住民は、アメリカへの軍用地の提供かそれとも本土資本の受け入れかという、いずれにしても新たな従属化に直面している。五六年のいわゆる「島ぐるみ闘争」、五八年の通貨切り替えなど同時代の政治的背景が描かれていることもさることながら、「どうしても取り返しのつかぬことをどうしても取り返すために」ということの戯曲のキー・フレーズによって、沖縄戦の記憶、とりわけ日本軍による虐殺・陵辱の記憶が繰り返し語られていることを考慮に入れておきたい[96]。

丸山はその所感をつぎのようにまとめている。「『沖縄』には、第一に、精神的な自立なしには、民族的自立はないという観点が非常に明瞭に出ている。第二には、精神的自立なしには、双方——沖縄人と大和人と——の連帯は成立しない、ということが出ている。その精神的自立というものは、歴史的な所与を抱えたままで、ずるずるべったりに日本が独立したり、沖縄が独立したりということでは得られるものではない。対立するもの、歴史的に負っているものを断ち切らねばならない」[97]。丸山の立場は明確である。「歴史的所与」の切断、「土着主義」の切断としての「自己否定」[98]がなければ、独立を求める沖縄のナショナリズムは、「精神的に自立したナショナリズム」[99]とはなりえない。おそらく丸山の念頭にあるのは、「国土防衛」「祖国復帰」といった本土のナショナリズム感情をも喚起しようとする標語をもって闘われた土地闘争のあり方であろうが、丸山はこれを「ケチ・ナショナリズム」「コンプレックス・ナショナリズム」とまで表現する[100]。

たしかに、丸山は、一方向的な「自己否定」を沖縄に求めているわけではない。むしろ、同時代の日本で台頭しつつあった文化的ナショナリズムの「土着主義」的性格への憤りが沖縄に投影されていると見ることも可能である。しかし、丸山の議論には、沖縄のナショナリズムがかりに「土着主義」的であるとしても、それが、沖縄と日本の歪んだ関係が生みだす非対称的な効果であることを顧みる問題意識は希薄である。歴史的経験の相違がもたらす「対立するもの」は、日本と沖縄とのありうべき「連帯」のために「断ち切らねばならない」とされるのである。丸山は、近代的ナショナリズムに言及する際、E・ルナンの言葉「国民の存在とは日々の一般〔人民〕投票である」をしばしば引き合いにだす[101]。そのルナンが「国民の創造の本質的因子」として選択的な「忘却」を挙げたことと[102]、丸山による「歴史的所与」の切断の要請とは符合しているように思われる。沖縄と日本の間にある抗争を孕む歴史的関係は、顕在化され、反省されるべきものとしてではなく、忘却され、隠蔽されるべきものとして扱われていないだろうか。

歴史的経験の差異と非対称性を軽視する姿勢は、「沖縄人や朝鮮人に対する残虐行為というものと、バターンやビルマでのそれとは、異質なものと思わない。現実の政治情勢はちがったかも知れないが、日本国内における抑圧と、よそものに対する扱い方は、そうちがわない」[103]「沖縄対日本の問題は、ゆえに、われわれとわれわれ隣人の問題になって行く」[104]といった表現にも窺われる。沖縄のナショナリズムを批判する丸山の立場は、民族や文化の集合的アイデンティティに訴える抗議や抵抗の運動をアイデンティティの政治として退ける反本質主義のそれに近いように思える。その難点の一つは、劣位に立たされてきた人びとは集合的アイデンティティに(戦略的に)依拠せずには自らの存在や主張を可視的なものとしがたいという条件に感度が低い点にあるが[105]、丸山もこの陥穽を免れていないように思われる。丸山の関心が、沖縄の抵抗の動きに含まれているはずの一義的ではない反対通信を注意深く受信することにではなく、「内と外の論理＝思考様式」[106]一般の問題性に向けられてしまうのはそのためである。

「土着主義」あるいは「閉鎖的地方主義」というネガの判断規準は、丸山の思考様式にとっての「惑溺」というべきものかもしれない。それは、一九五〇年代半ばの基地闘争への対応にも看取される。「基地反対闘争の場合を見ても、いまや双方の側での既成事実を造り出す競争になろうとしている。さらに基地問題の場合特徴的なことは、土への愛着や共同体感情のようなかつてのナショナリズムの構造的底辺をなしているものが、頂点(天皇制)との対応関係を失って、もっぱら私的＝非政治的なインタレストとして底辺に固着し」ている。[107]「土への愛着」であれ「共同体感情」であれ、およそ土着的なもの一切を退けるとき、丸山自身はどのような立場にたっているのだろうか。いかなる位置を占めるとき、反対闘争の求めるものを「私的＝非政治的」と定義できるのだろうか。

「土着主義」の自己否定の要請は、経験の具体性・身体性を捨象すること（disembodiment）の要請を内含している。この要請には、少なくとも二つの点で深刻な問題がある。

第一に、具体的経験を直截に表現する声は、「公的＝政治的」と定義される討議の場へのアクセスを禁じられる。「反対通信」として受信されるのは、経験の具体性を脱色された言葉に限られる。第二に、この要請は、経験の捨象の度合いによって、人びとの間に優位と劣位の格差をつくりだすことになる。経験の具体性に固執する（せざるをえない）声は、その必要に迫られない（文化的ヘゲモニーに浴する）者の立場を「普遍」の座へと押し上げ、今度はその位置から見た場合の自らの「特殊」を脱却することを求められる。

経験の具体性が「特殊性」「土着性」と等置される構図ができあがるわけである。

丸山が展望したのは、相互に自らの「土着性」を断ち切った者同士が構成する対称的な連帯である。しかし、この連帯の構想そのものが、異端との交通を遮断し、「抽象化」を経ない経験の声を周縁化するような排除の条件を内在させていることに丸山の注意は向けられなかった。批判は、経験の具体性を断ち切ったところにおいてのみ可能であるという考えは、一方で経験の具体性から発せられる声に批判としての資格のみを認めず、他方で、そのことによって、自らの発話の位置を批判から免れさせてしまう。異端との相互交通を求めるとすれば、何よりもまず問題化されるべきだったのは、経験の具体性を

「特殊性」と等視し、それからの離脱を要請する"disembodiment"の思想それ自体ではなかったか。

丸山は、思惟の「存在被拘束性」の問題をK・マンハイムから学んだが、それは自らの批判的言説の位置を問い返すところまでは及ばなかった。とはいえ、丸山を「普遍」の高みから語りつづけた「特権的知識人」とみなすならば、それもあまりに一面的なステレオタイプであり、しかもそうした見方が経験の差異を何らかの（捏造された）実体的共同性に括ろうとする意図──丸山ならばそれを「実感信仰」と呼ぶだろう──を伴うとすれば、それは一面的なばかりか危険でさえある。最後に、そうした見方に逆らう丸山自身の思想的契機に光を当ててみたい。

六　経験の単独性とアイデンティティの相剋

丸山は、一九五四年から五六年にかけて肺結核のため療養生活をおくるが、中野療養所での経験を振り返ったエッセイ（「断想」一九五六年）においてつぎのように述べている。

各人の経験は結局彼自身だけのもので、他人によって代弁されたり、簡単に同感されたりできる性質のものでないからこそ、あらゆる人にはユニークな経験を自ら語る権利と、その経験に基づく要求を自ら主張する資格が平等に承認されねばならぬというデモクラシーの要請が本当に意味をもつわけだ。……患者は当局や医者に信頼して黙って安静にしていさえすればよいという考え方などには、それが善意の表現であればあるほど、その底にはこのような〔他人の経験への〕安易な同一化がひそんでいる。経験の個体性でなしに素朴な人間性の共通を前提とするヒューマニズムは、他人の行動様式に対するひとりぎめの期待が裏切られると、忽ち可愛さあまって憎さが百倍のイントレランスに急転する[108]。

「経験の個体性」は他者による一方的な表象、他者による代理・代弁としての“representation”を拒む、デモクラシーの理念は表象－代理の機制を拒むという思想が、簡明に示されていると思う[109]。経験の当事者が自ら語る声がまず聴かれるべきであるとするこの見方は、しかも丸山自身の動揺の経験から引きだされたものである。「療養所の「外」の人に対してはいっぱし内側の住人として語っているけれども、一たび長期療養者や重症患者の前に立つと、この人びととの生活の内面には、僕などのなまじっかな「同情」ではどうしても入り込むことのできない領域があり、その精神には到底外から体験できないリズムと起伏があるように思われて、自分の療養者としての発言がそらぞらしく感じられて来る[110]」。「安易な同一化」や「同情」による他者の経験の領有を自ら断念する必要が語られていることに、眼を留めたい。一人ひとりの経験は共約不可能であること、したがって、そうした経験の単独性(uniqueness)はそれぞれ一人称によって語られるのをまつものであるということ。このことは、他者の立場を想像する、表象するという能動性ではなく、その経験の言葉を聴く、そしてそのことによって惹き起こされる自らの立場の動揺を受けとめるという受容性を、[111]"democratic way of life"として求めるからである。

I・M・ヤングが指摘するように、しばしば道徳的判断の普遍化のために要請される「想像上の立場交換」は政治的にはむしろ危険ですらある。自らを他者の立場に置き入れたという「思い込み」は、現に語られている他者の言葉を注意深く聴くことを妨げ、かえって他者をめぐる既成の表象を強化する効果さえもつからである。そもそも、歴史的経験や社会に占める立場の違いは、自己と他者の対称性を条件とするような立場交換を原理的には不可能なものとしている。[112]自己の想像のうちに「他者」を設定し、その視点(しばしば「他者」に投影された自己のそれ)から自らのパースペクティヴを流動化するという態度は、自らの経験と他者のそれとの間にある非対称性の隔たりをいとも容易に飛び超えてしまう。それぞれの経験が共約不可能な単独性を帯しているとすれば、この隔たりは、具体的な相互の交渉によってそのつど架橋が試みられるほかはない。「経験の個体性」という思想は、「想像上の立場交換」ではなく、経験の非対称性、経験の具体性が、物語を主要なモードの一つとするコミュニケーションのうちで明るみにだされていくことを、求めるように思われる。[113]

最後に注目したい思想的契機は、「忠誠と反逆」論文における「忠誠の相剋」である。批判の位置は、ここでは「特殊」に対置されるような「普遍」には据えられていない。それは、当事者にとっての具体的な関係性に投錨されたものである。言いかえれば、与えられた(歴史的)関係性を切断しうる自己ではなく、関係の「被縛性」を負う自己、関係のうちに「位置づけられている自己」(situated self)にとっての批判と抵抗のあり方が問われているのである(したがって、ここでは自立した諸個人が自発的に形成するアソシエーションとは異なった関係性が取り上げられている)[114]。“situated self”は、コミュニタリアンの思想家、M・サンデルのいう「負荷をおう自己」(encumbered self)を念頭においた表現である[115]。丸山の問いは、関係性の負荷を一切おわないものとして設定されるリベラルな個人の像を批判する含意をもつが、サンデルのように、共同体とそのうちに位置づけられた自己との間に調和の関係性を描こうとするものではない。関心が寄せられるのは、調和の経験ではなく相剋の経験である。

相剋の経験は、自己が複数の関係性や原理・価値への愛着を欠く場合には生まれない[116]。複数性の欠如は一義的な忠誠を、アタッチメントの欠如は「我れ関せず」のディタッチメントをもたらすだけである(精神的雑居性は、この文脈で言えば、アタッチメントを欠く無差別な複数性である）。丸山によれば、「動員の精神」でも「退去の精神」でもない「抵抗の精神」[117]は、忠誠の相剋を経ることなしには生じがたい。「戦闘者としての武士の行動様式」を一つの例にとりながら丸山が跡づけたのは、関係の被縛性の自覚が、必ずしも他律的な依存や消極的な恭順にひとを向かわせるわけでなく、抵抗を含む自発的な行為を生みだす動因にもなりうるということであった。[118]この二つの態度、コンフォーミズムと「ノンコンフォーミズム」[119]とを分かつのが、自己が抱く忠誠対象（価値・原理・組織等）の複数性である。一義的な被縛性の感覚は、単一の関係性の過剰な負荷を背負い込むことによって、それ以外の関係性を抑圧せざるをえない。丸山によれば、忠誠の相剋、アイデンティティの葛藤、価値の抗争、要するに複数の自己の間に生じる抗争を回避、抑圧、隠蔽する精神は、かりにそれがいかに反体制的に振舞うとしても「抵抗の精神」[120]とは無縁である。

この論考が書かれた頃、日本の社会は飛躍的な経済成長を遂げつつあった。「官僚化と規格化に対する抵抗」[121]「組織の官僚化への反逆」[122]がこれまで挫折を重ねてきたことを嘆じる丸山が、内部の制御要因を見事なまでに欠落させた企業社会化の趨勢をどれだけ念頭においていたかはわからない。しかし、「反逆」や「抵抗」はなんらかの既成の集団もしくは原理からの自我の意識的な離脱、及び距離感の持続的な設定であ[123]〔る〕と明言するとき、丸山が、何であれ一途な忠誠心をもつ、それゆえ逆に言えば、精神の動員に対する内的な抵抗力を欠くメンタリティに、他を顧みることなき「集団的ナルシシズム」の危険性を見ていることはたしかである。丸山が一義的忠誠＝「能動的な従順さ」(active docility)に対置する「忠誠の相剋」の思想をパラフレーズすれば、「わたし」が一義的に構成されることに抵抗できる精神にしてはじめて、「われわれ」が一義的に構成されていくことに抵抗できる、ということになるだろうか。しばしば「近代的個」なるものの擁護者と目される丸山は、この論脈で(も)、一義的に統合された自己ではなく、多義的で抗争を含みもつ自己のあり方を擁護しているのである。

　複数の関係や原理への被縛性を引き受ける自己は、自らが一義的に統合されることへの違和の感覚において「抵抗の精神」をもちうる。そこに、マジョリティの外に自らを屹立させるという含意をもつ「精神的貴族主義(124)」とは別様の自己倫理を読みとるのは困難ではないように思う(125)。「超国家主義の論理と心理」が剔出した「抑圧の委譲による精神的均衡の保持(126)」は、前近代の負の遺産であるというよりもむしろ、自らを単一の組織原理、価値原理に適合させようとする者が一般にもたざるをえない精神構造である。その適合において劣る他者たちへの暴力を潜在させるこの精神構造から隔たっているのは、与えられた関係性との不断の「断絶」において自らを「点」となす自己なのだろうか(127)、それとも、複数の関係性に被縛され、それゆえそれらへの持続的な関心を抱きながら、自らの生が単一の価値によって整序化されるのを拒否する自己なのだろうか。「忠誠の相剋」という思想は、自己という「場所」に交錯する複数の異質な関係性へのアテンションを保持しつづけるエートスを、それに親和するものとして求めるように思われる。いずれにしても、容易には離脱しがたい関係性のうちに被縛されながらも、自己が、そうした関係性をいかに自ら自身によって選び直されたもの、欲し直されたものとしてとらえていくかという、アイデンティティの再定義にも深く関わる問題は、丸山後の政治理論が真剣に受けとめるべき問いの一つであることはたしかである。[128]

あとがき

本書のタイトルは「政治と複数性――民主的な公共性にむけて」とした。「複数性」という多くの読者にとっては耳慣れない、生硬な表現をとったことを含め、標題の意図するところについて簡単に説明し、あわせて今後の課題についても触れたい。

I・カントは『人間学』(一七九八年)において、「多元主義」(Pluralismus)を「全世界を自らのうちに包みもっているものとして自らをみなしたり振舞ったりするのではなく、自らを一人のたんなる世界市民とみなし、また振舞うような考え方」として定義した(渋谷治美訳「実用的見地における人間学」『カント全集15』岩波書店、二〇〇三年、二八頁)。この一文には、世界のすべての側面をそこから見通しうるような特権的なパースペクティヴは誰にも与えられておらず、世界市民の一人にすぎない私のパースペクティヴには他者のそれに優るような特別の重みがあるわけではないという思想が的確に表現されていると思う。

カントのいう多元主義が、自らのものの見方を脱‐中心化し、それを他者と同権のものとして位置づけることを求めるとするなら、それら多元的なパースペクティヴが互いに還元不可能なものであることをさらに強調するのが、H・アーレントの「複数性」(plurality)の思想である。それは、世界に対して多様なパースペクティヴが存在することを肯定するにとどまらず、その一つひとつが他に共約不可能な仕方で異なっていることを重視する。それは、世界に対して私とは異なった位置を占める他者のパースペクティヴを尊重し、他者がその位置から語る言葉＝意見(ドクサ)に敬意を払おうとする態度を導く。「ドクサは、主観的な幻想や恣意でもなければ、何か絶対的なもの、万人に妥当するものでもない。それが想定しているのは、世界は、各人に彼が世界に占めている位置に応じて異なった仕方で開かれている、ということである」("Philosophy and Politics", in *Social Research*, Vol. 57 No. 1, 1990, p. 80)。

ドクサは、「ドケイ・モイ」(私には世界がこう見える)を言葉にしたものである。世界はそれぞれの人に異なった仕方で開かれており、同一の側面をけっして二人のひとに示すことがないとすれば、一人ひとりのパースペクティヴを他に代替可能なものとして扱うことはできない。アーレントが、意見は、その人に固有のものであって、他の誰もそれを代理したり、代表することはできないということを度々強調するのも、他者の占める位置に私はけっして立つことができないからである。歴史的、社会経済的、文化的な経験の違いが、そして思考の経験の違いがそれぞれの位置を「他にない《ユニーク》」ものとしている。したがって、ある人の意見が公に語られずに終わることは、私たちが共有する世界にとっては決定的な損失を意味する。

右に引いた引用に見られるように、各人の意見は主観的なものでもなく、絶対的なものでもない。意見は、個人が主観的に持つものではなく、人びとの間で形成されるものである。それは、他者との間主観的なコミュニケーションを条件とするものであり、専制下のように意見と意見の自由な交換が阻まれるか、「世論」(「意見の潜在的一致」)の支配下で他者との意見交換がそもそも意味をなさなくなる場合は、意見の形成は不可能となる。

一人ひとりの意見が代理、代表不可能なものであり、しかも、特権的なパースペクティヴが誰にも与えられていないとすれば、意見と意見が交わされる言説の空間は、排除がなく、特権化が禁じられているという意味で、民主的な公共性である。意見相互の交換が成り立つためには、意見を異にする他者が現前し、しかも、それぞれの意見が他者によって応答される関係性が創出され、維持されるのでなければならない。アーレントによれば、「政治的に見る」ということは、「同じ事柄をできるだけ異なった視点から眺める」ことを意味し、「政治的に語る」ということは、他者との間での意見の交換が継続するように語ることを意味する(佐藤和夫訳『ハンナ・アーレント　政治とは何か』岩波書店、二〇〇四年、八一頁)。民主的な公共性は、自らの立場やものの見方にとらわれないという運動の自由(自己への自由)、そして、意見の交換を相互的なものとする政治的な対等性(イソノミア)をその条件として求める。

民主的な公共性を構成するのは、人民=人びと《ピープル》であるが、その人民は、「その尊厳がほかならぬその複数性にあるような限りなく多様な多数者《マルティチュード》」という意味に解されなければならない(志水速雄訳『革命について』ちくま学芸文庫、一三八頁)。公共性は、人びとの相互性にもとづくものであり、その相互性を廃棄するような仕方で人民の共同性が形成されることに抵抗する。民主的な公共性には、そこでの意見形成・意思形成が意見の複数性を損なっていないかどうかを再帰的に省みる機制がそなわっていなければならない。

本書に収めた論稿の多くは、政治と複数性をめぐるこのようなアーレントの思考から示唆を受けて書かれている(とくに第一章、第三章、第四章、第八章、第九章)。私は、政治的生活《ビオス・ポリティコス》にこそ生の本質的な意味があるという、多分にアリストテレス的共和主義の伝統に沿った、彼女の一方の議論は支持しないが、人びとがその意に反して政治的生活から排除されることは不正義とみなされるべきであるという――一般の解釈では必ずしも重視されているとはいえない――彼女の議論を支持する。彼女のいう「アゴーン」も、たんに政治的生活の内部での卓越《アレーテー》をめぐる競い合いを意味するのではなく、政治的生活からの排除に対する抵抗、というより重要な含意をもっている。自らの言葉や行為において互いに現われること、世代を超えて共有される世界が今後いかにあるべきかについて意見を交わすこと。この政治的自由を相互に保障し合うような関係を創出し、維持していくことが、民主的な公共性の条件であるという理解を私はアーレントと共有している。

複数性の観点から政治の理解に新たな光を投じたアーレントの議論には豊かな示唆が含まれているが、もとより、彼女の議論が政治のすべての重要な側面を適切に理解しうる視点を与えてくれるわけではない。ここでは、アーレントが十分には問うことのなかったいくつかの問題を振り返り、それを今後の課題として示したい。

アーレントが「政治的なもの」(the political) の複数性を際立たせたのは「社会的なもの」(the social) のコンフォーミズムとの対比においてであった。とりわけ『人間の条件』(一九五八年)における彼女の問題関心は、「社会的なもの」の一次元的な拡張から「政治的なもの」をいかに救済するかという問いに強く引き寄せられていた。この問いの立て方から失われるのは、一人ひとりの生《ビオス》の複数性を可能にする「社会的なもの」、より限定して言えば、社会的な生活保障という視点である。アーレントがそれぞれの生を支えるべきものとして求める安定した「財の所有《プロパティ》」は、社会保障等による資源の再分配なしにはもはや不可能である。社会保障の充実は、人びとの生の多様な展開を促していくための条件、のみならず、人びとが政治的自由を平等に享受することをそもそも可能にするための条件でもある。本書の第四章、第五章および第六章は、このような「政治的なもの」を可能にする「社会的なもの」という関心にもとづいて書かれた文章である。たしかに「社会的なもの」は、歴史的には個々の生を増強することによって集合的な生の増強をはかる生権力の展開と分かちがたく結びついてきたものであり、「政治的なもの」との緊張関係を解消することはできないが、相互の生活条件を保障しあうことを通じて生の自由——市民的自由および政治的自由——を可能にしていく社会的連帯の思想と制度としてそれをとらえ直していくことが必要だろう。

第二に、アーレントは、意見の複数性を強調するが、間人格的なコミュニケーションにおける意見の形成が、政治社会の集合的な意思形成‐意思決定にどのように関わるかについては明確には論じなかった。彼女の議論からは、人びとの「協同の討議や行為」が生みだす(彼女の定義する意味での)権力が統治の基礎を支えるべきであるということ以上の示唆を読みとるのは難しい(この示唆に沿って、J・ハーバーマスは、討議によって生みだされる「コミュニケーション権力」を「行政権力」の唯一正統な源泉として位置づけていった)。問題となるのは、パースペクティヴの複数性を尊重する意見交換は、理由(の規範的正当性)を相互に検討しあうことを通じて合理的な理由の共有をはかっていく討議的な意思形成‐意思決定とどのような関係にあるか、ということである。

ハーバーマスは、意見交換をインフォーマルな公共圏における政治過程と解し、それをフォーマルな公共圏における意思形成‐意思決定のいわば前段階に位置づけるが、討議的な意思形成‐意思決定の過程それ自体が、合意形成の契機のみならず、理由の検討を通じてかえって顕在化してくるパースペクティヴの違いについて相互の理解を深めていく契機をも含んでいると考えることができる。特定の規範的主張を正当なものとして支持する理由(論拠)を共有していく過程と、相互の立場と経験の違いについて理解を深めていく過程は相容れないものではない。むしろ、意見の相違を捨象していくような意思形成‐意思決定の過程には抑圧や排除の要素が内在しているはずである。意見の複数性を擁護するアーレントの視点から、討議デモクラシーのあり方を再考することもまた重要な課題である。

第三に、アーレントは公共性を「無限の複数性」に開かれているものとして描いた。すでに述べたように、民主的な公共性は、非‐排除性としての公開性をその規範的な理念とする。この理念に照らすなら、現実の公共性がつねに何らかのパースペクティヴを排除することによって成り立っていることは否定しがたい。それは、何が語られてよいか、誰の、どのような意見が耳を傾けるに値するか等に関する規範的な制約を暗黙のうちに設けている。その意味で、民主的な公共性は、その規範的な閉鎖(normative closure)を露わにしようとする異論の挑戦にたえず曝されていなければならない。とはいえ、そのような異論がつねに明確な論拠をもって提起されるとはかぎらない。どのような規範的な期待が損なわれているのか、どのような規範的な期待がいまだ充たされていないのかを理解しようとするなら、言説のみならず、情念(情動や感情を含む)に関心を寄せる必要があるだろう。J・シュクラーのいう「不正義の感覚」がつねに(公共的)理由をともなった言説として表明されると考えるのはリアルな想定ではない。

政治と情念という古くからの問題を、理性による情念の制御ないしは利益による情念の制御、要するに合理的なものによる非合理的なものの制御という問いに関係づけるのではなく、怒り、恥、恐怖、憤懣、愛着といった政治的な情念を規範の妥当性の問い直しに関係づけるような方向で再考する必要があるように思われる。本書では第二章でごく手短かに言及したものの、この問題を考えることも今後の課題の一つである。

最後に、民主的な公共性の「境界」の問題に触れたい。アーレントは公共的空間を「国民《ネイション》」の内部に閉ざしてはいない。彼女の議論には、第一次大戦後の国民形成の徹底化によってその外部に追放された「場所なき者たち《ディスプレイスト・パーソンズ》」の経験が影を落としている。アーレントに限らず、カントも、またハーバーマスも、理性が公共的に使用される「文筆の自由」の空間、「コミュニケーション的自由」の空間を国民の閉域をもたないものとして描いた。とはいえ、意見と意見の交換、立法へと接続する意見形成・意思形成(決定)が、国民の外部にいる人びと、政治的シティズンシップを欠くがゆえにきわめて非対称的な位置にある人びととどのような関係をもちうるのか、またもつべきなのかについて、彼女たちが周到な議論を展開してきたとは言いがたい。民主的な公共性は、とりわけ意思形成‐意思決定に関わるそのフォーマルな次元においては、自己立法の政治的自由を対等に行使しうる市民によって構成される、いわば「一国公共性」の色合いをまとってしまっているように思われる。

デモクラシーは、政治的な意思決定によって影響を被る――あるいは過去の決定によってすでに影響を被っている――すべての人びとがその決定に関わる――あるいはその決定を批判的に問い返す――意見形成・意思形成の過程において実効的な発言権をもちえてしかるべきであるという考えに立つものである。であるとすれば、民主的な公共性は、市民と市民の間のみならず、市民と非市民の間、したがって非対称的であることを避けられない条件のもとでも、非市民の規範的主張に対して応答し、意思決定が理にかなったものであることを説明する責任をその過程それ自体にそなえていなければならないだろう。民主的な公共性をめぐる問いをドメスティックな空間のうちに回収してしまう根強い傾向に抗して、それを国民や市民ではない人びとに否応なく開かれたものとして考えていくことも、まだ緒についたばかりの重要な仕事である。

本書は、この一〇年余りに書いたもののなかから標題に関わる論稿を選び、それに書き下ろしを加えて編んだものである。第六章以外は、文章の重複部分を一部削除し、表現を若干改め、翻訳等の新たな書誌情報を加えるにとどめ、大きな修正は行わなかった。

各章と初出との対応関係は次のとおりである。

はじめに　「「見棄てる」という暴力に抗して」、姜尚中・齋藤純一・杉田敦・高橋哲哉『思考をひらく――分断される世界のなかで』岩波書店、二〇〇二年二月。
第一章　「民主主義と複数性」『思想』八六七号、一九九六年九月。
第二章　書き下ろし(二〇〇八年六月)。
第三章　「表象の政治/現われの政治」『現代思想』二五巻八号、一九九七年七月。
第四章　「公共性の複数の次元――生の保障/現われ」『現代思想』二七巻五号、一九九九年五月。
第五章　「社会の分断とセキュリティの再編」『思想』九二五号、二〇〇一年六月。
第六章　「社会の持続可能性について」『思想』九八三号、二〇〇六年三月、および「社会的連帯の理由をめぐって――自由を支えるセキュリティ」、齋藤純一編『福祉国家/社会的連帯の理由』ミネルヴァ書房、二〇〇四年三月。
第七章　「親密圏と安全性の政治」、齋藤純一編『親密圏のポリティクス』ナカニシヤ出版、二〇〇三年八月。
第八章　「政治的責任の二つの位相――集合的責任と普遍的責任」、安彦一恵・魚住洋一・中岡成文編『戦争責任と「われわれ」――「歴史主体」論争をめぐって』

ナカニシヤ出版、一九九九年六月。

第九章「丸山眞男における多元化のエートス」『思想』八八三号、一九九八年一月。

それぞれの論稿を執筆した際にご批評やご助言を頂戴するなど、本書も多くの恩恵を被っている。とくにお世話になった方々のお名前を記して、感謝の気持ちを少しでもお伝えしたい。

まず特別の感謝を捧げたいのは、学部から大学院を通じてご指導をいただいた故藤原保信氏である。藤原先生は、政治思想の研究は、同時代の人びとが直面している問題に応じようとする質を含んでいなければならないと折に触れて口にされた。本書がそうしたアクチュアリティの質を幾分かは含んだものとなっていることを切に願っている。氏の逝去からすでに一〇年余がすぎたが、この場をお借りして心からの謝意を表したい。

大庭健、川本隆史、大川正彦氏ら現代倫理学研究会、三島憲一、岩崎稔、初見基、大貫敦子、中野敏男氏ら社会文化理論研究会、千葉眞、引田隆也、押村高、山田正行、山岡龍一、厚見恵一郎氏ら政治思想研究会、松本礼二、小野紀明、渡辺浩、川崎修、杉田敦、川出良枝、岡野八代、田村哲樹氏ら政治思想学会、紫田寿子、上野成利氏ら社会思想史学会の諸氏、また、故遠藤輝明、高島光郎、田代洋一、金澤史男、長谷部勇一、大門正克氏ら横浜国立大学経済学部の旧同僚、飯島昇藏、佐藤正志、川岸令和、梅森直之、

谷澤正嗣氏ら早稲田大学政治経済学術院の同僚とは、研究会やその他の場で、幸いにも多くの時間を共有することができた。私に与えてくださった刺激やご配慮にあらためて感謝申し上げたい。

花崎皋平、中村洋平、姜尚中、井上達夫、松沢弘陽、市村弘正、杉原達、ジョージ・ケイティヴ、森本浩一、竹村和子、守田省吾、原輝史、大槻悟、瀧井宏臣、小原隆治の各氏からはそれぞれ恩恵を受けてきた。ご指導、ご助言、ご配慮等にあつくお礼を申し上げる。執筆の機会を与えてくださった小島潔、津久井輝夫、宮本太郎、安彦一恵、清水愛理、池上善彦、大橋久美の各氏にもあらためてお礼を申し上げたい。また、データの整理、校正など本書の仕事を貴重な研究時間を割いて助けてくれた金慧氏にも深く感謝している。

最後に、本書の出版を薦めてくださっただけではなく、ご尽力と激励をもって本書を完成まで導いていただいた岩波書店の坂本政謙氏には本当に多くを負っている。心よりお礼を申し上げる。

二〇〇八年七月一三日

齋藤純一

岩波現代文庫版あとがき

H・アーレントが全体主義について語ったように、私たちが経験する大きな出来事は、社会をある仕方でつくりあげてきた諸々の要素《エレメンツ》を明るみにだす。新型コロナウイルスによるパンデミックもその例外ではない。この「あとがき」では、本書で取り上げた論点のいくつかをコロナ禍の状況に照らして振り返ってみることにしたい。

二〇二〇年春から、ウイルスと接触する機会を減らすために、「動く」自由が強制ないし自制という仕方で大幅に制約されてきた。アーレントによれば、他者との「間」(in-between)を導き、言葉や行為において人々が相互に出会う公共的空間を成り立たせるのは、人々の「動く」自由である。この自由がなければ、私たちは他者との「間」を失い、互いから切り離された孤立の状況を強いられる(拙稿「自由論――複数性のもとで「動く」自由」、『アーレント読本』法政大学出版局、二〇二〇年、参照)。

たしかに、急速に発展を遂げつつある情報通信技術は、私たちがオンラインで「動く」ことを可能にしたし、物理的な距離を克服して新しい「間」をつくりだしてもいる。「ツイッターデモ」にも見られるように、人々が連携して「動く」という異議申し立ての形も現われた。

しかし、コロナ禍は、リアルな「社会的な隔たり《ソーシャル・ディスタンス》」があることも明るみにだした。遠隔での仕事が可能かどうかはそもそもそうした働き方ができるかに依存し、教育を受ける機会も端末、接続環境あるいは操作スキルによって左右される。同じ都市に住んでいても子どもたちに開かれている人生の展望は深い溝によって隔てられている(たとえば、R・パットナム『われらの子ども』創元社、二〇一七年、参照)。人種をはじめとして、いまだに埋められずにいる隔たりも、また新たな抗争の火種となっている。電子メディア空間でも、公共圏と公共圏は相互に媒介のない分極化の様相を呈している。そして、途上国への援助もごく限定的なものになりつつあり、「南」と「北」との距離はさらに拡がるおそれもある。

こうした社会的距離は、「われわれ」の集合的アイデンティティにどれほど訴えようと、解消できるものではない。現状においては、J・ロールズのいう「多元性の事実」は紛れもなく「隔たりの事実」でもある。問題は、そうした隔たりが再生産され、しかも優位‐劣位のハイアラーキーとして固定化されていくのをいかにして阻止することができるか、にある。次に触れるセキュリティ(生の安全保障)をめぐる関心の変化は、隔たりを縮減しうる制度や政策の再編を導くことができるだろうか。

パンデミックの脅威にさらされることによって、私たちの問題関心は否応なく生命の安全や健康に向けられてきた。この感染症は、私たちの身体が、制御しきれない微細なものの交換をつうじてつねに外に開かれている事実をあらためて認識させた。一人ひとりの健康はまさしく公衆衛生(public health)のうえに成り立っていること、健康への過剰ともいえる関心の影で、この公共的な健康がいかにおろそかに扱われてきたかも明らかになった。この認識は、軍事や治安を含めてセキュリティを構築するための社会的資源の分配のあり方を問い直す機会をもたらしている。

公衆衛生は、M・フーコーのいう生権力――「群れ」(集合的な生)を対象として、それを調整・管理する「生政治」――の核心を占めるテーマである。今世紀に入ってからの新興感染症の相次ぐ登場、そして温暖化の昂進による熱帯性感染症の拡大のリスクは、人口減少への対応と並んで、防疫という古来のテーマを間違いなく今後の生権力の主題としていくだろう。

生権力は「群れ」を対象とするけれども、人口＝住民に対して一律に行使されるわけではない。たとえば、どの地域を隔離《ロックダウン》の対象とするか、どの年齢層を優先的に治療するかをめぐっては、感染リスクや症状の客観的な評価だけではなく、治安管理やある種の優生思想が入り込む余地がある。誰を誰からまもるべきか、誰の犠牲をやむなしとするかの判断が実際にどうなされているかは、世界各地での対応にもうかがい知ることができる。その一方で、健康を損なうリスクに日常的にさらされている人々にも注目が喚起されてきた。栄養の摂取、ライフラインや医療へのアクセスにおいてすでに危機的な状況に直面してきた人々への関心である。きわめて非対称的な生活条件への関心を一時のものに終わらせずに、セキュリティの制度や政策の再編にいかにつなげていくことができるかが問われる。

生権力については、情報通信技術との結びつきにも関心が寄せられている。いくつかの国は、感染経路を特定する技術を用い、感染拡大を防ぐうえでそれが実効的であることを示して見せた。今後、個人別の生体識別や罹患歴等のデータが利用されるようになれば、まさに「群れ」の一匹一匹に注目し、それらが良好な状態にあるように予防的に管理する生権力(フーコーは「司牧権力」とも呼んだ)は、完成の域に近づいていくかもしれない。とはいえ、個人毎に収集・蓄積された情報がどのように利用されるかについては、まだ有効な制御の回路を見出しえていないように思われる。個人が提供する情報が明確に限定された目的のためにのみ用いられる保証がない以上、生権力による監視や管理を警戒すべき理由は解消しない。GAFAに代表される情報産業はすでに各人それぞれにきわめて選択的な情報環境を提供している。私たちは制御しがたいものによって制御されていることを日々薄々とは感じながらも、その「プラットフォーム」から降りられずにいる。

リモートワークが一方で拡がるなか、生命や健康の維持にとって欠かせない仕事に就く人々が"essential workers"として再評価されつつある。なかでも医療・看護・介護(介助)・保育など身体接触をともなう関係においてケアを提供する活動の重要性が認識されたのは望ましいことである。ケア提供者自身に対する社会的ケアの必要は繰り返し指摘されてきたが、そうした指摘を受けても過酷な労働条件や低い報酬はほとんど改善されてこなかった。そして、そもそもケアの提供を誰が担うべきなのかという問題は、真剣に論じられることもなく、家族や外国人労働者に依存する仕方で先送りされてきた。移動の制約がこの問題を真剣に受けとめる機会になるかどうかもまだ分からない。いずれにしても、生の必要や困難に応じてくれる具体的な他者との間に持続的な関係をもつことがさらに得がたいものになってきているのはたしかである。

第七章では「親密圏」との関連でこの問題を指摘したが、すでに、人とのつながりを保つことができない境遇を余儀なくされている人はかなりの数にのぼっている。アーレントの言葉を用いるなら、独りきり(loneliness)の状況である。彼女が言うように、生きるとは人々の「間」にあることを意味するとすれば、この「間」の喪失は生きることを耐えがたいものにする。「独りきり」の問題は、この社会がどのような価値を中心に編成されてきたかを示している。他者との「間」が失われる状況に具体的に対応している活動をいかに支援できるかが当面の課題だが、この問題の根は深く、どのような機会が誰に開かれ、誰に閉ざされてきたのかを含めて、社会的協働のあり方それ自体を問い直し、それを再編していく必要があるように思われる。その再編をデモクラシーは担っていくことができるだろうか。

第二章ではデモクラシーを通じた社会統合について論じたが、現実のデモクラシーは「統合」というよりも「分断」を助長してきたのではないかという印象がもたれるかもしれない。実際、選挙や国民投票は、ポピュリズムの伸張に手を貸し、世論を二分し、権威主義体制を延命させる道具ともなってきた。特定の支持層にのみアピールし、社会に刻まれた亀裂を深めることをいとわない為政者も存在する。

とはいえ、賛否の頭数をかぞえ、その時々の多数意思を政策に反映することがデモクラシーのすべてではない。第二章ではデモクラシーのもつ自己修正のメカニズムに触れたが、このメカニズムは政治的空間に多元性(plurality)があるときに作動する。デモクラシーの集計的構想にしても熟議的構想にしても、諸政党の間に政策をめぐる競争が成り立つこと、意見の交換が批判に開かれていることを前提としている。そうした多元性を――野党の無力化やメディアに対する統制さらには選挙そのものへの介入などを通じて――損なうことは、かりに多数派の一時の支持が得られるとしても、反民主的と見るほかはない。

いずれにしても、いわゆる「選挙独裁」を含めて、対抗する諸力を排し、それらを抑え込む政権はやがては自己修正のメカニズムを失っていく。デモクラシーのメリットは、社会に散在・潜在する多様な見方を包摂し、それらを政策の形成や評価に活かしていくことができる、という点にある。そうした「認識的多様性」は、J・デューイが早くに強調したように、一部の専門家に頼るよりも、問題解決を探求する社会的協働に資すると考えられる(誤解のないように付言すれば、この協働が求めるのは、専門知を排することではなく、それに適切かつ限定的な権限を与えることである)。

いま世界の各地に見られる脱‐民主化の傾向がその国の内外にどれだけ深刻な影響を及ぼすかには予断をゆるさないところもある。とはいえ、リベラル・デモクラシー一般の「終焉」を語る前に、その何が、なぜ損なわれてきたのかをまず省みることが自己修正のメカニズムをはたらかせるための基本的な手順である。

本書ではほとんど取り上げられなかったが、人々の「間」にある公共の事柄＝物(res publica=public things)について時間軸の面から言及したい。アーレントは、それ自体の持続性をそなえるべき「世界」(world)を、消滅を免れえない個々の「生命」(life)から区別した。そして「生命」への関心(生を利するかどうかの利害関心)が一元的に拡張していく後期近代にあって、諸世代を越えて存続すべき世界への関心が薄れ、失われたことを批判的に問題化した。いつ収束するとも分からないパンデミックの状況下で「生命」の問題に人々の関心が集中するのは当然のことである。しかし、「世界」を構成するもの――たとえば建築物、芸術(作品)、法など――が荒廃を免れ、生き延びていくためには、やはり各世代による能動的な配慮＝世話を必要としているということもまた否定できない。

気候危機や今後も生じるであろう新興感染症は、「世界」ではなく「生命」の問題系に属するとみなされるかもしれない。だが、地球環境もすでに人為の所産であり、それをどのようなものとして存続させていくかは人間がどう判断し、どう介入するかにかかっている。これまでの介入は放射性廃棄物をはじめ遺すべきではないものをすでに遺しており、「間世代的責任」の観点から見れば、ある世代の利害関心が恣意的に優先されたと見られることになろう。空間的のみならず時間的にも人々の「間」にある世界は、“res publica”ないしは“commons”として、その持続への関心を共有する人間の関与を引き寄せていくことができるだろうか。

最後に、「公共善」(public good)という公共哲学にとって古来の観念に少し触れておきたい(第四章で「共約的な価値」という言葉を用いてこの観念について少し論じた)。「公共善」は一人ひとりの力では獲得できない価値であり、持続的な協働があってはじめて得られるものである。こうした「公共善」は人々が共に追求すべき価値観(善の構想)ではない。価値観は多元的であり、どのように自らの善を構想し、追求するかは各人の自律に委ねられるべき事柄である。また、「公共善」は道徳的な正－不正を判断する基準としての正義とも異なる。それは、それぞれの生き方(各人による善の構想の追求)がどのようなものであれ、それらにとって、いわば共通の「インフラ」となるような善である。

先に触れた公衆衛生はまさにそうした公共善の一つである。それは各人の私的な努力によって得られるものでもなく、マーケット・メカニズムを通じて得られるものでもない(経済学は市場が提供しえない財を「公共財」と呼んできた)。それは、持続的な(諸世代にわたる)市民間の協働によって生みだされるものである。そうした協働が国境を越える拡がりをもたなければ、いまや、公衆衛生も達成できず、温暖化や海洋汚染を食い止めることもできない。一人ひとりの自律的な生き方が可能となるためには、正義にかなった制度や公正な扱いが必要であるだけではなく、そのベースとなるような善(ないしは悪の回避)が必要である。

教育の機会が開かれることも、医療へのアクセスが容易であることも、あるいは独りきりの境遇に押し込められないことも、そうした公共善とみなすことができると思われるが、どのような価値を協働で実現していくかは市民間の公共的議論にかかっている。いずれにしても、それぞれの善を私的に達成しようとする行動――公共的なものからの自己排除――が疎かにしてきたもの、荒廃させてきたものを直視すべきところに来ているのは間違いない。

十数年前に刊行した拙著を岩波現代文庫に収録するという機会にめぐまれ、全篇を一通り点検し、必要な修正を加えることができた。

岩波書店の坂本政謙さんには現代文庫への収録をお勧めいただき、また北城玲奈さんからは親身のご配慮、ご助力をいただいた。心よりお礼を申し上げる。

二〇二〇年九月

齋藤純一

本書は二〇〇八年八月、岩波書店より刊行された。

岩波現代文庫[学術]

G414
『キング』の時代
―国民大衆雑誌の公共性―
佐藤卓己

伝説的雑誌『キング』――この国民大衆誌を分析し、「雑誌王」と「講談社文化」が果たした役割を解き明かした雄編がついに文庫化。〈解説〉與那覇 潤

G415
近代家族の成立と終焉 新版
上野千鶴子

ファミリィ・アイデンティティの視点から家族の現実を浮き彫りにし、家族が家族であるための条件を追究した名著、待望の文庫化。「戦後批評の正嫡 江藤淳」他を新たに収録。

G416
兵士たちの戦後史
―戦後日本社会を支えた人びと―
吉田 裕

戦友会に集う者、黙して往時を語らない者……戦後日本の政治文化を支えた人びとの意識のありようを「兵士たちの戦後」の中にさぐる。〈解説〉大串潤児

G417
貨幣システムの世界史
黒田明伸

貨幣の価値は一定であるという我々の常識に反する、貨幣の価値が多元的であるという事例は、歴史上、事欠かない。謎に満ちた貨幣現象を根本から問い直す。

G418
公正としての正義 再説
ジョン・ロールズ
エリン・ケリー編
田中成明
亀本 洋
平井亮輔 訳

『正義論』で有名な著者が自らの理論的到達点を、批判にも応えつつ簡潔に示した好著。文庫版には「訳者解説」を付す。

2020.11

岩波現代文庫[学術]

G409
普遍の再生
—リベラリズムの現代世界論—
井上達夫

平和・人権などの普遍的原理は、米国の自国中心主義や欧州の排他的ナショナリズムにより、いまや危機に瀕している。ラディカルなリベラリズムの立場から普遍再生の道を説く。

G410
人権としての教育
堀尾輝久

『人権としての教育』(一九九一年)に「『国民の教育権と教育の自由』論再考」と「憲法と新・旧教育基本法」を追補。その理論の新しさを提示する。〈解説〉世取山洋介

G411
増補版 民衆の教育経験
—戦前・戦中の子どもたち—
大門正克

子どもが教育を受容してゆく過程を、国民国家による統合と、民衆による捉え返しとの間の反復関係(教育経験)として捉え直す。〈解説〉安田常雄・沢山美果子

G412
「鎖国」を見直す
荒野泰典

江戸時代の日本は「鎖国」ではなく「四つの口」で世界につながり、開かれていた——「海禁・華夷秩序」論のエッセンスをまとめる。

G413
哲学の起源
柄谷行人

アテネの直接民主制は、古代イオニアのイソノミア(無支配)再建の企てであった。社会構成体の歴史を刷新する野心的試み。

2020.11

岩波現代文庫[学術]

G425
岡本太郎の見た日本
赤坂憲雄

東北、沖縄、そして韓国へ。旅する太郎が見出した日本とは。その道行きを鮮やかに読み解き、思想家としての本質に迫る。

G426
政治と複数性
―民主的な公共性にむけて―
齋藤純一

「余計者」を見棄てようとする脱‐実在化の暴力に抗し、一人ひとりの現われを保障する。開かれた社会統合の可能性を探究する書。

2020.11

G419
新編 つぶやきの政治思想
李静和

秘められた悲しみにまなざしを向け、声にならないつぶやきに耳を澄ます。記憶と忘却、証言と沈黙、ともに生きることをめぐるエッセイ集。鵜飼哲・金石範・崎山多美の応答も。

G420-421
ロールズ 政治哲学史講義（Ⅰ・Ⅱ）
ジョン・ロールズ
サミュエル・フリーマン編
齋藤純一ほか訳

ロールズがハーバードで行ってきた「近代政治哲学」講座の講義録。リベラリズムの伝統をつくった八人の理論家について論じる。

G422
企業中心社会を超えて
―現代日本を〈ジェンダー〉で読む―
大沢真理

長時間労働、過労死、福祉の貧困……。大企業中心の社会が作り出す歪みと痛みをジェンダーの視点から捉え直した先駆的著作。

G423
増補「戦争経験」の戦後史
―語られた体験／証言／記憶―
成田龍一

社会状況に応じて変容してゆく戦争についての語り。その変遷を通して、戦後日本社会の特質を浮き彫りにする。〈解説〉平野啓一郎

G424
定本 酒呑童子の誕生
―もうひとつの日本文化―
髙橋昌明

酒呑童子は都に疫病をはやらすケガレた疫鬼だった――緻密な考証と大胆な推論によって物語の成り立ちを解き明かす。
〈解説〉永井路子

2020.11

G404
象徴天皇という物語
赤坂憲雄

この曖昧な制度は、どう思想化されてきたのか。天皇制論の新たな地平を切り拓いた論考が、新稿を加えて、平成の終わりに蘇る。

G405
5分でたのしむ数学50話
エアハルト・ベーレンツ
鈴木直訳

5分間だけちょっと数学について考えてみませんか。新聞に連載された好評コラムの中から選りすぐりの50話を収録。〈解説〉円城塔

G406
デモクラシーか 資本主義か
―危機のなかのヨーロッパ―
J・ハーバーマス
三島憲一編訳

現代屈指の知識人であるハーバーマスが、最近十年のヨーロッパの危機的状況について発表した政治的エッセイやインタビューを集成。現代文庫オリジナル版。

G407
中国戦線従軍記
―歴史家の体験した戦場―
藤原彰

一九歳で少尉に任官し、敗戦までの四年間、最前線で指揮をとった経験をベースに戦後の戦争史研究を牽引した著者が生涯の最後に残した「従軍記」。〈解説〉吉田裕

G408
ボンヘッファー
―反ナチ抵抗者の生涯と思想―
宮田光雄

反ナチ抵抗運動の一員としてヒトラー暗殺計画に加わり、ドイツ敗戦直前に処刑された若きキリスト教神学者の生と思想を現代に問う。

2020.11

岩波現代文庫[学術]

G399
テレビ的教養
―一億総博知化への系譜―
佐藤卓己

「一億総白痴化」が危惧された時代から約半世紀。放送教育運動の軌跡を通して、〈教養のメディア〉としてのテレビ史を活写する。〈解説〉藤竹 暁

G400
ベンヤミン
―破壊・収集・記憶―
三島憲一

二〇世紀前半の激動の時代に生き、現代思想に大きな足跡を残したベンヤミン。その思想と生涯に、破壊と追憶という視点から迫る。

G401
新版 天使の記号学
―小さな中世哲学入門―
山内志朗

世界は〈存在〉という最普遍者から成る生地の上に性的欲望という図柄を織り込む。〈存在〉のエロティシズムに迫る中世哲学入門。〈解説〉北野圭介

G402
落語の種あかし
中込重明

博覧強記の著者は膨大な資料を読み解き、落語成立の過程を探り当てる。落語を愛した著者面目躍如の種あかし。〈解説〉延広真治

G403
はじめての政治哲学
デイヴィッド・ミラー
山岡龍一
森 達也 訳

哲人の言葉でなく、普通の人々の意見・情報を手掛かりに政治哲学を論じる。最新のものまでカバーした充実の文献リスト を付す。〈解説〉山岡龍一

2020.11

岩波現代文庫［学術］

G393
不平等の再検討
―潜在能力と自由―
アマルティア・セン
池本幸生
野上裕生 訳
佐藤仁

不平等はいかにして生じるか。所得格差の面からだけでは測れない不平等問題を、人間の多様性に着目した新たな視点から再考察。

G394-395
墓標なき草原（上・下）
―内モンゴルにおける文化大革命・虐殺の記録―
楊海英

文革時期の内モンゴルで何があったのか。体験者の証言、同時代資料、国内外の研究から、隠蔽された過去を解き明かす。司馬遼太郎賞受賞作。〈解説〉藤原作弥

G396
過労死・過労自殺の現代史
―働きすぎに斃れる人たち―
熊沢誠

ふつうの労働者が死にいたるまで働くことによって支えられてきた日本社会。そのいびつな構造を凝視した、変革のための鎮魂の物語。

G397
小林秀雄のこと
二宮正之

自己の知の限界を見極めつつも、つねに新たな知を希求し続けた批評家の全体像を伝える本格的評論。芸術選奨文部科学大臣賞受賞作。

G398
反転する福祉国家
―オランダモデルの光と影―
水島治郎

「寛容」な国オランダにおける雇用・福祉改革と移民排除。この対極的に見えるような現実の背後にある論理を探る。

2020. 11

岩波現代文庫［学術］

G387
『碧巌録』を読む
末木文美士

「宗門第一の書」と称され、日本の禅に多大な影響をあたえた禅教本の最高峰を平易に読み解く。「文字禅」の魅力を伝える入門書。

G388
永遠のファシズム
ウンベルト・エーコ
和田忠彦訳

ネオナチの台頭、難民問題など現代のアクチュアルな問題を取り上げつつファジーなファシズムの危険性を説く、思想的問題提起の書。

G389
自由という牢獄
―責任・公共性・資本主義―
大澤真幸

大澤自由論が最もクリアに提示される主著が文庫に。自由の困難の源泉を探り当て、その新しい概念を提起。河合隼雄学芸賞受賞作。

G390
確率論と私
伊藤清

日本の確率論研究の基礎を築き、多くの俊秀を育てた伊藤清。本書は数学者になった経緯や数学への深い思いを綴ったエッセイ集。

G391-392
幕末維新変革史（上・下）
宮地正人

世界史的一大変革期の複雑な歴史過程の全容を、維新期史料に通暁する著者が筋道立てて描き出す、幕末維新通史の決定版。下巻に略年表・人名索引を収録。

2020. 11

岩波現代文庫[学術]

G382
思想家　河合隼雄
中沢新一・河合俊雄編

心理学の枠をこえ、神話・昔話研究から日本文化論まで広がりを見せた河合隼雄の著作。多彩な分野の識者たちがその思想を分析する。

G383
河合隼雄語録
―カウンセリングの現場から―
河合隼雄・河合俊雄編

京大の臨床心理学教室での河合隼雄のコメント集。臨床家はもちろん、教育者、保護者などにも役立つヒント満載の「こころの処方箋」。〈解説〉岩宮恵子

G384
新版　占領の記憶　記憶の占領
―戦後沖縄・日本とアメリカ―
マイク・モラスキー　鈴木直子訳

日本にとって、敗戦後のアメリカ占領は何だったのだろうか。日本本土と沖縄、男性と女性の視点の差異を手掛かりに、占領文学の時空間を読み解く。

G385
沖縄の戦後思想を考える
鹿野政直

苦難の歩みの中で培われてきた曲折に満ちた沖縄の思想像を、深い共感をもって描き出し、沖縄の「いま」と向き合う視座を提示する。

G386
沖縄の淵
―伊波普猷とその時代―
鹿野政直

「沖縄学」の父・伊波普猷。民族文化の自立と従属のはざまで苦闘し続けたその生涯と思索を軸に描き出す、沖縄近代の精神史。

2020.11

G377
済州島四・三事件
―「島〈タムナ〉のくに」の死と再生の物語―
文京洙

一九四八年、米軍政下の朝鮮半島南端・済州島で多くの島民が犠牲となった凄惨な事件。長年封印されてきたその実相に迫り、歴史と真実の恢復への道程を描く。

G378
平面論
―一八八〇年代西欧―
松浦寿輝

イメージの近代は一八八〇年代に始まる。さまざまな芸術を横断しつつ、二〇世紀の思考の風景を決定した表象空間をめぐる、チャレンジングな論考。〈解説〉島田雅彦

G379
新版 哲学の密かな闘い
永井均

人生において考えることは闘うこと――哲学者・永井均の、「常識」を突き崩し、真に考える力を養う思考過程がたどれる論文集。

G380
ラディカル・オーラル・ヒストリー
―オーストラリア先住民アボリジニの歴史実践―
保苅実

他者の〈歴史実践〉との共奏可能性を信じ抜く――それは、差異と断絶を前に立ち竦む世界に、歴史学がもたらすひとつの希望。〈解説〉本橋哲也

G381
臨床家 河合隼雄
谷川俊太郎
河合俊雄 編

多方面で活躍した河合隼雄の臨床家としての姿を、事例発表の記録、教育分析の体験談、インタビューなどを通して多角的に捉える。

2020.11

G372
ラテンアメリカ五〇〇年
―歴史のトルソー―
清水透
ヨーロッパによる「発見」から現代まで、約五〇〇年にわたるラテンアメリカの歴史を、独自の視点から鮮やかに描き出す講義録。

G373
〈仏典をよむ〉1
ブッダの生涯
中村元
前田專學監修
誕生から悪魔との闘い、最後の説法まで、ブッダの生涯に即して語り伝えられている原始仏典を、仏教学の泰斗がわかりやすくよみ解く。〈解説〉前田專學

G374
〈仏典をよむ〉2
真理のことば
中村元
前田專學監修
原始仏典で最も有名な「法句経」、仏弟子たちの「告白」、在家信者の心得など、人の生きる指針を説いた数々の経典をわかりやすく解説。〈解説〉前田專學

G375
〈仏典をよむ〉3
大乗の教え（上）
―般若心経・法華経ほか―
中村元
前田專學監修
『般若心経』『金剛般若経』『維摩経』『法華経』『観音経』など、日本仏教の骨格を形成した初期の重要な大乗仏典をわかりやすく解説。〈解説〉前田專學

G376
〈仏典をよむ〉4
大乗の教え（下）
―浄土三部経・華厳経ほか―
中村元
前田專學監修
浄土教の根本経典である浄土三部経、菩薩行を強調する『華厳経』、護国経典として名高い『金光明経』など日本仏教に重要な影響を与えた経典を解説。〈解説〉前田專學

岩波現代文庫[学術]

G367
アイヒマン調書
―ホロコーストを可能にした男―
ヨッヘン・フォン・ラング編
小俣和一郎訳

ナチスによるユダヤ人殺戮のキーマン、アイヒマン。八カ月、二七五時間にわたる尋問調書から浮かび上がるその人間像とは？〈解説〉芝　健介

G368
新版 はじまりのレーニン
中沢新一

西欧形而上学の底を突き破るレーニンの唯物論はどのように形成されたのか。ロシア革命一〇〇年の今、誰も書かなかったレーニン論が蘇る。

G369
歴史のなかの新選組
宮地正人

信頼に足る史料を駆使して新選組のリアルな実像に迫り、幕末維新史のダイナミックな構造の中でとらえ直す、画期的〝新選組史論〟。「浪士組・新徴組隊士一覧表」を収録。

G370
新版 漱石論集成
柄谷行人

思想家柄谷行人にとって常に思考の原点であった漱石に関する評論、講演録等を精選し、集成。同時代の哲学・文学との比較など多面的な切り口からせまる漱石論の決定版。

G371
ファインマンの特別講義
―惑星運動を語る―
D.L.グッドスティーン
J.R.グッドスティーン
砂川重信訳

知られざるファインマンの名講義を再現。三角形の合同・相似だけで惑星の運動を説明。再現にいたる経緯やエピソードも印象深い。

2020.11

岩波現代文庫創刊二〇年に際して

二一世紀が始まってからすでに二〇年が経とうとしています。この間のグローバル化の急激な進行は世界のあり方を大きく変えました。世界規模で経済や情報の結びつきが強まるとともに、国境を越えた人の移動は日常の光景となり、今やどこに住んでいても、私たちの暮らしは世界中の様々な出来事と無関係ではいられません。しかし、グローバル化の中で否応なくもたらされる「他者」との出会いや交流は、新たな文化や価値観だけではなく、摩擦や衝突、そしてしばしば憎悪までをも生み出しています。グローバル化にともなう副作用は、その恩恵を遥かにこえていると言わざるを得ません。

今私たちに求められているのは、国内、国外にかかわらず、異なる歴史や経験、文化を持つ「他者」と向き合い、よりよい関係を結び直してゆくための想像力、構想力ではないでしょうか。

新世紀の到来を目前にした二〇〇〇年一月に創刊された岩波現代文庫は、この二〇年を通して、哲学や歴史、経済、自然科学から、小説やエッセイ、ルポルタージュにいたるまで幅広いジャンルの書目を刊行してきました。一〇〇〇点を超える書目には、人類が直面してきた様々な課題と、試行錯誤の営みが刻まれています。読書を通した過去の「他者」との出会いから得られる知識や経験は、私たちがよりよい社会を作り上げてゆくために大きな示唆を与えてくれるはずです。

一冊の本が世界を変える大きな力を持つことを信じ、岩波現代文庫はこれからもさらなるラインナップの充実をめざしてゆきます。

（二〇二〇年一月）

政治と複数性——民主的な公共性にむけて

2020年11月13日　第1刷発行

著　者　齋藤純一《さいとうじゅんいち》

発行者　岡本　厚

発行所　株式会社　岩波書店
〒101-8002 東京都千代田区一ツ橋 2-5-5

案内 03-5210-4000　営業部 03-5210-4111
https://www.iwanami.co.jp/

印刷・精興社　製本・中永製本

ISBN 978-4-00-600426-2　Printed in Japan

注

はじめに

(1) Cf. John Keane, *Civil Society: Old Images, New Visions* (Polity Press, 1998), pp. 114–118.

(2) Hannah Arendt, *The Origines of Totalitarianism* (Harcourt Brace Jovanovich, 1951), p. 475. 大久保和郎・大島かおり訳『全体主義の起源 3 全体主義』みすず書房, 1974 年, 320 頁.

(3) M. マフマルバフ, 武井みゆき・渡部良子訳『アフガニスタンの仏像は破壊されたのではない, 恥辱のあまり崩れ落ちたのだ』現代企画室, 2001 年.

〈I〉

第 1 章

(1) Cf. David Trend, "Democracy's Crisis of Meaning", in *Radical Democracy: Identity, Citizenship, and the State*, ed. by D. Trend (Routledge, 1995), pp. 7–18.

(2) 同名の W. ホイットマンの著書(*Democratic Vistas*, 1871)がある.

(3) Hannah Arendt, *The Origins of Totalitarianism* (Harcourt Brace Jovanovich, 1951), pp. 296f. 大島道義・大島かおり訳『全体主義の起原 2 帝国主義』みすず書房, 1972 年, 280 頁以下.

(4) Cf. Sheldon S. Wolin, "Fugitive Democracy", in *Constellations*, Vol. 1 No. 1, 1994, pp. 11–25.

(5) Cf. William E. Connolly, *Identity\Difference: Democratic Negotiations of Political Paradox* (Cornell Univesity Press,

1991), pp. 198–222. 杉田敦・齋藤純一・権左武志訳『アイデンティティ\差異 ── 他者性の政治』岩波書店，1998年，371–412頁.

(6)　念頭にあるのはH.アーレントの次の一節である.「複数性という人間の条件，すなわち地上に生き世界に住まうのが，単数の人ではなく複数の人びとであるという事実. たしかにこの複数性こそすべての政治的生活の条件であり，その必須の条件であるばかりか最高の条件である」(Hannah Arendt, *The Human Condition* [University of Chicago Press, 1958], p. 7. 志水速雄訳『人間の条件』ちくま学芸文庫，20頁).

(7)　Cf. Michael Walzer, "Philosophy and Democracy", in *Political Theory*, Vol. 9 No. 3, 1981, pp. 379–399.

(8)　Cf. Bonnie Honig, "The Politics of Agonism", in *Political Theory*, Vol. 21 No. 3, 1993, pp. 528–533.

(9)　たとえばJ.ロールズの「財産所有のデモクラシー」やM.ウォルツァーの「分権化した民主的社会主義」の構想など.

(10)　Cf. Nancy Fraser, "Equality, Difference, and Radical Democracy", in *Radical Democracy: Identity, Citizenship, and the State*, pp. 197–208.

(11)　Carl Schmitt, *Die Geistesgeschichtliche Lage des Heutigen Parlamentarismus, Zweite Auflage* (Duncker & Humbolt, 1926), S. 14. 稲葉素之訳『現代議会主義の精神史的地位』みすず書房，1972年，14頁.

(12)　Chantal Mouffe, "Radical Democracy or Liberal Democracy", in *Radical Democracy: Identity, Citizenship, and the State* (Routledge, 1996), p. 21.

(13)　Cf. Albert O. Hirschman, "Social Conflicts as Pillars of Democratic Market Society", in *Political Theory*, Vol. 22 No. 2, 1994, pp. 211–215. 井上達夫「リベラリズムと正当性 ── 多元性の政治哲学」『岩波講座 現代思想第16巻 権力と正統性』岩

波書店，1995年，83-107頁参照．

(14) Cf. William E. Connolly, *The Ethos of Pluralization* (University of Minnesota Press, 1995), pp. 85-93.

(15) *Ibid*., pp. 89-93.

(16) Cf. Charles Taylor, "The Politics of Recognition", in *Multiculturalism*, ed. by A. Gutmann (Princeton University Press, 1994), pp. 38f. 辻康夫訳「承認をめぐる政治」『マルチカルチュラリズム』岩波書店，1996年，54-55頁．

(17) Cf. Nancy Fraser, "Equality, Difference, and Radical Democracy", pp. 201f.

(18) Cf. William E. Connolly, *The Ethos of Pluralization*, pp. xix-xxiv.

(19) たとえばM.ウォルツァーは，「私の多くの側面に分かれた自己は厚く差異化された社会，私の多様な能力や才能，私が誰であるかをめぐる私の相異なった諸感覚が表現される社会を要求する」(Michael Walzer, *Thick and Thin: Moral Argument at Home and Abroad* [University of Notre Dame Press, 1994], p. 102. 芦川晋・大川正彦訳『道徳の厚みと広がり ── われわれはどこまで他者の声を聴き取ることができるか』風行社，2004年，175頁)と両者の連関を示唆しているが，彼自身も指摘するように，いかに高度に差異化された社会であれ，それに適合しない人びと(および自己の部分)はつねに残らざるをえないという問題は避けられない．

(20) 藤野寛「多元文化主義・同化ユダヤ人問題・非同一的なもの」『現代思想』1996年3月号，200-225頁参照．

(21) 大庭健「共生の強制，もしくは寛容と市場と所有」『現代思想』1994年4月号，138-155頁参照．

(22) 西洋でも近代以前の思想家，モンテーニュやデカルトなどには，一義的に整序されるのではない多面的に揺れ動く自己の像が読み取れるかもしれない．たとえばモンテーニュについて

は，J. スタロバンスキー，早水洋太郎訳『モンテーニュは動く』みすず書房，1993年を参照．Cf. Michael Walzer, *Thick and Thin*, pp. 86–98. 前掲『道徳の厚みと広がり』149–169頁．

(23)　Friedrich Nietzsche, *Kritische Studienausgabe*, hrsg. von Giorgio Colli und Mazzino Montinari (Deutscher Taschenbuch Verlag de Gruyter, 1988), Band. 11, S. 650. 麻生建訳『ニーチェ全集第8巻(第II期) 遺された断想(1884年秋—85年秋)』白水社，1983年，474–475頁．

(24)　*Ibid.*, Band. 5, S. 271. 秋山英夫訳「道徳の系譜」『ニーチェ全集第3巻(第II期) 道徳の系譜・ヴァーグナーの場合，遺された著作(1889年)』白水社，1983年，41頁．

(25)　*Ibid.*, Band. 3, S. 530. 氷上英廣訳「華やぐ智慧」『ニーチェ全集10巻(第I期) 華やぐ智慧・メッシーナ牧歌』白水社，1980年，266–267頁．

(26)　Michel Foucault, "The Ethic of Care for the Self as a Practice of Freedom", in *The Final Foucault*, ed. by J. Bernauer and D. Rasmussen (MIT Press, 1994), p. 8. 山本学訳「自由のプラチックとしての自己への配慮の倫理」『最後のフーコー』三交社，1990年，30頁．

(27)　Cf. Friedrich Nietzsche, *Kritische Studienausgabe*, hrsg. von Giorgio Colli und Mazzino Montinari (Deutscher Taschenbuch Verlag de Gruyter, 1988), Band. 6, S. 84. 西尾幹二・生野幸吉訳「偶像の黄昏」『ニーチェ全集第4巻(第II期) 偶像の黄昏・遺された著作(1888–89年)』白水社，1987年，51–52頁．

(28)　Cf. Leslie P. Thiele, *Friedrich Nietzsche and the Politics of the Soul: A Study of Heroic Individualism* (Princeton University Press, 1990), pp. 66f.

(29)　Cf. George Kateb, *Emerson and Self-Reliance* (Sage Publications, 1995), pp. 8–16.

(30)　E. W. サイードは，単一の揺るぎないアイデンティティで

はなく，複合的で「対位法に拠る」(contrapuntal) アイデンティティ——複数の異質な文化世界に跨るアイデンティティ——のもつ意味について，とりわけ移民の視点から光を当てており示唆にとむ．たとえば大江健三郎との対談「生の終わりを見つめるスタイル」『世界』1995年8月号，38頁以下参照．また cf. E. W. Said, *Culture and Imperialism* (Vintage Books, 1994), pp. 312–316. 大橋洋一訳『文化と帝国主義』2，みすず書房，2001年，117–121頁．

(31) Cf. Michael Walzer, *Thick and Thin*, pp. 99f. 前掲『道徳の厚みと広がり』170–171頁．

(32) Cf. William E. Connolly, *Political Theory and Modernity*, with a New Epilogue (Cornell University Press, 1993), p. 178.

(33) Michel Foucault, *Histoire de la sexualité 2: L'usage des plaisirs* (Gallimard, 1984), p. 73. 田村俶訳『性の歴史 II——快楽の活用』新潮社，1986年，77頁．

(34) *Ibid.*, pp. 16f. 同上，18頁以下．

(35) Cf. Judith N. Shklar, "The Liberalism of Fear", in *Liberalism and the Moral Life*, ed. by Nancy L. Rosenblum (Harvard University Press, 1989), p. 29.

(36) Hannah Arendt, *The Life of the Mind*, Vol. 1 (Harcourt Brace Jovanovich, 1971), p. 175. 佐藤和夫訳『精神の生活』上，岩波書店，1994年，202頁．

(37) 自己の内的対話の複数性は，人びとの複数性そのものを再現前化する．「一者の内なる二者(the two-in-one)の対話は，私の同胞たちの世界との接触を失うことはない．なぜなら彼らは，それを相手に思考の対話をおこなう私の自己に再現前化されているからである」(Hannah Arendt, *The Origines of Totalitarianism*, p. 476. 大久保和郎・大島かおり訳『全体主義の起原3 全体主義』みすず書房，1974年，321頁)．もっとも，内的対話に再現前化される他者は，アーレントの場合，「私の同胞た

ち」(my fellow men)という表現にも窺われるように，選択的に受容された他者である．この点の批判としてはたとえば，cf. Seyla Benhabib, *Situating the Self: Gender, Community and Postmodernism in contemporary Ethics* (Routledge, 1992), pp. 137–141.

(38)　Hannah Arendt, *The Life of the Mind*, Vol. 1, p. 192. 前掲『精神の生活』上，222頁.

(39)　Cf. Friedrich Nietzsche, *Kritische Studienausgabe*, hrsg. von Giorgio Colli und Mazzino Montinari (Deutscher Taschenbuch Verlag de Gruyter, 1988), Band. 1, S. 383–385. 小倉志祥訳『ニーチェ全集4 反時代的考察』ちくま学芸文庫，295–296頁.

(40)　Ralph W. Emerson, *Emerson: Essays and Lectures* (The Library of America, 1983), pp. 629f.

(41)　Cf. George Kateb, *Emerson and Self-Reliance*, p. 138.

(42)　Cf. Hannah Arendt, *Between Past and Future* (Penguin Books, 1968), pp. 247f. 引田隆也・齋藤純一訳『過去と未来の間――政治思想への8試論』みすず書房，1994年，336頁以下.

(43)　Michel Foucault, "The Ethic of Care for the Self as a Practice of Freedom", p. 6. 前掲「自由のプラチックとしての自己への配慮の倫理」26頁.

(44)　Cf. Thomas McCarthy, *Ideals and Illusions: On Reconstruction and Deconstruction in Contemporary Critical Theory* (MIT Press, 1991), pp. 73f. 細見和之(部分)訳「不純理性批判――フーコーとフランクフルト学派」『岩波講座 現代思想第8巻 批判理論』岩波書店，1992年，198頁以下.

(45)　鷲田清一『だれのための仕事――仕事 vs 余暇を超えて』岩波書店，1996年，152頁.

(46)　直接H.アーレントやJ.ハーバーマスの行為概念を批判しているわけではないが，M.ウォルツァーは，人-間の相互行

為を狭義の政治的行為を超えた範囲にも拡げている．Cf. Michael Walzer, "The Civil Society Argument", in *Dimensions of Radical Democracy*, ed. by Chantal Mouffe (Verso, 1992), pp. 99, 106.

(47) Cf. Carol Gilligan, *In'a Different Voice: Psychological Theory and Women's Development* (Harvard University Press, 1982), pp. 62-63. 岩男寿美子監訳『もうひとつの声――男女の道徳観のちがいと女性のアイデンティティ』川島書店, 1986年, 108-109頁.

(48) 花崎皋平『個人／個人を超えるもの』岩波書店, 1996年, 141頁.

(49) William E. Connolly, *Identity \ Difference*, p. 162. 前掲『アイデンティティ＼差異』303頁.

(50) 千葉眞『ラディカル・デモクラシーの地平――自由・差異・共通善』新評論, 1995年, 161-164頁参照.

(51) Cf. Hannah Arendt, *The Human Condition* (University of Chicago Press, 1958), p. 180. 志水速雄訳『人間の条件』ちくま学芸文庫, 292頁.

(52) Cf. Hannah Arendt, "Philosophy and Politics", in *Social Research*, Vol. 57 No. 1, 1990, pp. 82-86, G. Kateb, "Arendt and Individualism", in *Social Research*, Vol. 61 No. 4, 1994, pp. 769-773.

(53) Cf. Richard Rorty, *Contingency, Irony and Solidarity* (Cambridge University Press, 1989), pp. xiii-xvi. 齋藤純一・山岡龍一・大川正彦訳『偶然性・アイロニー・連帯――リベラル・ユートピアの可能性』岩波書店, 2000年, 1-9頁.

(54) Cf. Nancy Fraser, *Unruly Practices: Power, Discourse and Gender in Contemporary Social Theory* (Polity Press, 1989), p. 105.

(55) Cf. Jürgen Habermas, *Der philosophische Diskurs der*

Moderne (Suhrkamp Verlag, 1985), S. 116-120. 三島憲一ほか訳『近代の哲学的ディスクルス』I, 岩波書店, 1990年, 161-167頁参照.

(56) Hannah Arendt, "Philosophy and Politics", pp. 80-82.

(57) Cf. Jürgen Habermas, *Fakitizität und Geltung: Beitrage zur Diskurstheorie des Rechts und des demokratischen Rechtsstaats* (Suhrkamp Verlag, 1992), S. 349-398, "Three Normative Models of Democracy", in *Constellations*, Vol. 1 No. 1, 1994, pp. 6-10. 齋藤純一「ハーバーマス ―― 批判理論の転回と討議的デモクラシーの展望」, 藤原保信・飯島昇藏編『西洋政治思想史Ⅱ』新評論, 1995年, 199-216頁.

(58) H. アーレントの描く意見交換には, いずれの論拠が正当であるかを測る尺度は存在しない. 意見の吟味は, 意見が含みうる(独力では避けがたい)自己欺瞞の要素を相互に解体するために行われる. 目指されるのは一つひとつの意見をより欺瞞のないという意味で"truthful"にすることであり, 論拠の吟味によって共通の"Truth"に(暫定的にせよ)達することではない. コミュニケーションには, J. ハーバーマスのいう「討議」が不可欠になる局面はあるが, それに意見の交換が還元されるわけではない.

第2章

(1) J. ロールズは, アンダークラスの現象に「福祉国家型資本主義」の破綻を見ている. 政治社会からの離脱を余儀なくされる人びとの存在は, ロールズにとって, 公正な社会的協働を成り立たせるための相互性が失われていることの証左である. Cf. John Rawls, *Justice as Fairness: A Restatement*, ed. by Erin Kelly (Havard University Press, 2001), pp. 127-130. 田中成明・亀本洋・平井亮輔訳『公正としての正義 再説』岩波書店, 2004年, 224-229頁.

(2)　Cf. Jürgen Habermas, *Kleine Politische Schriften* (Suhrkamp Verlag, 1981), S. 250.　この点については市野川容孝『社会』岩波書店，2006 年，209-210 頁参照.

(3)　J. ロールズと J. ハーバーマスの社会統合の構想についてより詳しくは，齋藤純一「憲法と公共性 ── ロールズとハーバーマスの政治的統合をめぐって」，杉田敦編『岩波講座 憲法 3 ネーションと市民』岩波書店，2007 年，および齋藤純一「排除に抗する社会統合の構想 ── ロールズとハーバーマスにおける相互承認」，日本政治学会編『年報政治学 2007-Ⅱ 排除と包摂の政治学』木鐸社，2007 年を参照.

(4)　P. ロザンヴァロンも，社会国家を維持していくためには，動員の基盤となるネイションを建て直す必要があると論じる.「欠けているのはたんに動員ではなく，動員の基盤となるもの，すなわち国民である」と．Cf. Pierre Rosanvallon, *La nouvelle question sociale: Repenser l' État-providence* (Editions du Seuil, 1995)．北垣徹訳『連帯の新たなる哲学 ── 福祉国家再考』勁草書房，2006 年，74-75 頁.

(5)　Cf. Anna Stilz, *Liberal Loyalty: Freedom, Obligation, and the State* (Princeton University Press, 2009), Jan-Werner Müller, *Constitutional Patriotism* (Princeton University Press, 2007).

(6)　Cf. T. H. Marshall and T. Bottomore, *Citizenship and Social Class* (Pluto Press, 1992)．岩崎信彦・中村健吾訳『シティズンシップと社会的階級 ── 近現代を総括するマニフェスト』法律文化社，1993 年，52 頁.

(7)　リベラル・ナショナリズムが一般にどのような主張を掲げているかについては，施光恒「リベラル・ナショナリズム論の意義と展望 ── 多様なリベラル・デモクラシーの花開く世界を目指して」，萩原能久編『ポスト・ウォー・シティズンシップの構想力』慶應義塾大学出版会，2005 年を参照.

(8)　Cf. David Miller, *On Nationality* (Oxford University Press, 1995), pp. 10-11.　富沢克ほか訳『ナショナリティについて』風行社，2007年，19-21頁.

(9)　*Ibid.*, p. 25.　同上，45頁.

(10)　Cf. Margaret Canovan, *Nationhood and Political Theory* (Edward Elgar, 1996), pp. 39-41.

(11)　Cf. David Miller, *On Nationality*, p. 122.　前掲『ナショナリティについて』217頁.

(12)　Cf. Yael Tamir, *Liberal Nationalism* (Princeton University Press, 1993), p. 117.　押村高ほか訳『リベラルなナショナリズムとは』夏目書房，2006年，258頁.

(13)　*Ibid.*, p. 121.　同上，265頁.

(14)　Cf. David Miller, *On Nationality*, pp. 130-140.　前掲『ナショナリティについて』229-246頁.

(15)　Cf. *Ibid.*, p. 189.　同上，335頁.

(16)　Cf. Yael Tamir, *Liberal Nationalism*, p. 129.　前掲『リベラルなナショナリズムとは』279頁.　M.カノヴァンは，集合的アイデンティティは，自明なもの，自然化されたものであるときに集団の凝集力を生みだし，また価値観において多様な集団の連帯を可能にすると論じる．Cf. Margaret Canovan, *Nationhood and Political Theory*, pp. 74-75.

(17)　Cf. Will Kymlicka, *Contemporary Political Philosophy: An Introduction*, 2nd Ed. (Oxford University Press, 2001), pp. 253-255.　千葉眞・岡崎清輝ほか訳『新版 現代政治理論』日本経済評論社，2005年，370-372頁.

(18)　*Ibid.*, p. 264.　同上，385頁.

(19)　Cf. David Miller, *On Nationality*, p. 187.　前掲『ナショナリティについて』332頁.

(20)　Cf. Will Kymlicka, "Citizenship in an Era of Globalization", in *Democracy's Edges*, ed. by C. Hacker-Cordon and I. Shapiro

(Cambridge University Press, 1999), p. 120.

(21) Cf. James Bohman, *Democracy across Borders: From Dêmos to Dêmoi* (The MIT Press, 2007), p. 174.

(22) D. ミラーは国際社会における正義について論じ，個人の基本権の保護と搾取の禁止を普遍的な義務として擁護している．Cf. David Miller, "Justice and Global Inequality", in *Inequality, Globalization, and World Politics*, ed. by A. Hurrell and N. Woods (Oxford University Press, 1999), pp. 198-209.

(23) David Miller, *On Nationality*, p. 70. 前掲『ナショナリティについて』122-123 頁.

(24) Cf. Jürgen Habermas, *Die Einbeziehung des Anderen: Studien zur politischen Theorie* (Suhrkamp Verlag, 1996), S. 142. 高野昌行訳『他者の受容 ── 多文化社会の政治理論に関する研究』法政大学出版局，2004 年，142 頁.

(25) *Ibid.*, S. 164. 同上，162-163 頁.

(26) *Ibid.*, S. 328f. 同上，320-321 頁.

(27) Jan-Werner Müller, *Constitutional Patriotism*, pp. 56-57. ミュラーによれば，憲法パトリオティズムは，「政治的愛着の中心がリベラルで民主的な憲法のもつ規範，価値，そしてより間接的にはその手続きにおかれるべきであるとする考え」として要約される．*Ibid.*, p. 1.

(28) Cf. *Ibid.*, S. 262. 同上，256-257 頁.

(29) Cf. *Ibid.*, S. 143. 同上，139 頁.

(30) Cf. *Ibid.*, S. 144. 同上，140 頁.

(31) リベラル・ナショナリズムは多数者の少数者に対する寛容を求めるが，リベラルな寛容には，少数者の文化を劣位の差異として容認し，それとの相互交渉を回避するといった問題性がある．この点については，cf. Wendy Brown, *Regulating Aversion: Tolerance in the Age of Identity and Empire* (Princeton University Press, 2006).

(32)　Cf. Jürgen Habermas, *Die Einbeziehung des Anderen*, S. 267-268. 前掲『他者の受容』260-261頁.

(33)　Cf. *Ibid.*, S. 268. 同上, 261頁. 他者(移民)を引き入れることによって「われわれ国民」(We, the People)は再定義されることになるが, この再定義に新たな「法生成の政治」の契機――憲法原理がこれまでとは違った仕方で再-解釈される契機――を探る議論として, cf. Seyla Benhabib, *The Rights of Others: Aliens, Residents and Citizens* (Cambridge University Press, 2004), pp. 176-183. 向山恭一訳『他者の権利――外国人・居留民・市民』法政大学出版局, 2006年, 163-168頁.

(34)　Cf. Jürgen Habermas, *Die Einbeziehung des Anderen*, S. 139-140. 前掲『他者の受容』139-140頁.

(35)　Jürgen Habermas, *Faktizität und Geltung: Beiträge zur Diskurstheorie des Rechts und des demokratischen Rechtsstaats* (Suhrkamp Verlag, 1992), S. 141. 河上倫逸・耳野健二訳『事実性と妥当性――法と民主的法治国家の討議理論にかんする研究』上, 未來社, 2002年, 138頁.

(36)　Jürgen Habermas, *Die Einbeziehung des Anderen*, S. 56-64. 前掲『他者の受容』51-59頁.

(37)　Cf. Jan-Werner Müller, *Constitutional Patriotism*, pp. 9, 49.

(38)　Jürgen Habermas, *Faktizität und Geltung*, S. 153-162. 前掲『事実性と妥当性』上, 149-150頁.

(39)　Jürgen Habermas, *Die Einbeziehung des Anderen*, S. 149. 前掲『他者の受容』148頁.

(40)　Cf. James Bohman, *Democracy across Borders*, pp. 145, 153-159.

(41)　Cf. Iris Marion Young, *Inclusion and Democracy* (Oxford University Press, 2000), pp. 52-57.

(42)　Cf. John Rawls, *Justice as Fairness: A Restatement*, pp. 149-150. 前掲『公正としての正義 再説』264-265頁.

(43) Jürgen Habermas, *Faktizität und Geltung*, S. 400.『事実性と妥当性』下，2003 年，56 頁.

(44) Cf. Jürgen Habermas, *Die Einbeziehung des Anderen*, S. 327. 前掲『他者の受容』319 頁.

(45) 討議デモクラシーの特徴については，田村哲樹『熟議の理由 ── 民主主義の政治理論』勁草書房，2008 年，第 1 章および第 2 章を参照.

(46) Cf. Michael Walzer, *Politics and Passion: Toward a More Egalitarian Liberalism* (Yale University Press, 2004), Chap. 6. 齋藤純一・谷澤正嗣・和田泰一訳『政治と情念 ── より平等なリベラリズムへ』風行社，2006 年，第 6 章．Chantal Mouffe, *The Return of the Political* (Verso, 1993), p. 115. 千葉眞ほか訳『政治的なるものの再興』日本経済評論，1998 年，226-227 頁.

(47) Cf. William E. Connolly, "The Evangelical-Capitalist Resonance Machine", in *Political Theory*, Vol. 33 No. 6, 2005, pp. 869-886.

(48) Cf. James Bohman, *Democracy across Borders*, p. 118.

(49) Philip Pettit, "The Common Good", in *Justice and Democracy*, ed. by K. Dowding, R. E. Goodin, and C. Pateman (Cambridge University Press, 2004), p. 163.

(50) Cf. James Bohman, *Democracy across Borders*, p. 120. ボーマンは規範的主張を提起しうる政治的権利を基本的人権の一つとして重視している.

〈II〉

第 3 章

(1) Hannah Arendt, *On Revolution* (Penguin Books, 1963), p. 69. 志水速雄訳『革命について』ちくま学芸文庫，104-105 頁．John Adams, *Discourses on Davila' Works* (Boston:

1851), Vol. vi, pp. 239f.
(2)　*Ibid.*, p. 70.　同上，106頁．H. アーレントは，J. アダムズの例外的な感受性ですら黒人奴隷を視野の外に締めだしていたことを指摘している．「奴隷制は貧困のうむ人知れなさよりもさらに暗黒の度の深い人知れなさをそなえている．貧しい人びとではなく奴隷こそ「完全に無視され」ていたのだ」(*Ibid.*, p. 71. 同上，108頁)．
(3)　Hannah Arendt, "The Jew as Pariah: A Hidden Tradition", in *The Jewish Writngs*, ed. by Jerome Kohn and Ron H. Feldman (Schocken Books, 2007), p. 289.　齋藤純一訳「パーリアとしてのユダヤ人──隠れた伝統」，齋藤純一・山田正行ほか訳『アイヒマン論争──ユダヤ論集2』みすず書房，2013年，73頁．
(4)　Cf. Hannah Arendt, *The Human Condition* (University of Chicago Press, 1958), p. 199.　志水速雄訳『人間の条件』ちくま学芸文庫，320-321頁．
(5)　Cf. *Ibid.*, p. 175.　同上，286頁．
(6)　Carl Schmitt, *Der Begriff des Politischen* (Duncker & Humblot, 1963), S. 26.　田中浩・原田武雄訳『政治的なものの概念』未來社，1970年，15頁．
(7)　*Ibid.*, S. 27.　同上，16頁．
(8)　酒井直樹『日本思想という問題──翻訳と主体』岩波書店，1997年，53頁．
(9)　Cf. Carl Schmitt, *Der Begriff des Politischen*, S. 33.　前掲『政治的なものの概念』26頁．
(10)　Hannah Arendt, *Elemente und Ursprünge totaler Herrschaft* (Piper, 1951), S. 461.　大島道義・大島かおり訳『全体主義の起原2 帝国主義』みすず書房，1972年，279頁．
(11)　*Ibid.*, S. 462.　同上，281頁．
(12)　Cf. *Ibid.*, S. 459.　同上，277頁．
(13)　Cf. *Ibid.*, S. 462f.　同上，281頁以下．

(14) *Ibid.*, S. 675. 大久保和郎・大島かおり訳『全体主義の起原 3 全体主義』みすず書房，1974年，230頁.

(15) Cf. *Ibid.*, S. 728f. 同上，298頁以下.

(16) Hannah Arendt, *On Revolution*, p. 98. 前掲『革命について』146頁. アーレントが「存在」と「現われ」を同一のものとする思想的背景については，小野紀明『二十世紀の政治思想』岩波書店，1996年，第1章，第2章を参照.

(17) Cf. Judith Butler, *Excitable Speech: A Politics of the Performative* (Routledge, 1997), Chap. 1. 竹村和子訳『触発する言葉 ── 言語・権力・行為体』岩波書店，2004年，第1章. 齋藤純一「現われの消去 ── 憎悪表現とフィルタリング」，藤野寛・齋藤純一編『表現の〈リミット〉』ナカニシヤ出版，2005年，6-17頁.

(18) 「憐れみ」は「同情」(compassion)の歪曲された形態としてとらえられている.「憐れみ」が受苦者を「非人格化」し，「或る実体に総括する」抽象的な情念であるのに対し，「同情」は他者の苦しみの具体的な姿に動かされる情念である. Cf. Hannah Arendt, *On Revolution*, p. 85. 前掲『革命について』127-128頁. H. アーレントは，人びとの「間」を失わせる点で「同情」は非政治的であるとするが，政治が受苦への応答，苦しみに向かおうとする態度をその不可欠な次元として含むかぎり，むしろ同情のもつ政治性が注目される. 齋藤純一「共感／憐れみ／連帯 ── 感情と政治の間」『思想』958号，2004年参照.

(19) Cf. Hannah Arendt, *On Revolution*, pp. 88f. 前掲『革命について』132頁以下.

(20) *Ibid.*, p. 227. 同上，368頁.

(21) *Ibid.*, p. 268. 同上，426頁.

(22) Hannah Arendt, *The Human Condition*, p. 179. 前掲『人間の条件』205頁.

(23)　Cf. Hannah Arendt, *Elemente und Ursprünge totaler Herrschaft*, S. 728.　前掲『全体主義の起原3 全体主義』298頁.

(24)　Hannah Arendt, "What Is Existential Philosophy?" (1946), in *Arendt: Essays in Understanding 1930–1954: Formation, Exile, and Totalitarianism*, ed. by Jerome Kohn (Harcourt Brace Jovanovich, 1994), p. 177.　拙訳「実存哲学とは何か」『アーレント政治思想集成1 組織的な罪と普遍的な責任』みすず書房, 2002年, 240頁.

(25)　アーレントには「再現前化する思考」(representative thinking)の観念があるが, この政治的思考は, 他者の意見を表象＝代表するものではない. それは, 「現実には私がいないところで私自身のアイデンティティにおいて思考する」こと, つまり私がもし彼／彼女の立場にあったらどう考えるかという私自身の仮設的思考を意味する. Cf. Hannah Arendt, *Between Past and Future* (Penguin Books, 1968), p. 241.　引田隆也・齋藤純一訳『過去と未来の間――政治思想への8試論』みすず書房, 1994年, 327–328頁.

(26)　Cf. Hannah Arendt, *The Human Condition*, p. 215,　前掲『人間の条件』342頁, *On Revolution*, p. 30f.,　前掲『革命について』40頁以下.

(27)　Cf. Hannah Arendt, *On Revolution*, p. 196f.　前掲『革命について』158頁以下. アーレントの「仮面」については, cf. Susan Bickford, *The Dissonance of Democracy: Listening, Conflict, and Citizenship* (Cornell University Press, 1996), pp. 728f.

(28)　Cf. Susan Bickford, *The Dissonance of Democracy*, p. 96.

(29)　Hannah Arendt, *The Human Condition*, p. 194.　前掲『人間の条件』222頁.

(30)　*Ibid*., p. 41.　同上, 43頁.

(31)　Cf. Hannah Arendt, *Between Past and Future*, p. 154.　前

掲『過去と未来の間』208頁以下.

(32) Hannah Arendt, *The Human Condition*, p. 206. 前掲『人間の条件』330頁.

(33) Cf. *Ibid.*, p. 40f. 同上, 42頁以下.

(34) *Ibid.*, p. 205. 同上, 233-234頁.

(35) Bonnie Honig, "Toward an Agonistic Feminism: Hannah Arendt and the Politics of Identity", in *Feminist Interpretations of Hannah Arendt*, ed. by B. Honig (The Pennsylvania State University Press, 1995), p. 149. 岡野八代・志水紀代子訳「アゴニスティック・フェミニズムに向かって——ハンナ・アーレントとアイデンティティの政治」『ハンナ・アーレントとフェミニズム——フェミニストはアーレントをどう理解したか』未來社, 2001年, 213頁.

(36) Judith Butler, *Gender Trouble: Feminism and the Subversion of Identity* (Routledge, 1990), p. 140. 竹村和子訳『ジェンダートラブル——フェミニズムとアイデンティティの攪乱』青土社, 1999年, 247頁.

(37) *Ibid.*, p. 141. 同上, 248頁.

(38) Judith Butler, *Bodies That Matter: On the Discursive Limits of "Sex"* (Routledge, 1993).

(39) Cf. *Ibid.*, p. 3.

(40) Judith Butler, *Gender Trouble*. 前掲『ジェンダートラブル』.

(41) Judith Butler, *Bodies That Matter*, p. 112.

(42) *Ibid.*, p. 10.

(43) Cf. *Ibid.*, pp. 21, 113.

(44) Cf. *Ibid.*, p. 223-242.

(45) Edward W. Said, *Culture and Imperialism* (Vintage Books, 1994). 大橋洋一訳『文化と帝国主義』1・2, みすず書房, 1998, 2001年.

(46)　*Ibid.*, p. 314.　同上2, 314頁.

(47)　D. ホリンガーは,「アイデンティティ」に代えて「関わり」(affiliations)という概念を用いることを推奨している.「アイデンティティ」が所与(事実確認)性, 単数性を含意するのに対して,「関わり」は行為遂行性, 複数性を示唆し, 結果としての帰属の状態というよりもむしろアイデンティティが形成される複合的で動態的な過程に光を当てることができるからである. Cf. David A. Hollinger, *Postethnic America: Beyond Multiculturalism* (Basic Books, 1995), pp. 6-7. ちなみに, 彼のいう「ポストエスニシティ」は, 他から規定された関わりよりも自発的に選択され, 選択し直される複数の関わりをより評価するものである(cf. *Ibid.*, pp. 146-147).

(48)　Cf. Nancy Fraser, "Equality, Difference, and Radical Democracy", in *Radical Democracy: Identity, Citizenship, and the State*, ed. by David Trend (Routledge, 1995), p. 205.

(49)　Craig J. Calhoun, *Critical Social Theory: Culture, History, and the Challenge of Difference* (Basil Blackwell, 1995), p. 202.

(50)　Gayatori Spivak, *Outside in the Teaching Machine* (Routledge, 1993), pp. 3-5.

(51)　Cf. Fred Dallmayr, "The Politics of Nonidentity: Adorno, Postmodernism and Edward Said", in *Political Theory*, Vol. 25 No. 1, 1997.

(52)　Cf. Judith Butler, *Bodies That Matter*, pp. 21, 113.

(53)　Cf. Martha Minow, *Making All the Difference: Inclusion, Exclusion, and American Law* (Cornell University Press, 1990), pp. 19-23.

(54)　Cf. Susan Bickford, *The Dissonance of Democracy*, pp. 116-139.

(55)　Cf. Jennifer Ring, "The Pariah as Hero: Hannah Arendt's

Political Actor", in *Political Theory*, Vol. 19 No. 3, 1991, Lisa Jane Dish, *Hannah Arendt and the Limits of Philosophy* (Cornell University Press, 1994), pp. 175-192.

(56) Hannah Arendt, "The Jew as Pariah", pp. 275-297. 前掲「パーリアとしてのユダヤ人」53-85頁.

(57) Hannah Arendt, *Men in Dark Times* (Harcourt Brace Jovanovich, 1968), p. 13. 阿部齊訳『暗い時代の人々』ちくま学芸文庫, 29頁.

(58) Cf. Lisa Jane Dish, *Hannah Arendt and the Limits of Philosophy*, p. 176.

(59) Cf. Hannah Arendt, "The Jew as Pariah", p. 291. 前掲「パーリアとしてのユダヤ人」75頁.

(60) Cf. Hannah Arendt, *Elemente und Ursprünge totaler Herrschaft*, S. 725f. 前掲『全体主義の起原3 全体主義』295頁.

(61) Cf. Hannah Arendt, "The Jew as Pariah", pp. 283-286. 前掲「パーリアとしてのユダヤ人」64-68頁.

(62) Hannah Arendt, *Between Past and Future*, p. 4. 前掲『過去と未来の間』3頁.

(63) Hannah Arendt, *Men in Dark Times*, pp. 30f. 前掲『暗い時代の人々』55頁.

(64) 辻内鏡人「脱「人種」言説のアポリア」『思想』854号, 1995年参照.

(65) J. バトラーが危惧するように, レズビアンやゲイの自己主張が異性愛への対抗表象にもとづく場合には,「バイセクシャリティ」を自ら排斥することになる. Cf. Judith Butler, *Bodies That Matter*, p. 112.

(66) 木村晴美・市田泰弘「ろう文化宣言——言語的少数者としてのろう者」『現代思想』「ろう文化」総特集, 1996年4月臨時増刊号, 8頁.

(67) 日本手話を用いるろう者を木村・市田のように「民族」と

して定義すると，中途失聴者などいわゆる「シムコム」を主に用いるろう者をその定義から排除することになる．この点については，「ろう文化」特集のなかにすでにいくつかの異論が含まれているが，併せて栗原彬「共生ということ」，同編『共生の方へ』弘文堂，1997年，19-20頁を参照．栗原の論考は，自己再定義の問題を「自己カテゴリー化」という表現を用いて取り上げており，示唆的である．

(68)　Gloria Anzaldua, “En Rapport, In Opposition: Cobrando cuentas a las nuestras”, in *Making Face, Making Soul*, 1990, pp. 146ff.

(69)　「マイノリティ」の声が批判的知識人によって消費・横領される事態については，G.スピヴァック，トリンT.ミンハ，鄭暎恵などによって鋭く指摘されている(鄭暎恵「アイデンティティを超えて」『岩波講座 現代社会学15 差別と共生の社会学』岩波書店，1996年，1-33頁を参照)．ただし，スピヴァックやミンハらポスト・コロニアルの知識人の用いる理論言語そのものが，「サバルタン」の経験の地平から遊離しているとする批判もある．Cf. Larry M. Preston, “Theorizing Difference: Voices from the Margines”, in *American Political Science Review*, Vol. 89 No. 4, pp. 941-953.

(70)　本書第1章第5節参照．

(71)　J.ハーバーマスは，たしかに知識人による「定義の独占」(Definitionsmonopol)，道徳的パターナリズムを批判し，「あらゆる当事者」が被抑圧や不利益の経験から発して自ら意見を表明するための「有効なチャンス」をもつべきであると主張するが(cf. Jürgen Habermas, *Faktizität und Geltung: Beiträge zur Diskurstheorie des Rechts und des demokratischen Rechtsstaats* [Suhrkamp Verlag, 1992], S. 513-514. 河上倫逸・耳野健二訳『事実性と妥当性 —— 法と民主的法治国家の討議理論にかんする研究』下，未來社，2003年，162-163頁)，実践的討議にア

クセスするための言語的・文化的資源の非対称性は問題として残る.

(72) Cf. Nancy Fraser, *Unruly Practices: Power, Discourse and Gender in Contemporary Social Theory* (Polity Press, 1989), pp. 164-166.

(73) Cf. Iris Marion Young, *Justice and the Politics of Difference* (Princeton University Press, 1990), pp. 58-61.

(74) 岡真理「フェミニズムの「純真」」『インパクション』101号, 1997年参照.

(75) Hannah Arendt, *The Life of the Mind*, Vol. 1 (Harcourt Brace Jovanovich, 1971), p. 4. 佐藤和夫訳『精神の生活』上, 岩波書店, 1994年, 6-7頁.

(76) *Ibid.* 同上, 7頁.

(77) 主権と自由を等置する考え方に対するアーレントの批判については, 齋藤純一『自由』岩波書店, 2005年, 57-71頁参照.

(78) Hannah Arendt, *The Human Condition*, p. 234. 前掲『人間の条件』368頁.

(79) 他者(性)を迎え入れることによってこれまでの自己からの離脱が生じる歓びを, R. シェレールはC. フーリエ, P. クロソウスキーなどに触れながら美しく描いている. René Schérer, *Zeus Hospitalier* (Armand Colin, 1993), 安川慶治訳『歓待のユートピア —— 歓待神礼賛』現代企画室, 1996年を参照. 「歓待」という言葉を用いて彼が問題化するのも自己所有の思想にもとづく「アイデンティティという危機」である.

(80) Cf. Hannah Arendt, *The Life of the Mind*, Vol. 1, p. 78. 前掲『精神の生活』上, 92頁.

(81) Hannah Arendt, *On Revolution*, p. 69. 前掲『革命について』105頁.

(82) 大川正彦「会話のなかの棘 —— J. N. シュクラールの政治哲学をめぐって」『法哲学年報1996 多文化時代と法の秩序』

1997年参照.

(83)　当事者が抱く主観的な「不正義の感覚」に応えようとするJ. シュクラーの「恐怖のリベラリズム」は，観察者が判断できる具体的なプロパティの侵害を不正義の規準とするJ.S. ミルの「危害原理」(harm principle)のリベラリズムにくらべて，他者の受苦への感度は高い.

(84)　Judith N. Shklar, *The Faces of Injustice* (Yale University Press, 1990).

(85)　*Ibid.*, p. 49.

(86)　齋藤純一「多元主義的デモクラシーの展望」『月刊フォーラム』1997年8月号参照.

(87)　前掲『日本思想という問題――翻訳と主体』第1章参照.

(88)　Cf. Hannah Arendt, *Elemente und Ursprünge totaler Herrschaft*, S. 722-724.　前掲『全体主義の起原3　全体主義』290-293頁.

(89)　Hannah Arendt, *The Life of the Mind*, Vol. 1, p. 175.　前掲『精神の生活』上，202頁.

(90)　前掲『日本思想という問題』第1章，第2章参照.

第4章

(1)　Hannah Arendt, *The Life of the Mind*, Vol. 1 (Harcourt Brace Jovanovich, 1971), p. 29.　佐藤和夫訳『精神の生活』上，岩波書店，1994年，35-36頁．強調は原文.

(2)　Cf. Hannah Arendt, *Between Past and Future* (Penguin Books, 1968), pp. 42f.　引田隆也・齋藤純一訳『過去と未来の間――政治思想への8試論』みすず書房，1994年，52頁以下.

(3)　Hannah Arendt, *The Human Condition* (University of Chicago Press, 1958), p. 176.　志水速雄訳『人間の条件』ちくま学芸文庫，287頁.

(4)　Cf. Bonnie Honig, "Toward an Agonistic Feminism: Han-

nah Arendt and the Politics Identity", in *Feminist Interpretations of Hannah Arendt*, ed. by B. Honig (The Pennsylvania State University Press, 1995), pp. 138–144. 岡野八代・志水紀代子訳「アゴニスティック・フェミニズムに向かって――ハンナ・アーレントとアイデンティティの政治」『ハンナ・アーレントとフェミニズム――フェミニストはアーレントをどう理解したか』未來社, 2001年, 198–205頁.

(5) Hannah Arendt, *The Human Condition*, pp. 175f. 前掲『人間の条件』286頁.

(6) *Ibid.*, p. 179. 同上, 291頁.

(7) Cf. Hannah Arendt, *On Revolution* (Penguin Books, 1963), p. 59. 志水速雄訳『革命について』ちくま学芸文庫, 90頁.

(8) Cf. Judith Butler, *Bodies that Matter: On the Discursive Limits of "Sex"* (Routledge, 1993), pp. 27–55.

(9) Cf. Nancy Fraser, *Unruly Practices: Power, Discourse and Gender in Contemporary Social Theory* (Polity Press, 1989), pp. 161–187.

(10) Cf. *Ibid.*, p. 164.

(11) Cf. *Ibid.*, pp. 168f.

(12) 必要の言語と権利の言語を連続したものとしてとらえるべきであるという主張については, cf. Martha Minow, *Making All the Difference: Inclusion, Exclusion, and American Law* (Cornell University Press, 1990), pp. 267–311.

(13) Cf. Nancy Fraser, *Unruly Practices*, p. 183.

(14) Cf. John Rawls, *A Theory of Justice*, Revised Edition (Harvard University Press, 1999), pp. 78–81. 川本隆史・福間聡・神島裕子訳『正義論 改訂版』紀伊國屋書店, 2010年, 122–128頁.

(15) 井上達夫『他者への自由――公共性の哲学としてのリベラリズム』創文社, 1999年, 105頁.

(16)　春日キスヨ「「家族」という関係の困難と希望」(鶴見俊輔ほか『いま家族とは』岩波書店，1999年，111-156頁)は，在宅介護の事例に即して家族という私的親密圏ゆえの困難を指摘している．

(17)　Michael Ignatieff, *The Needs of Strangers: An Essay on Privacy, Solidarity, and the Politics of being Human* (Penguin Books, 1984), pp. 9f.　添谷育志・金田耕一訳『ニーズ・オブ・ストレインジャーズ』風行社，1999年，15頁．

(18)　「経済戦略会議」の最終報告とは違って，金子勝は「セーフティ・ネット」に労働市場の敗者に対する事後的な救済を超えた意味を含ませようとしている(金子勝『反経済学 ── 市場主義的リベラリズムの限界』新書館，1999年，64-81頁)．ただし，生の偶然性(とりわけ障碍の有無といった自然的偶然性)に起因する不平等に対する積極的な対応が含意されているかどうかは不明である．いずれにしても，金子においても「セーフティ・ネット」は，生産市場要素(労働・土地・金融の各市場)の秩序の補完という色彩がなおも濃いように思える．

(19)　「サヴァイヴァル・ユニット」はN.エリアスの言葉である．原著(*Die Gesellschaft der Individuen*, Suhrkamp Verlag, 1987)では“Überlebenseinheit”であるが，ここでは英訳にしたがった．Cf. Norbert Elias, *The Society of Individuals* (Basil Blackwell, 1991), pp. 203-233.

(20)　Michael Ignatieff, *The Needs of Strangers*, p. 10.　前掲『ニーズ・オブ・ストレインジャーズ』15頁．

(21)　*Ibid.*, p. 16.　同上，25頁．

(22)　Hannah Arendt, *The Origins of Totalitarianism* (George Allen and Unwin, 1966), p. 475.　大久保和郎・大島かおり訳『全体主義の起原3 全体主義』みすず書房，1974年，320頁．

(23)　Hannah Arendt, *Elemente und Ursprünge totaler Herrschaft* (Piper, 1951), S. 724.　同上，299頁．

(24) Cf. Hannah Arendt, *On Revolution*, pp. 69f. 前掲『革命について』105頁.

(25) 「行為」(action),「製作」(work),「労働」(labour)という三つの活動様式のいずれによっても,物を生産するのではなく「情動」(affection)を生産する活動,言語もメディアとはするが対等な人びとの間のコミュニケーションではない活動,つまり,ケア・ワークなどの社会的な相互行為を適切に扱うことはできない.「感情労働」(affective labor)が現代の経済で枢要な位置を占めつつあることについては,M.ハート「情動にかかわる労働」『思想』896号,1999年参照.

(26) Cf. Hannah Arendt, *Men in Dark Times* (Harcourt Brace Jovanovich, 1968), pp. 30f. 阿部齊訳『暗い時代の人々』ちくま学芸文庫,54-55頁.

(27) Cf. bell hooks, *Yearning: Race, Gender, and Cultural Politics* (South End Press, 1990), pp. 41-49.

(28) 齋藤純一「集団と所有 ── 生の所有から生の保障へ」,大庭健・鷲田清一編『所有のエチカ』ナカニシヤ出版,1999年参照.

(29) Cf. Hannah Arendt, *Men in Dark Times*, p. 30. 前掲『暗い時代の人々』55頁.

(30) Hannah Arendt, *The Human Condition*, p. 50. 前掲『人間の条件』50頁.

(31) Cf. Richard Rorty, *Contingency, Irony, and Solidarity* (Cambridge University Press, 1989), p. xv. 齋藤純一・山岡龍一・大川正彦訳『偶然性・アイロニー・連帯 ── リベラル・ユートピアの可能性』岩波書店,2000年,5頁.

(32) Cf. *Ibid.*, pp. 67f. 同上,139-140頁.

(33) Hannah Arendt, *The Origins of Totalitarianism*, pp. 296f. 前掲『全体主義の起原3 全体主義』280頁以下.

(34) Hannah Arendt, *On Revolution*, p. 98. 前掲『革命につい

て』146頁.

(35)　Cf. Hannah Arendt, *The Human Condition*, p. 199.　前掲『人間の条件』320–321頁.

(36)　*Ibid*., p. 58.　同上 87–89頁.　強調は引用者.

(37)　Cf. *Ibid*., pp. 179f.　同上，292頁.

(38)　Hannah Arendt, *Men in Dark Times*, p. 31.　前掲『暗い時代の人々』56頁.

(39)　Cf. Hannah Arendt, *The Human Condition*, p. 57.　前掲『人間の条件』85–86頁.

(40)　*Ibid*., p. 58.　同上，87頁.

(41)　Hannah Arendt, *On Revolution*, p. 136.　前掲『革命について』206頁以下.　Hannah Arendt, *Lectures on Kant's Political Philosophy*, ed. by R. Beiner (University of Chicago Press, 1982), p. 55.　浜田義文監訳『カント政治哲学の講義』法政大学出版局，1987年，82頁.

(42)　Hannah Arendt, *Lectures on Kant's Political Philosophy*, p. 63.　同上『カント政治哲学の講義』95頁.

(43)　Hannah Arendt, *The Human Condition*, p. 178.　前掲『人間の条件』204頁以下.

(44)　H. アーレントの公共性はどのようなモードの言説を周辺化しているのかという問題は残る．たとえば，彼女は「アイザック・ディネセン」論(cf. *Men in Dark Times*, pp. 95–109.　前掲『暗い時代の人々』151–175頁)で「物語る」(storytelling)という言説のモードの意義──「あらゆる悲しみは，それを一つの物語にするかそれについて物語を語ることで堪えられるものとなる」(ディネセン)──に触れているが，それぞれの生の経験を物語ることは，公共性の領域ではなおも重視されていないように思える．コミュニケーションのモードの複数性については，cf. Iris Marion Young, *Intersecting Voices: Dilemmas of Gender, Political Philosophy, and Policy* Princeton Universi-

ty Press, 1997), pp. 60–74.

(45) 本書第 3 章，77–86 頁参照.

(46) Hannah Arendt, *On Revolution*, p. 281. 前掲『革命について』443 頁.

〈Ⅲ〉

第 5 章

(1) Thomas Hobbes, *Leviathan* (1651), ed. by Crawford B. Macpherson (Penguin Books, 1968), p. 186. 水田洋訳『リヴァイアサン』第 1 巻，岩波文庫，204 頁.

(2) Michel Foucault, *La volonté de savoir: Histoire de la sexualité 1* (Gallimard, 1976), p. 181. 渡辺守章訳『知への意志 —— 性の歴史 I』新潮社，1986 年，175 頁.

(3) 新自由主義の経済政策が「自由市場」と同時に貧困と底辺層を人為的につくりだす事情を，J. グレイは，メキシコ，イギリス，ニュージーランドを例にとって指摘している．Cf. John Gray, *False Dawn: The Delusions of Global Capitalism* (The New Press, 1998), pp. 22–54. もともと存在していた「アンダークラス」の問題がようやく視野に入るようになったというのとは異なった見方が必要である.

(4) 橘木俊昭『日本の経済格差』岩波新書，1998 年，佐藤俊樹『不平等社会日本 —— さよなら総中流』中公新書，2000 年，橋本健二『現代日本の階級構造 —— 理論・方法・計量分析』東信堂，1999 年参照.

(5) Hannah Arendt, *The Human Condition* (University of Chicago Press, 1958), p. 46. 志水速雄訳『人間の条件』ちくま学芸文庫，71 頁.

(6) Michel Foucault, *La volonté de savoir*, p. 182. 前掲『知への意志』180 頁.

(7) もう一つの大きな違いは，H. アーレントが身体とその欲望

を非歴史的なもの，万人にとって同一のものとして「自然化」したのに対して，フーコーにとって身体は歴史的に構成されるものであり，アーレントのような「生物学的同一性」の想定はない，という点にある．

(8)　Hannah Arendt, *The Human Condition*, p. 256. 前掲『人間の条件』413頁.

(9)　Michel Foucault, *La volonté de savoir*, p. 179. 前掲『知への意志』173頁以下.

(10)　*Ibid.*, p. 190. 同上，182頁.

(11)　Hannah Arendt, *The Human Condition*, p. 40. 前掲『人間の条件』64頁.

(12)　*Ibid.*, p. 214. 同上，342頁.

(13)　*Ibid.*, p. 256. 同上，413頁.

(14)　Michel Foucault, *La volonté de savoir*, p. 180. 前掲『知への意志』174頁.

(15)　*Ibid.*, p. 181. 同上，175頁.

(16)　Cf. Hannah Arendt, *The Origins of Totalitarianism* (Harcourt Brace Jovanovich, 1979), pp. 54f. 大久保和郎訳『全体主義の起原1 反ユダヤ主義』みすず書房，1972年，101-103頁.

(17)　Michel Foucault, *La volonté de savoir*, p. 185. 前掲『知への意志』178頁.

(18)　Hannah Arendt, *The Origins of Totalitarianism*, p. 459. 大久保和郎・大島かおり訳『全体主義の起原3 全体主義』みすず書房，1974年，267頁.

(19)　立岩真也『弱くある自由へ──自己決定・介護・生死の技術』青土社，2000年，211頁.

(20)　Pierre Rosanvallon, *The New Social Question: Rethinking the Welfare State* (Princeton University Press, 2000), p. 19.

(21)　重田園江「リスクを細分化する社会」『現代思想』2000年1月号，142-154頁参照.

(22) 社会的連帯を「未知による連帯」(リスクの集合化と分散)に求めることが完全に失効したわけではない．「遺伝子差別」を避けるために個人の身体情報へのアクセスに強い規制を加え，未来に関する「無知のヴェール」── リスクをランダムで予見不可能なものにする覆い ── を制度的に維持していくことが不可能になったわけではない．

(23) 藤村正之「福祉国家・中流階層・福祉社会」『社会学評論』49巻3号，1998年，14-16頁参照．

(24) Cf. Bob Jessop, "Towards a Schumpeterian Workfare State?: Preliminary Remarks on Post-Fordist Political Economy", in *Studies in Political Economy*, 40, 1993, pp. 16-21.

(25) Cf. Pierre Rosanvallon, *The New Social Question*, pp. 60ff.

(26) Cf. Gøsta Esping-Andersen, *Social Foundations of Postindustrial Economies* (Oxford University Press, 1999), p. 5. 渡辺雅男・渡辺景子訳『ポスト工業経済の社会的基礎 ── 市場・福祉国家・家族の政治経済学』桜井書店，2000年，27頁．

(27) Pierre Bourdieu, *Acts of Resistance: Against the Tyranny of the Market* (The New Press, 1998), p. 85. 加藤晴久訳『市場独裁主義批判』藤原書店，2000年，139頁以下．

(28) 渋谷望『魂の労働 ── ネオリベラリズムの権力論』青土社，2003年，46-67頁参照．

(29) Anthony Giddens, *The Third Way: The Renewal of Social Democracy* (Polity Press, 1998), pp. 117f. 佐和隆光訳『第三の道 ── 効率と公正の新たな同盟』日本経済新聞社，1999年，196頁以下．

(30) 「能動性テスト」は，サッチャー政権のもとで導入された一連の職業訓練政策の特徴を念頭においたものである．それが具体的にどのようなプログラムを含んでいるかについては，たとえば，駒村康平「マクロ経済と雇用政策」，武川正吾・塩野谷祐一編『先進諸国の社会保障1 イギリス』東京大学出版会，

1999年，107-120頁を参照.

(31) Mitchell Dean, "Governing the Unemployed Self in an Active Society", in *Economy and Society*, Vol. 24 No. 1, p. 572.

(32) Cf. Pierre Rosanvallon, *The New Social Question*, p. 102.

(33) P.ロザンヴァロンが「労働を通じた包摂」を所得保障の考え方に対して強く擁護するのは，自尊の感情の問題を真剣に受けとめようとするからである．彼によれば，たんなる「生きる権利」ではなく「社会のなかに生きる権利」を擁護することが不可欠であり，それは「自らの労働によって生きる権利」に等しい(cf. *Ibid.*, pp. 63-67)．彼は「働くことへの権利」を実現する責務を社会国家に求めるが，自尊の感情の回復を可能にするような仕方で労働の機会を公的に提供することはそう容易な事柄ではない．というのも，J.エルスターが指摘するように，そうした仕事が他者によって評価される質のものであれば当然それに対する市場の需要が生まれ，「働くことへの権利」を公的に保障する必要はなくなるからであり，逆に，他者が評価しない仕事に就かされることは自尊の感情を促すどころかむしろそれを損なうことになるからである．Cf. Jon Elster, "Is There (or Should There Be) a Right to Work?" in *Democracy and the Welfare State*, ed. by Amy Gutman (Princeton University Press, 1988), p. 76.

(34) Michel Foucault, "Polemics, Politics, and Problematizations", in *The Foucault Reader*, ed. by Paul Rabinow (Penguin Books, 1984), p. 388.

(35) Cf. Mitchell Dean, *Governmentality: Power and Rule in Modern Society* (Sage, 1999), p. 173.

(36) Michel Foucault, *Surveiller et punir: Naissance de la prison* (Gallimard, 1975), pp. 202ff. 田村俶訳『監獄の誕生 ── 監視と処罰』新潮社，1997年，203頁以下.

(37) 田崎英明『ジェンダー／セクシュアリティ』岩波書店，

2000年，91頁．

(38) Cf. Michel Foucault, *La volonté de savoir*, pp. 182ff. 前掲『知への意志』176頁以下．

(39) Thomas L. Dumm, *Michel Foucault and the Politics of Freedom* (Sage, 1996), pp. 125f.

(40) Cf. Mike Davis, *City of Quarz: Excavating the Future in Los Angels* (Verso, 1990), pp. 223–260. 村山敏勝・日比野啓訳『要塞都市LA』青土社，2001年，188–219頁．

(41) Cf. Nancy Scheper-Hughes and Daniel Hoffman, "Brazillian Apartheid: Street Kids and the Struggle for Urban Space", in *Small Wars: The Cultural Politics of Childfood* (The University of California Press, 1998). アンジェロ・イシ訳「ブラジルのアパルトヘイト——ストリート・チルドレンの都市空間での居場所を求める闘い」『思想』907・908号，2000年．

(42) Cf. Iris Marion Young, *Inclusion and Democracy* (Oxford University Press, 2000), pp. 196–235, Susan Bickford, "Constructing Inequality: City Spaces and the Architecture of Citizenship", in *Political Theory*, Vol. 28 No. 3, 2000, pp. 355–362. 齋藤純一「都市空間の再編と公共性」，間宮陽介編『岩波講座 都市の再生を考える1 都市とは何か』岩波書店，2000年．

(43) Cf. Susan Bickford, "Constructing Inequality", p. 358.

(44) Cf. Nikolas Rose, *Power of Freedom: Reframing Political Thought* (Cambridge University Press, 1999), pp. 167–173.

(45) Cf. Iris Marion Young, *Inclusion and Democracy*, p. 162.

(46) I. M. ヤングやS. ビックフォードは，自発的なコミュニケーションが必ずしも居住地を異にする他者との接触を導かないという問題に対して，そうした接触が起こるよう制度的に媒介をはかるという仕方で対応しようとしている．Cf. Iris Marion Young, *Inclusion and Democracy*, pp. 221–235, Susan Bickford,

"Constructing Inequality", pp. 365–371.

(47)　世代の違い，加入している保険の違いなどによって「われわれ」は分断され，ある人びとは他の人びとに対する不公平感をつのらせている．その特徴は，より安定した立場にある人びとがより不安定な人びと(高齢者や国民健康保険加入者など)に対して不公平感をいだいている点にある(『朝日新聞』2000年2月12日朝刊)．

(48)　Cf. Pierre Rosanvallon, *The New Social Question*, pp. 6, 39.

(49)　Cf. Richard Rorty, *Achieving Our Country: Leftist Thought in Twentieth-Century America* (Harvard University Press, 1998), pp. 75–107. 小澤照彦訳『アメリカ未完のプロジェクト――20世紀アメリカにおける左翼』晃洋書房，2000年，80–115頁．

(50)　Cf. Will Kymlicka and Wayne Norman, *Citizenship in Diverse Societies* (Oxford University Press, 2000), pp. 34ff.

(51)　社会正義の規準や「正義感覚」は何らかの人間本性ではなく反復される言説にもとづくとすれば，生の偶然性(contingency)の要素を消し去ろうとする言説に対しては警戒が必要だろう．集合的なセキュリティの理由の一つは，私たちの生は自己責任をけっして問いえない諸々の偶然性によってすでに規定されていることへの認識にあるはずである．偶然的なものは道徳的に見て恣意的であるというJ. ロールズの見方とは対照的に，現在力を得ている新自由主義の言説は，「偶然的なもの」を可能なかぎり「必然的なもの」に読み替えようとしている．

(52)　差異化を卓越性により引き付けて解するH. アーレントとそれを生の個性的な様式化と解するM. フーコーとの間にはもちろん違いがあるが，ここで重要なのは，生存への気遣いからの解放である．ちなみに，アーレントは新しい事柄を開始する行為を強調しながら，他方では不安定な政治的空間を安定させる条件も重視した．たとえば，無限の蓄積のプロセスに組み込

まれる「富」(wealth)と個人の生を支える一定の「財の所有」(property)との区別(Hannah Arendt, *The Human Condition*, pp. 115–116. 前掲『人間の条件』173–174頁),「新しい予見不可能なものの可能性」としての自由な行為を可能にする「法の安定性」の強調(Hannah Arendt, *The Origins of Totalitarianism*, p. 465. 前掲『全体主義の起原 3 全体主義』304頁)などである.

(53) 1999年に閣議決定された『経済社会のあるべき姿と経済新生の政策方針』(経済企画庁編, 1999年)には, 新自由主義の特徴が看取される. 金澤史男「日本における新自由主義の二〇年——経済政策理念と財政問題を中心に」『土地制度史学』171号, 2001年を参照. それが展望する「あるべき姿」の経済社会とは, 効率・平等・安全・自由を「正義」とする社会である. 効率がまず「基本的な「正義」」として掲げられ, 平等は「「機会の平等と事後の調整」の組み合わせ」に還元される. 安全においては「平和と治安」が強調されるとともに,「自らの判断によってリスクを取ること」,「その〔「安全ネット」の〕経済・社会的負担をする側にも大きな不満が生じないこと」が重視される. そして, 戦後社会がこれまで軽視してきたとして強調される自由は「好みの選択と間断なき競争によるイノベーション」へと方向づけられたそれである. 効率性の追求を制約する価値として正義を位置づけたJ. ロールズの『正義論』とは対照的に, ここでは経済効率こそが他の諸価値を制約する位置を占めている.

第6章

(1) G. W. F. Hegel, *Werke in zwanzig Bänden*, Bd. 7 (Suhrkamp Verlag, 1970), §245. 上妻精・佐藤康邦・山田忠彰訳『法の哲学』岩波書店, 2001年, 415頁以下.

(2) *Ibid.*, §241. 同上『法の哲学』412頁.

(3)　*Ibid.*, §189. 同上『法の哲学』360頁.

(4)　William E. Connolly, *Political Theory and Modernity* (Basil Blackwell, 1988), pp. 52–53. 金田耕一ほか訳『政治理論とモダニティー』昭和堂，1993年，97頁以下参照.

(5)　Cf. David Miller, *On Nationality* (Oxford University Press, 1997). 富沢克・長谷川一年・施光恒訳『ナショナリティについて』風行社，2007年.

(6)　Cf. John Rawls, *Justice as Fairness: A Restatement*, ed. by Erin Kelly (Havard University Press, 2001). 田中成明・亀本洋・平井亮輔訳『公正としての正義 再説』岩波書店，2004年.

(7)　ロールズの「相互性」の概念については，齋藤純一「排除に抗する社会統合の構想――ロールズとハーバーマスにおける相互承認をめぐって」『年報政治学 2007-Ⅱ 排除と包摂の政治学』木鐸社，2007年，104–106, 109–112頁参照.

(8)　社会保険の制度が19世紀のフランスにおいて制度化された歴史的，思想史的な経緯については，田中拓道『貧困と共和国――社会的連帯の誕生』人文書院，2006年参照.

(9)　「社会的連帯」(soridarité social)という言葉が社会の成員に一定の義務を要求する連帯という意味で規範的に用いられたのは，とくにL.ブルジョアらの思想においてである．Cf. Leon Bourgeois, *Solidarité* (Paris: A. Colin, 1912). 桃井京次訳「国際聯盟協会パンフレット」第五九輯『レオン・ブルジョワ氏論文集――ソリダリテその他』1926年．ブルジョアらの「社会的連帯」の思想が大正期の日本にどのように受容され，それが国家／社会有機体論とどのように結びついていったかについては，石田雄『日本の政治と言葉――「自由」と「福祉」』東京大学出版会，1989年，268–274頁を参照.

(10)　Cf. Paul Hirst, *Associative Democracy* (Polity Press, 1994).

(11)　そうした負の感情の堆積を避けるためにも，社会保障制度

は，成員のすべてがその制度の恩恵を享受しうるユニバーサルな要素を含んでいる必要がある．

(12) Cf. Étienne Balibar, "Outlines of a Topography of Cruelty: Citizenship and Civility in the Era of Global Violence", in *Constellations*, Vol. 8 No. 1, 2001. 宮本太郎「新しい右翼と福祉ショービニズム ── 反社会的連帯の理由」，齋藤純一編『福祉国家／社会的連帯の理由』ミネルヴァ書房，2003年，55-85頁．

(13) Cf. Norbert Elias, *Die Gesellschaht der Individuen* (Suhrkamp Verlag, 1987). 宇京早苗訳『諸個人の社会 ── 文明化と関係構造』法政大学出版局，2000年．

(14) Cf. Étienne Balibar, *Droit de cité, Culture et politique en démocratie* (Éditions de l'Aube, 1998). 松葉祥一訳『市民権の哲学 ── 民主主義における文化と政治』青土社，2000年，138頁以下．

(15) 田中宏『新版 在日外国人』岩波新書，1995年参照．

(16) 井上達夫は，価値の世界が構造化されるべきことを主張し，それを「公共的価値」「人格構成価値」と，「非公共的価値」「人格完成価値」の二つに分節化している．井上達夫『他者への自由 ── 公共性の哲学としてのリベラリズム』創文社，1999年，101-105頁参照．

(17) 基本的ケイパビリティとしてA.セン自身が例示するのは，安全で十分な水や食糧を得ることができる，風雨をしのぐことができる，適切な医療を受け，健康な状態でいることができる，基本的な読み書きができる，移動することができる，コミュニティの生活に参加することができる等である．Cf. Amartya Sen, *Inequality Reexamined* (Oxford University Press, 1992), pp. 39f. 池本幸生・野上裕生・佐藤仁訳『不平等の再検討 ── 潜在能力と自由』岩波書店，1999年，59-60頁．ちなみに，センは「幸福であること」「自尊心があること」を基本的ケイパビリティとして例示する場合があるが，これらは主観的に感じ

られる事柄だが，センのケイパビリティの概念が心的状態の評価をも含むことは検討に値する論点である．この点の批判については，cf. Ronald Dworkin, *Sovereign Virtue: The Theory and Practice of Equality* (Harvard University Press, 2000), pp. 301f. 小林公ほか訳『平等とは何か』木鐸社，2002年，404頁以下．

(18)　Cf. Amartya Sen, *Inequality Reexamined*, pp. 109–112. 同上『不平等の再検討』172–175頁．

(19)　Cf. Iris Marion Young, *Inclusion and Democracy* (Oxford University Press, 2000), Chap. 3.

(20)　Cf. Amartya Sen, *Inequality Reexamined*, p. 288. 前掲『不平等の再検討』332頁．

(21)　M. ヌスバウムは，A. センが特定しようとしない基本的ケイパビリティの内容をリスト化して示そうとしているが，たとえばD. コーネルが批判するように，彼女の定義の仕方には，そうしたエスノセントリズムの傾きが看取される．Cf. Martha Nussbaum, "Emotions and Women's Capability", in *Women, Culture and Development*, ed. by M. Nussbaum and J. Glover (Clarendon Press, 1995), Drucilla Cornell, *Imaginary Domain* (Routledge, 1995), p. 240.

(22)　動員体制が戦後の社会システムの骨格を規定したことについては，たとえば山之内靖『システム社会の現代的位相』岩波書店，1996年参照．

(23)　立岩真也『弱くある自由へ――自己決定・介護・生死の技術』青土社，2000年，198–220頁参照．Cf. Pierre Rosanvallon, *La nouvelle question sociale: Repenser l' État-providence* (Editions du Seuil, 1995). 北垣徹訳『連帯の新たなる哲学――福祉国家再考』勁草書房，2006年，45，68–75頁参照．

(24)　Cf. Ronald Dworkin, *Sovereign Virtue: The Theory and Practice of Equality*, Chap. 13. 前掲『平等とは何か』第13章

参照.

(25) 重田園江『フーコーの穴――統計学と統治の現代』木鐸社, 2003年, 65-86頁を参照.

(26) John Rawls, *A Theory of Justice*, Revised Edition (Harvard University Press, 1999), pp. 62-63. 川本隆史・福間聡・神島裕子訳『正義論 改訂版』紀伊國屋書店, 2010年, 98頁.

(27) J. ロールズは, 後年の『公正としての正義 再説』において, このような偶然性への対応を「より深い相互性の観念」によって説明している. Cf. John Rawls, *Justice as Fairness: A Restatement*, p. 55. 前掲『公正としての正義 再説』95-96頁.

(28) Cf. Ronald Dworkin, *Sovereign Virtue*, p. 287. 前掲『平等とは何か』387頁. R. ドゥオーキンによれば, J. ロールズの格差原理は, 「最も不利な状況」が「選択」によるものであるか「偶然」によるものであるかを区別していない点で, 個人による「選択」の契機を軽視している.

(29) Cf. G. A. Cohen, "On the Currency of Egalitarian Justice", *Ethics*, 99, July 1989. Ronald Dworkin, *Sovereign Virtue*, pp. 287-299. 前掲『平等とは何か』387-401頁.

(30) 齋藤純一「都市空間の再編と公共性」, 間宮陽介編『岩波講座 都市の再生を考える1 都市とは何か』岩波書店, 2005年参照.

(31) Jürgen Habermas, *Die Zukunft der Menschlichen Natur: Auf dem Weg zu einer Liberalen Eugenik* (Suhrkamp Verlag, 2001), S. 63f. 三島憲一訳『人間の将来とバイオエシックス』法政大学出版局, 2004年, 60頁.

(32) Richard Rorty, *Contingency, Irony, and Solidarity* (Cambridge University Press, 1989), p. xvi. 齋藤純一・山岡龍一・大川正彦訳『偶然性・アイロニー・連帯――リベラル・ユートピアの可能性』岩波書店, 2000年, 7頁.

(33) Cf. Judith N. Shklar, "Liberalism of Fear", in *Liberalism*

and the Moral Life, ed. by Nancy L. Rosenblum (Harvard University Press, 1989). 大川正彦訳「恐怖のリベラリズム」『現代思想』2001年6月号.

(34)　J. ロールズの提起する「財産所有のデモクラシー」(property owning democracy)の構想は，社会保障を事後的なミニマム保障にとどめるのではなく，事前の資源の分配を通じて各人が不利を負うことなく社会的協働に参加しうる条件を保障しようとするものである. Cf. John Rawls, *Justice as Fairness: A Restatement*, pp. 138–140. 前掲『公正としての正義 再説』247–250頁.

(35)　Cf. Hannah Arendt, The *Human Condition* (University of Chicago Press, 1958), pp. 7f, 178. 志水速雄訳『人間の条件』ちくま学芸文庫，20, 289頁以下.

第7章

(1)　Cf. Jürgen Habermas, *Strukturwandel der Öffentlichkeit*, Neuaufl. (Suhrkamp Verlag, 1990), S. 60–69. 細谷貞雄・山田正行訳『公共性の構造転換 ── 市民社会の一カテゴリーについての探究』未來社，1994年，64–72頁.

(2)　Judith Butler, "Competing Universalities", in Judith Butler, Ernesto Laclau and Slavoj Žižek, *Contingency, Hegemony, Universality: Contemporary Dialogues on the Left* (Verso, 2000), p. 176. 竹村和子訳「競合する複数の普遍」『偶発性・ヘゲモニー・普遍性 ── 新しい対抗政治への対話』青土社，2002年，237頁.

(3)　*Ibid.*, p. 177. 同上，238頁.

(4)　牟田和恵『ジェンダー家族を超えて ── 近現代の生／性の政治とフェミニズム』新曜社，2006年，最終章参照.

(5)　Cf. Martha A. Fineman, *The Neutered Mother: The Sexual Family and Other Twentieth Century Tragidies* (Routledge,

1995), Chap. 7. 上野千鶴子・亀田信子・速水葉子訳『家族，積みすぎた方舟 —— ポスト平等主義のフェミニズム法理論』学陽書房，2003 年，第 7 章.

(6) Cf. Michael Walzer, *Politics and Passion: Toward a More Egalitarian Liberalism* (Yale University Press, 2006), pp. 1-11. 齋藤純一・谷澤正嗣・和田泰一訳『政治と情念 —— より平等なリベラリズムへ』風行社，2007 年，9-24 頁.

(7) Cf. Nancy Scheper-Hughes and Daniel Hoffman, "Brazillian Apartheid: Street Kids and the Struggle for Urban Space", in *Small Wars: The Cultural Politics of Childhood* (The University of California Press, 1998). アンジェロ・イシ訳「ブラジルのアパルトヘイト —— ストリート・チルドレンの都市空間での居場所を求める闘い」『思想』907・908 号，2000 年.

(8) 江原由美子『ジェンダー秩序』勁草書房，2001 年を参照.

(9) 「社会的なもの」という言葉を，ここでは，アーレントの定義にほぼ沿って，人びとの生を集合化しつつ正常化する権力が作動する領域を指すものとして用いる.

(10) たとえば，丸山茂『家族のレギュラシオン —— 多元主義の法社会学』御茶の水書房，1999 年を参照.

(11) Cf. Jacques Donzelot, *La police des Familles* (Edition de Minut, 1977). 宇波彰訳『家族に介入する社会 —— 近代家族と国家の管理装置』新曜社，1991 年.

(12) B. ドゥーデン，K. ヴェールホーフ，丸山真人訳『家事労働と資本主義』岩波書店，1986 年，第 2 章を参照.

(13) 春日キスヨは，社会に対する家族の従属性・補完性を次のように的確に表現している.「「家族愛」や「母性愛」を規範化することによって，社会は全体社会の維持に必要な個人の貢献を引き出し，かつ，そのことが個人のレベルでは「誰々を愛しているから自分は働いている」という情緒的満足につながっている.「家族愛」に社会と個人のリンケージの機能をもたせて

社会を維持する，それが近代家族制度である」(春日キスヨ『介護問題の社会学』岩波書店，2001年，106頁).

(14)　Hannah Arendt, *The Human Condition* (University of Chicago Press, 1958), pp. 38-39. 志水速雄訳『人間の条件』ちくま学芸文庫，61頁.

(15)　たとえば，春日キスヨ『父子家庭を生きる——男と親の間』勁草書房，1989年，斉藤道雄『悩む力——べてるの家の人びと』みすず書房，2002年，石井政之・藤井輝明・松本学『見つめられる顔——ユニークフェイスの体験』高文研，2001年参照. とくに斉藤の描く「べてるの家」の関係性は，小論の親密圏の定義と重なるところも多く，生の弱さの承認がつくりだす関係性を考えるうえで示唆的である.

(16)　Cf. Hannah Arendt, "On the Nature of Totalitarianism; An Essay in Understanding", in *Arendt: Essays in Understanding 1930-1954: Formation, Exile, and Totalitarianism*, ed. by Jerome Kohn (Harcourt Brace Jovanovich, 1994), pp. 358-359. 矢野久美子訳「全体主義の本性について——理解のための試論」『アーレント政治思想集成2 理解と政治』みすず書房，2002年，186-187頁.

(17)　Cf. bell hooks, "Homeplace: A Site of Resistance", in *Yearning: Race, Gender, and Cultural Politics* (South End Press, 1990).

(18)　同性愛を婚姻という制度に組み入れることは，一部の性愛の形態を正統なものとして公的に承認し，それ以外の性的自由のあり方をあらためて周辺化するという否定的な効果をもっている. この点については，J. バトラー，前掲「競合する複数の普遍」を参照.

(19)　Wendy Brown, *States of Injury: Power and Freedom in Late Modernity* (Princeton University Press, 1995), p. 150.

(20)　*Ibid*., pp. 162-164.

(21) Cf. Axel Honneth, "Zwischen Gerechtigkeit und affektiver Bildung: Die Familie im Brennpunkt moralischer Kontroversen", in *Deutsche Zeitschrift für Philosophie*, 6, 1995.

(22) Cf. Barbara Hobson, "No Exit, No Voice: Women's Economic Dependency and the Welfare State", in *Acta Sociologica*, Vol. 33 No. 3, 1990, pp. 235-250.

(23) 公共圏と親密圏はあくまでも分析的な区別であり，実態としては重なることも多い．それらが重なるのは，とりわけ，具体的な他者の生への関心／配慮を通じて問題化されるようになった事柄が，一般にも通じる公共の問題として争点化されていく場合である．

(24) 見田宗介「公響圏とルール圏」『岩波講座 現代社会学 26 社会構想の社会学』岩波書店，1996 年参照．

(25) たしかに，被縛性は抑圧的な拘束(「共依存」を含む)に転化することもある．それを防ぐためには，退出を制度的に保障するとともに，親密圏そのものを孤立させない環境をつくることが必要だろう．

(26) Cf. Bonnie Honig, "Difference, Dilemmas, and the Politics of Home", in *Social Research*, Vol. 61 No. 3, 1994. 岡野八代訳「差異，ディレンマ，ホームの政治」『思想』886 号，1998 年．

〈Ⅳ〉

第 8 章

(1) Cf. Judith N. Shklar, *The Faces of Injustice* (Yale University Press, 1990), pp. 83-126.

(2) Cf. Elizabeth V. Spelman, *Fruits of Sorrow: Framing Our Attention to Suffering* (Beacon Press, 1997), pp. 1-14.

(3) Cf. Karl Jaspers, *Die Schuldfrage: Von der Politischen Haftung Deutschlands* (Piper, 1987), S. 17-18. 橋本文夫訳『戦争の罪を問う』平凡社ライブラリー，48-51 頁．

(4)　Hannah Arendt, "Collective Responsibility", in *Amor Mundi: Explorations in the Faith and Thought of Hannah Arendt* (Martinus Nijihoff, originally 1968), p. 50. 大川正彦訳「集団の責任」『現代思想』1997年，80頁以下．強調は引用者．

(5)　*Ibid.*, p. 50. 同上，86頁．

(6)　西谷修・加藤典洋「世界戦争のトラウマと「日本人」」，加藤典洋『戦後を超える思考』海鳥社，1996年，272-274頁(西谷修の発言)参照．

(7)　Karl Jaspers, *Die Schuldfrage*, S. 53. 前掲『戦争の罪を問う』123頁以下．

(8)　Jürgen Habermas, *Historikerstreit: Die Dokumenten der Kontroverse um die Einzigartigkeit der nationalsozialistischen Judenvernichtung* (Piper, 1987), S. 47. 徳永恂ほか訳『過ぎ去ろうとしない過去 ── ナチズムとドイツ歴史家論争』人文書院，1995年，200頁以下．

(9)　加藤典洋「敗戦後論」『敗戦後論』講談社，1997年参照．加藤の立論への批判については，齋藤純一「死者への哀悼／経験の声 ── 加藤典洋『敗戦後論』に触れて」『靖国問題入門 ── ヤスクニの脱神話化へ』河出書房新社，2006年，94-102頁を参照．

(10)　徐京植「「日本人としての責任」をめぐって ── 半難民の位置から」，日本の戦争責任資料センター編『ナショナリズムと「慰安婦」問題』青木書店，1998年，166頁以下．

(11)　岡真理「私たちはなぜ，自ら名のることができるのか ── 植民地主義的権力関係についての覚え書き」，同上『ナショナリズムと「慰安婦」問題』224頁．

(12)　私たちは「日本人」としてのみ私たちの歴史的位相を名指されるわけではない．1997年「北海道旧土人保護法」がようやく廃止された．1899年に制定されたこの法律は，植民地主義的関係を文字どおりその名に表わしながら，ほぼ1世紀にわ

たって存続してきた．同年「北海道旧土人保護法」に代わって「アイヌ文化振興法」(略称)が制定されたが，この法律にもまた国会の付帯決議にも，過去の侵略やこれまでの植民地支配が惹き起こした不正義に対する謝罪の言葉は一言も含まれなかった．「ウタリ協会」が中心となって構想し，設置を求めてきた「民族自立化基金」も無視され，振興の対象となる「文化」は，物や行事に著しく偏った内容に狭隘化された．私たちは，アイヌの人びとに「シャモ」(「シサム」ではなく)と集合的に名指されてしかるべき位置に立っている．この点については，花崎皋平「共生の理念と現実 —— アイヌ文化振興法の成立と「共生」の今後」『岩波講座 現代の教育 5 共生の教育』岩波書店，1998年を参照．

(13) Cf. Iris Marion Young, *Intersecting Voices: Dilemmas of Gender, Political Philosophy, and Policy* (Princeton University Press, 1997), pp. 60–74.

(14) Hannah Arendt, "Organized Guilt and Universal Responsibility", in *Arendt: Essays in Understanding 1930–1954: Formation, Exile, and Totalitarianism*, ed. by Jerome Kohn (Harcourt Brace Jovanovich, 1994), p. 131. 齋藤純一訳「組織的な罪と普遍的な責任」『アーレント政治思想集成 1 組織的な罪と普遍的な責任』みすず書房，2002 年，165–180 頁．

(15) Hannah Arendt, *Elemente und Ursprünge totaler Herrschaft* (Piper, 1951), S. 461. 大島道義・大島かおり訳『全体主義の起原 2 帝国主義』みすず書房，1972 年，279 頁．

(16) Hannah Arendt, "Collective Responsibility", p. 47. 前掲「集団の責任」83 頁．

(17) Tessa Morris-Suzuki, "Unquiet Graves: Kato Norihiro and the Politics of Mourning", *Japanese Studies*, Vol. 18 No. 1, 1998, pp. 29f.

(18) 楊大慶も，集合的責任とは異なった「人間性〔人類〕という

共通の理念」からも，南京アトロシティの暴力をとらえる必要があると見ている．「歴史家への挑戦――「南京アトロシティ」研究をめぐって」『思想』890号，1998年参照．

(19)　Norma Field, “War and Apology: Japan, Asia, the Fiftieth, and After”, in *positions*, Vol. 5 No. 1, 1997, p. 40.

(20)　藤田省三「松にきけ」『藤田省三著作集7 戦後精神の経験』みすず書房，1998年，xii頁．

第9章

(1)　姜尚中「丸山真男における〈国家理性〉の問題」『歴史学研究』701号，1997年，15-18頁参照．

(2)　中野敏男「丸山眞男における戦中と戦後の間」『大塚久雄と丸山眞男――動員，主体，戦争責任』青土社，2001年参照．

(3)　酒井直樹『死産される日本語・日本人――「日本」の歴史――地政的配置』新曜社，1996年，51-72頁，葛西弘隆「丸山真男の「日本」」，酒井直樹ほか編『ナショナリティの脱構築』柏書房，1996年，205-209頁参照．

(4)　米谷匡史「丸山真男の日本批判」『現代思想』1994年1月号，150-159頁参照．

(5)　酒井直樹『日本思想という問題――翻訳と主体』岩波書店，1997年，35-77頁参照．

(6)　『丸山眞男集』第9巻，岩波書店，1996年，78頁．

(7)　鶴見俊輔・丸山眞男「普遍的原理の立場」『鶴見俊輔座談――思想とは何だろうか』晶文社，1996年，16頁(初出『思想の科学』1967年5月号)．

(8)　『丸山眞男集』第5巻，岩波書店，1995年，7-37頁．

(9)　同上，39-42頁参照．

(10)　丸山眞男・竹内好ほか「被占領心理」『丸山眞男集』第6巻，岩波書店，1995年，275頁(初出『展望』1950年8月号)．

(11)　『丸山眞男集』第1巻，岩波書店，1996年，31頁参照．

(12) 『丸山眞男集』第3巻，岩波書店，1995年，105頁参照．
(13) 『丸山眞男集』第2巻，岩波書店，1996年，264頁．
(14) 同上，265頁以下．
(15) 前掲『丸山眞男集』第3巻，22頁，同第6巻，269頁参照．
(16) 同上『丸山眞男集』第3巻，72頁参照．
(17) 丸山自身が後年「ルソー＝ジャコバン型民主主義」という表現を集権化に批判的な含意で用いている(前掲『丸山眞男集』第5巻，226頁)．なお戦後初期の丸山の政治思想が「ジャコバン」モデルによって特徴づけられることについては，三宅芳夫「丸山真男における「主体」と「ナショナリズム」」『相関社会科学』第6号，1996年，58-60頁を参照．
(18) 前掲『丸山眞男集』第5巻，73頁以下．
(19) 同上，76頁参照．
(20) 『丸山眞男集』第10巻，岩波書店，1996年，343頁参照．
(21) 前掲『丸山眞男集』第2巻，227頁．
(22) Cf. J. Victor Koschmann, *Revolution and Subjectivity in Postwar Japan* (The University of Chicago Press, 1996), p. 179.
(23) 丸山の思想における，「政治学に於ける国家の概念」(1936年)と「近世儒教の発展における徂徠学の特質並にその国学との関連」(1940年)との間の落差(近代社会に対する評価の「逆転」)，後者および「近世日本政治思想史における「自然」と「作為」」(1941年)と「国民主義の「前期的」形成」(1944年)との間の距離(国家に対する個人の否定的独立と国家への個人の政治的動員との違いなど)が指摘されつつあるが(酒井直樹・中野敏男・成田龍一「「日本政治思想史研究」の作為」『大航海』第18号，1997年，139-149頁参照)，本章では，マッカーシィイズムの起こった1950年を一つの転機として重視したい．
(24) 前掲『丸山眞男集』第5巻，50頁以下参照．
(25) 同上，188頁以下参照．
(26) 同上，318頁．

(27)　同上，314頁以下参照.
(28)　『丸山眞男集』第8巻，岩波書店，1996年，83頁以下，同第10巻，243頁以下参照.
(29)　前掲『丸山眞男集』第5巻，189-191頁.
(30)　『丸山眞男集』第7巻，岩波書店，1996年，299頁以下参照.
(31)　前掲『丸山眞男集』第5巻，188頁参照.
(32)　公共圏相互の間にある非対称性(政治・経済・文化的資源にアクセスする力の格差)の軽視，論議(argument)に著しく偏ったコミュニケーションのとらえ方，「国民」という境界に制約された公共性，というJ.ハーバーマスにも共通に見られる難点を挙げておく.
(33)　前掲『丸山眞男集』第7巻，227頁参照.
(34)　前掲『丸山眞男集』第8巻，220頁.
(35)　同上，275頁.
(36)　前掲『丸山眞男集』第6巻，273頁.
(37)　前掲『丸山眞男集』第8巻，83頁以下.
(38)　同上，85頁参照.
(39)　同上，244頁以下.
(40)　同上，84頁.
(41)　同上，242頁.
(42)　前掲『丸山眞男集』第5巻，263頁.
(43)　前掲『丸山眞男集』第6巻，147頁参照.
(44)　ナショナリズム，帝国主義をめぐる丸山の福沢解釈の問題性にはここでは触れない．批判として，中野敏男「近代日本の躓きの石としての「啓蒙」」『現代思想』1994年1月号，91-102頁，米原謙『日本的「近代」への問い ── 思想史としての戦後政治』新評論，1995年，193-200頁を参照されたい．福沢が「国権論」を強調する時期に，「惑溺」が清や朝鮮の精神構造を描く「オリエンタリズム」の用語として使用されていると

いう点だけを指摘しておく(『丸山眞男集』第12巻，岩波書店，1996年，340頁).

(45) 前掲『丸山眞男集』第2巻，221頁.

(46) 前掲『丸山眞男集』第3巻，196頁.

(47) 同上，191頁.

(48) 同上，184頁.

(49) 同上，181頁.

(50) 『丸山眞男集』第13巻，岩波書店，1996年，122頁以下.

(51) 同上，126頁.

(52) Cf. Michael Walzer, *Spheres of Justice: A Defense of Pluralism and Equality* (Basic Books, 1983), pp. 3-20. 山口晃訳『正義の領分 —— 多元性と平等の擁護』而立書房，1999年，19-46頁.

(53) 前掲『丸山眞男集』第13巻，244頁以下参照.

(54) 前掲『丸山眞男集』第6巻，348頁以下参照.

(55) 『丸山眞男集』第4巻，岩波書店，1995年，366頁，同第5巻，29頁参照.

(56) 前掲『丸山眞男集』第3巻，347頁参照.

(57) 都留重人・辻清明・丸山眞男「民主主義の名におけるファシズム」，前掲『丸山眞男集』第6巻，288頁以下(初出『世界』94号，1953年).

(58) 前掲『丸山眞男集』第6巻，214頁.

(59) 同上，229, 231, 238頁.

(60) 梅本克己「マルクス主義と近代政治学 —— 丸山真男の立場を中心として」『梅本克己著作集』第3巻，三一書房，1977年，292頁以下.

(61) 前掲『丸山眞男集』第10巻，329頁.

(62) 前掲『丸山眞男集』第7巻，28頁参照.

(63) 同上，64頁.

(64) 同上，202頁.

(65)　同上，123頁.
(66)　同上，124頁.
(67)　同上，242頁.
(68)　『丸山眞男集』第11巻，岩波書店，1996年，139-150頁参照.
(69)　前掲『丸山眞男集』第7巻，217頁.
(70)　Cf. Judith Butler, *Bodies That Matter: On the Discursive Limits of "Sex"* (Routledge, 1993), pp. 1-23.
(71)　前掲『丸山眞男集』第7巻，242頁参照.
(72)　丸山の「古層」=「執拗低音」論は，日本文化は日本人によって内発的に生みだされてきた(他に誇るべき)「われわれ」固有のものであるといった考え方への批判を前提としている．「土着的=内発的なものがすなわち主体的なものだという価値判断」への批判は，「日本の近代化と土着」(1968年)などに明瞭に示されている(前掲『丸山眞男集』第9巻，370-371頁)．しかしながら，「古層」=「執拗低音」論は，文化接触による思想の変容を制御する機制を非歴史的なパターン――「外来思想の「修正」のパターン」(前掲『丸山眞男集』第12巻，146頁)，「「政治文化」の変容のパターン」(同前，210頁)――として設定する点で，なおも広義の文化本質主義を免れていないように思われる．普遍史的な発展段階論から「文化接触」論への転回(同前，121-124頁)は，同時に，「日本的なもの」(同前，153頁)を実体視する方向への転回を伴ったように思われる.
(73)　前掲『丸山眞男集』第2巻，192頁以下.
(74)　前掲『丸山眞男集』第7巻，201頁参照.
(75)　同上，200頁.
(76)　前掲『丸山眞男集』第5巻，317頁.
(77)　前掲『丸山眞男集』第3巻，342頁.
(78)　前掲『丸山眞男集』第7巻，244頁.
(79)　前掲『丸山眞男集』第13巻，105頁.

(80) 同上，106 頁.
(81) 前掲『丸山眞男集』第 12 巻，353 頁以下参照.
(82) 前掲『丸山眞男集』第 3 巻，177 頁参照.
(83) 前掲『丸山眞男集』第 12 巻，336 頁参照.
(84) 『丸山眞男集』第 15 巻，岩波書店，1996 年，93 頁.
(85) 前掲『丸山眞男集』第 7 巻，365 頁.
(86) 前掲『丸山眞男集』第 15 巻，291 頁.
(87) 前掲『丸山眞男集』第 3 巻，191 頁.
(88) 前掲『丸山眞男集』第 15 巻，293 頁以下．丸山は「精神内部の対話」を「自己内対話」とも表現している．丸山眞男『自己内対話――3 冊のノートから』みすず書房，1998 年，252 頁.
(89) 同上，294 頁.
(90) 笹倉秀夫は，精神の生における異質な諸価値の「アンチノミーの自覚」が失われてはならないとしながらも，雑居性への転落を避けるためにはそれらを不断に「弁証法的」に統合しようとする意志を基礎づける「究極目標」「超越的なもの」が不可欠であるとする点で，本章の解釈とは異なる．笹倉秀夫『丸山真男論ノート』みすず書房，1988 年，113, 325 頁参照.
(91) Cf. J. Victor Koschmann, *Revolution and Subjectivity in Postwar Japan* (University of Chicago Press, 1999), pp. 149-182.
(92) 前掲『丸山眞男集』第 9 巻，44 頁.
(93) 同上，35 頁参照.
(94) 同上，43 頁.
(95) 姜尚中，前掲「丸山真男における〈国家理性〉の問題」15-18 頁参照.
(96) 木下順二「沖縄」『木下順二集』5，岩波書店，1989 年参照.
(97) 前掲『丸山眞男集』第 9 巻，143 頁.

(98)　同上，131頁以下.

(99)　同上，138頁.

(100)　同上，138頁以下参照.

(101)　前掲『丸山眞男集』第5巻，68, 95頁，同第13巻，154頁参照.

(102)　Ernest Renan, “Qu'est-ce qu'une nation?” *Euvres Complètes,* Vol. 1 (Calmann-Le'vy, 1887). 鵜飼哲訳「国民とは何か」『国民とは何か』インスクリプト，1997年，47頁.

(103)　前掲『丸山眞男集』第9巻，139頁以下.

(104)　同上，137頁.

(105)　本書第3章，92-93頁参照.

(106)　前掲『丸山眞男集』第9巻，133頁.

(107)　前掲『丸山眞男集』第6巻，294頁.

(108)　同上，152頁以下.

(109)　丸山は，自らの被爆の経験を「思想化」してこなかったことを悔いの一つとして語っている.「戦争一般の残虐性」に「原爆の問題」を解消させたことへの反省は，問題を一般化するアプローチは「経験の個体性」には届かない――「これまで広島・長崎で起こったことは，すべて語り尽くされ，わかったかのように思われているが，実際に起こったことの何万分の一，何十万分の一も語られていないのではないか．被爆者の，ごくわずかな“路傍の石”の体験でも，合成していく必要があるのではないか」――ことの再認識として示されている．鶴見俊輔・丸山眞男「普遍的原理の立場」『鶴見俊輔座談――思想とは何だろうか』晶文社，1996年，18-22, 359-363頁参照.

(110)　前掲『丸山眞男集』第6巻，152頁.

(111)　前掲『丸山眞男集』第8巻，87頁参照.

(112)　Cf. Iris Marison Young, *Intersecting Voices: Dilemmas of Gender, Political Philosophy, and Policy* (Princeton University Press, 1997), pp. 39-52.

(113)　「経験」という語が解釈によって言説的に構成されるものではなく，あたかも自明で実体的なものを指すかのように用いられることの危険性については，cf. Joan W. Scott, "Experience", in *Feminists Theorize the Political*, ed. by Judith Butler and Joan W. Scott (Routledge, 1992), pp. 33–38.　また当事者による「経験の所有」(E. サイード)の危険性はたしかに警戒されるべきだが，一人称による経験の語りが形成する，論議とは異なったコミュニケーションのあり方に注目したい．
(114)　森政稔「丸山真男の近代」『ライブラリ相関社会科学 1 ヨーロッパのアイデンティティ』新世社，1993 年，221 頁参照．
(115)　Cf. Michael Sandel, "The Procedural Republic and the Unencumbered Self", in *Political Theory*, 12 (1984), pp. 81–96.
(116)　前掲『丸山眞男集』第 8 巻，267 頁参照．
(117)　同上，264 頁．前掲『丸山眞男集』第 7 巻，109 頁．
(118)　『忠誠と反逆』のあとがき(1992 年)によれば，この論考は大杉栄の「「抵抗の哲学」のもつ劃期的意義」(前掲『丸山眞男集』第 15 巻，188 頁)にも触れるはずのものであった．
(119)　前掲『丸山眞男集』第 8 巻，261 頁．
(120)　同上，271 頁以下参照．
(121)　同上，269 頁．
(122)　同上，276 頁．
(123)　同上，271 頁以下．
(124)　同上，44 頁．
(125)　山之内靖は，「忠誠と反逆」における「家産官僚制的要素」と「戦闘者＝騎士的要素」との対比に，「リッターリッヒカイト」(Ritterlichkeit)の精神(武士のエートス)を高く評価する視点を見出し，M. ウェーバーの思想との親和性を強調している(山之内靖「私家版丸山政治学解題」『みすず』341 号，1989 年，12–17 頁参照)．ただし，コンフォーミズムへの抵抗をもたらす「隔たりのエートス」が，もし暗黙のうちに或る人

びとによって担われるべきものと想定されるならば(丸山には一面でその傾きがある)，そうしたマジョリティとしての「大衆」を実体化する表象を伴う「精神的貴族主義」は，「ラディカルな民主主義」(前掲『丸山眞男集』第8巻，44頁)とは相容れない．

(126)　前掲『丸山眞男集』第3巻，32頁．

(127)　前掲『丸山眞男集』第9巻，142頁以下参照．

(128)　〈アタッチメントとしての被縛性〉と〈コミットメントとしての被縛性〉は，前者の関係性が自発的に選ばれたものではなく，すでに負荷されたものであるという点で異なる．“embodied” なものとしてすでに身に帯びている関係性を，たんに(個人の自律性にとっての)否定的な拘束・束縛とみなすのではなく，「被縛」された当事者自身によって新たに選択し直され，再定義されうる関係性としてとらえ返す視点は，たとえば，民族的少数者が形成する抵抗のアイデンティティや親と子の関係などを再考する際に欠かせないように思われる．